부처님의 밥맛

이규항 지음

이규항의
'0'의 행복론

부처님의 밥맛

이규항 지음

동아시아

본문에 앞서

돈키호테 불자

"부처를 만나면 부처를 죽이고 선사를 만나면 선사를 죽이고…."
인사동 거리의 플래카드에 나오는 글귀다. 이것이 나를 돈키호테 불자로 만들었다. 보리수 아래에서 득도하셨을 때 석가모니 부처는 35세의 네팔 청년에 불과했다. 30대 중반 젊은이의 깨달음이 '무슨 대수겠는가'라는 성인聖人 모독죄(?)를 짓게 할 만큼 젊은 나이다.

이 책은 수필 형식을 빌린 잡문이다. 여기서 나는 암호와 수수께끼 같은 붓다의 '선禪'과 '중도中道'를 나름의 시각으로 풀어보려 했다. 골자는 매일 먹는 '밥맛'과 수학의 '0'이다. 내친 김에 '0' 속에 노자와 유교의 사상도 담아봤다. 한마디로 돈키호테 불자의 용감한 글인 셈이다. 무지하면 용감한 법!

바닷가에서 두꺼비집을 지을 때 축축한 모래는 필수다. 수필에선 그 정도 물기의 가공架空은 허용된다고 해서 나도 약간의 가공을 해봤다. 군데군데 주제가 반복되기도 하는데 내 필력이 이 책에 대한 지나친 욕심을 따라주지 못한 탓이다. 음악 용어 가운데 론도란 것이 있다. 주제가 되풀이되면서 부제가 삽입되는 음악 형식을 가리킨다. 론도와 무형식의 형식이란 수필 형식이 내 무딘 글솜씨를 보완해줬다. 다양한 맛이 어우러진 칵테일과 같은 글이 목표였으나 결국 잡설이 되고 말았다. 호랑이를 그리려다 하이에나가 된 셈이다.

이 책은 이전에 나온 《김 군에게 들려준 0의 행복》을 완전히 새롭게 쓴 것이다. 몇 년 전 소략하게 만든 책을 읽은 몇몇 분들이 좋은 말씀을 해주신 덕분에 용기를 내어 전면 개정을 했다. 그 결과 완전히 새로운 책으로 탈바꿈했다.

이 책을 두고 재미있는 철학책이란 과분한 평이 있었다. 한국의 임제 선사라 불리는 부산 범어사의 무비無比 큰스님께서는 이런 글을 보내셨다. "거사님처럼 풍부한 세상 상식으로 잘 풀어 전해주는 역할을 하는 분들이 더욱 많았으면 하는 욕심도 가져봅니다." 충주 석종사의 혜국 큰스님께서는 "감칠맛 나는 말의 맛을 고맙게 먹고 있습니다"라는 고마운 말씀을 해주셨다.

큰스님이시며 동국대학교 경주캠퍼스 불교문화대학교의 정성본鄭性本 교수께서는 "글귀를 자신의 마음으로 간주하고 해석하는 관심석觀心釋으로 불교를 해석하고 설명하는 것은 재미있는 추론입니다. 독자적인 논리 체계로 전개한 내용들은 설득력이 진하게 전달되고 있습니다"라고 하셨다. 이하인 수녀님께서도 이런 글을 보내주셨다. "새로운 맛을 날마다 새롭게 느끼며 아직은 잘 견뎌내고 있는 착한 환자 해인海仁 수녀입니다. …… 시적이고 상징적인 언어들은 사람의 마음을 부드럽게 하고 기분 좋게 합니다. '목소리가 좋습니다' 대신 '노래를 듣는 것 같습니다'처럼. …… 오늘은 어제의 열매이며 내일의 씨앗입니다."

반면 다소 어렵다는 독자도 있었다. '부처를 만나면 부처를 죽이고'란 글귀가 난해하다고 했다. 이는 붓다가 입멸 직전에 남기신 유언으로 불교의 교의敎義가 함축돼 있다. '붓다를 죽이고'는 붓다를 무시하고 붓다 이상이 되란 뜻이다. '진정한 배움이란 스승을 따르나 모방하는 것이 아니라 뛰어넘는 것이다(학부종사學不從師)'. 그러니 붓다를 비롯해 어느 누구도 믿지 말고 '자기를 등불로 삼아 자기에게 귀의(자등명 자귀의自燈明 自歸依)'해야 한다. 삶의 본질은 자기 자신에게로 돌아가는 데 있는 까닭이다.

잠시 우리 주위를 돌아보자. 오로지 부동산과 권력에만 목을 매달며 사는 사람들이 넘쳐난다. 1960년대 경제 개발 시대 이래 우리들 심성에 자리 잡은 경제 제일주의에서 오는 물신주의 풍조 때문이다. 과연 삶의 본질은 돈과 명예뿐일까. 21세기 초에 불어닥친 전 세계적인 경제 불황은 동서양인들 모두에게 새삼 삶의 의미를 되새기게 하는 반면교사가 되고 있다. 소욕지족少慾知足의 복고적이며 낭만적인 인생관을 잠시나마 떠올릴 수 있게 하는 것이다.

불교의 궁극은 인본주의의 행복관이다. 이를 잘 드러내는 것이 '불佛'이란 한자로 '사람이 곧 부처'라는 인불人佛 사상을 담고 있다. 인불 사상은 붓다 45년 설법의 최후이자 최고 메시지인 《묘법연화경妙法蓮華經》(《법화경法華經》의 본 이름)의 정수精髓다. 불佛을 파자破字해보면 사람 인人+부처 불弗이 된다. 사람人 다음에 불弗 / 달러dollar가 오지 않는가. 즉 사람이 돈보다 우선이란 뜻을 담고 있는 것으로 볼 수 있다. 우연의 일치치곤 가히 철학적이다.

불佛과 비슷하게 생긴 글자로 '불佛'이 있다. 불佛 가운데 척彳 자는 흔히 두인 변二人邊이라고 한다. 한학자인 허준구許俊九 박사(대大 한학자인 임창순任昌淳의 제자)에게 이 글자를 두 사람의 뜻으로 해석할 수 있는지 문의했다. 그의 답은 이랬다. "갈 행行은 십자로 / 네거리 모양을 본뜬 상형 문자다. 또 척彳은 조금 걷다가 멈춘다는 뜻이다. 이때 다리에 힘이 없어 멈출 수도 있으나 네거리에 사람이 끓어 자꾸 부딪쳐 멈출 수도 있다. 그러니 한 사람 이상의 복수로 확대 해석함이 가능하다." 즉 척彳을 두인(人-人) 변으로 간주할 수 있다는 뜻이다. 이럴 경우 비슷하다는 뜻을 지닌 불佛(人+佛)은 사람人과 부처佛는 같다는 뜻이 될 수 있다.

'탐貪' 자는 또 어떤가. 삼독三毒(탐貪 · 진瞋 · 치痴 / 탐냄 · 성냄 · 어리석음)의 대명사인 탐貪의 파자는 今(지금)+貝(패물, 돈)이다. 그런가 하면 염불念佛의 '염念'은 今(지금)+心(마음)으로 이뤄져 있다. 염念의 今(지금)과 心(마음) 그리고 탐貪의 今(지금)과 貝(패물). 두 글자 가운데 우리는 어디에 무게를 둬야 할까.

《법화경》의 '연설정법演說正法'을 보면 모든 교의를 언어로 설명하는 게 가능했음을 알 수 있다. '연설'이란 일본의 후쿠자와 유키치 福澤諭吉(만 엔짜리 화폐에 그려진 인물)가 교의에서 착상, Speech를 번역한 표현으로 보인다. '교敎'와 '선禪'은 수학과 과학의 관계와도 같다. 즉 교는 수학에 선은 과학에 비유할 수 있다. 수학은 눈에 보이지 않는 과학을 설명하는 언어다. 흔한 말로 교는 부처님의 말씀, 선은 부처님의 마음이라고 한다.

애석하게도 오늘날 부처님의 말씀인 교는 부처님의 마음인 선을 표현하지 못하고 있다. 붓다 정각正覺의 모체는 바로 숫자 '0'이다. 0은 기원전 6세기경 붓다께서 잉태시킨 것으로 중도 / 선이라고도 한다. 안타깝게도 붓다의 성도成道 당시 인도의 수학에서는 0이 없었던 탓에, 같은 개념인 중도 / 선 또한 설명할 길이 없었다. 이런 연유로 붓다는 일자불설一字不說의 무설선無說禪을 남기신 채 입멸하시고 말았다. 하지만 산모에게서 10개월 만에 아기가 태어나듯 천 년이 지난 6세기경 0은 같은 인도에서 발견되기에 이른다.

유사 이래 수많은 철인들이 인생과 행복에 대한 정의를 내려왔다. 하지만 정답은 없고 기성복 같은 획일적인 해답이 있었을 뿐이다. 반면 붓다께서 인류에게 생활 철학으로 제시하신 중도/선은 서양인들에게도 비교적 자연스럽게 수용됐다. 지금도 세계 각지에서 불교가 포교에 성공하는 현상을 볼 수 있다. 자신의 이익과 함께 타인도 배려하는 서양 사회의 개인주의가 불교의 자리이타自利利他 정신과 일맥상통하기 때문이다. 차도와 인도의 경계가 되는 돌인 연석緣石은 자리이타의 상징이다. 연석은 운전자의 주행을 돕는 동시에 보도를 걷는 사람의 인명을 보호해준다. 우리는 이처럼 일상에서 한시도 인연을 떠나 살아갈 수 없다.

불교는 석가모니 부처란 인물을 믿기보다 그분의 말씀을 믿는 종교다. 붓다의 가르침을 공통분모로, 자기 세계를 분자로 하는 다신교의 개성주의 철학이다(자기세계/불법佛法). 한마디로 다원주의 철학이라 할 수 있다. 오늘날 흔히 쓰는 말로 '작가作家'가 있다. 불교에서 온 말로 독창적인 자기의 정신적인 집/자기 세계를 이룬 불자佛子를 뜻한다. 즉 작가불자作家佛子가 그것이다. 작가불자의 경지에 이르지 못한 이를 가리켜 잡가불자雜家佛子라 한다. 잡가불자는 불교의 교의를 실천하기보다 미신적이고 지엽 말단적인 거품 불교 또는 방편 불교에 의존하는 사람을 말한다.

불교가 잡가불자의 종교처럼 여겨지는 데는 중도/선의 의미가 밝혀지지 않았다는 이유가 한몫한다. 그렇다 보니 불자들은 불교를 생활인의 철학으로 인식하지 못하고 있다. 선 또한 박물관의 우물처럼 모셔져 있을 뿐 불교의 본질인 으자依自 종교로서의 역할을 못하고 있다. 그 결과 한국 불교는 방편 법신불方便法身佛(중생을 구제하기 위한 수단으로 불자의 소질/수준에 맞춘 인위적인 부처님)인 내세의 주불主佛 아미타불阿彌陀佛과 병을 고쳐주는 약사여래藥師如來, 크고 작은 근심걱정을 없애주는 인기 불인 관세음보살觀世音菩薩에게 의지하는 의타依他 종교가 되고 말았다.

앞서 말했듯 작가가 예술을 창조하는 사람이라면 작가불자는 인생을 창작하는 '인생 작가'다. 이런 인생관人生觀을 가진 불자는 정신세계의 집인 인생관의 소유주가 될 수 있다. 추상화가가 불교를 시각적으로 표현한다면 각양각색의 조각보 같은 그림이 되지 않을까.

2010년 3월 나는 생애 두 번째로 죽음의 고개를 넘나들었다. 내겐 술에 관해 '거절 결핍증'이란 증세가 있다. 당시만 해도 젊음과 낭만이 남아 있었는지 14시간 연속 음주를 했다. 그런 끝에 '휴일 과음 심장 증후군'으로 주선酒仙이 졸지에 응급실 환자의 신세가 돼버렸다. 위급한 병상의 와중에서 가장 먼저 떠오르는 게 있었으니 바로 이 책의 집필이었다. 다행히 평소의 꾸준한 운동 덕분에 곧 퇴원할 수 있었다.

지금도 집사람이 혼자서 입버릇처럼 하는 말이 있다. "그러고 보니 당신은 평생 맨 정신으로 있을 때가 없었어요." 그때마다 내가 내미는 방패가 있다. 수주樹州 변영로卞榮魯(1897~1961. 시인) 선생의 취중 실수담으로 엮인 명수필집 《명정사십년》에 나오는 문구다. "나의 외적인 생활은 0에 가까운 것이었으나 내적인 생활은 촌시寸時의 휴식이 없었지."

평소 '만족 과민 반응 증후군'이 있는 나는 맥박이 정상적으로 뛴다는 단순한 사실에 고마움을 느낀다. 동냥 다닐 수 있는 힘만 있어도 감사하라는 천주교의 행복론에도 새삼 공감한다. 살아 있음 자체가 은총임에도 우리는 무감각하게 건성으로 시간을 허비하며 살아간다. 나도 크게 다를 바 없다. 내가 즐겼던 12시간 이상의 음주는 지나친 쾌락의 시간이었다. 플러스(+) 세계에 오래 머물면 반드시 마이너스(−) 세계로 추락하는 법이다. 병원 신세를 진 것은 거듭된 지나친 쾌락 때문이었다. '0의 행복' 임상 실험이 지나쳤던 모양이다.

죽음은 붓다 같은 깨달음을 얻은 성인聖人도 피할 수 없는 것이다. 즉 선택의 길이 아닌 필연의 길이다. 하지만 삶은 누구나 자신의 마음에 따라 선택할 수 있다. 마찬가지로 고급 음식의 첫맛은 보통 쓴 법이다. 하지만 다음에 오는 맛은 달콤하거나 맵기도 하다. 구수하거나 향기롭기도 하고 우아하거나 환상적이기도 하다. 이 책의 첫맛이 쓰게 느껴지더라도 인내심을 갖고 곱씹어 음미해보기 바란다. 지금껏 느껴보지 못한 신세계, 새로운 경지의 맛을 느낄 수 있을 것이다.

눈초 이규항

차례

본문에 앞서_ 돈키호테 불자 | 4

밥맛과 숫자 0, 붓다 깨달음의 정수

사람의 몸값을 최고의 무가보無價寶로 쳐주신 붓다 | 16
병상 생활에서 발견한 0의 행복 | 23
밥맛과 숫자 0, 붓다 깨달음의 정수 | 28
고수풀이 고수高手의 기호 스품인 까닭은? | 36
염불은 마음의 고향으로 가는 길 | 44
선禪이 웰빙이라면 무사無事는 행복 | 53
해탈이란 대자유인으로 새롭게 태어나는 것 | 60
붓다, 인생의 신세계를 발견한 콜럼버스 | 62
'서라벌'과 '서울'은 인도 문화에서 유래했다? | 77
멥쌀은 중도 / 중용의 맛 | 79
밥그릇, 깨달음의 정수가 담겨 있는 경전 | 82
붓다가 첫 설법을 망설이신 까닭은? | 88
쌀의 어원은 보살菩薩, 밥의 어원은 사리舍利 | 95
'산은 산이요 물은 물이로다'의 진정한 뜻 | 99
불교의 중도와 유교의 중용은 쌍둥이 생활 철학 | 104

밥맛과 차 맛이야말로 인생의 맛!

위선자가 많은 사회가 선진국? | 114
0은 있음의 없음이자 없음의 있음 | 120
붓다의 입멸 후 제자들이 모인 까닭은? | 130
0이 없던 시절, 붓다의 속마음은 이심전심으로 전해지다 | 133
붓다의 속마음 선, 끝내 설명 불가로 입멸하시다 | 138
최초로 0이 나타나는 문헌 《선가귀감》 | 142
중국에서 깨진 도자기를 보물로 삼는 이유 | 151
밥맛과 차 맛이야말로 인생의 맛! | 156
태극 / 0에서 음과 양이 생겨나다 | 166
붓다의 손가락 모양이 둥근 까닭은? | 171
반가사유상 · 석굴암 본존불의 미소는 해탈 순간 득의의 미소 | 181
불교 · 총지종 · 진각종 · 원불교의 앞날이 밝은 이유 | 189
밀교, 형이하학으로 형이상학을 만나는 방법 | 194
인생의 3대 요소, 진리 · 성애 · 실리 | 201

0을 발견한 붓다는 위대한 사상가이자 수학자

히틀러가 卍을 나치 문장紋章으로 삼은 까닭은? | 206
불교는 종교와 철학 두 날개의 비행기 | 215
0을 발견한 붓다는 위대한 사상가이자 수학자 | 220
수학자 피타고라스는 철학자 붓다 그루스 | 223
둥그라미, 태양빛과 달빛의 시공간 226
0, 무상의 상징이자 절대 곧능의 존재 | 230
불교 계율이 발足에 비유되는 이유 | 235
불교 이념이 담긴 지명, 러크나우 | 237
덕德을 베풀면 득得이 되어 돌아온다 | 240
깨달음 없는 중생은 짐승과 같다 | 245
멋과 맛을 느끼다 가는 게 인생 | 256
인생은 오늘의 영원한 반복 | 261
미국 서부 여행에서 만난 귀한 인연 | 268

글을 마치면서_ 호랑이를 그리려다 하이에나가 된 셈 | 285

밥맛과 숫자 0,

붓다 깨달음의 정수

사람의 몸값을
최고의 무가보無價寶로 쳐주신 붓다

    석가모니 부처의 탄생 시기는 기원전 560년경이 정설이다. 농업 국가인 카필라 국의 정반왕과 마야 부인 사이에서 고대하던 아들이 태어난다. 성은 고타마, 이름은 부모의 소망이 모두(실悉) 다多 이루어졌다(달達) 해서 실달다悉達多*. 이렇게 고타마 싯다르타는 카필라 국의 귀한 왕자로 태어났다. 탄생지 룸비니는 지금의 네팔 남부를 가리킨다.
    29세에 출가하기 전 고타마 싯다르타의 외모는 어땠을까? 요즘 우리나라에서 흔히 볼 수 있는 네팔 청년을 연상하면 되겠다. 다만 왕의 아들이었으니 귀골貴骨이** 흐르는 풍모였으리라. 그런 이가 왜 왕위가 보장된 태자의 자리를 뿌리치고 출가를 결심했을까?
    기원전 6세기경 인도인들의 주된 생각은 윤회에서 벗어나는 것

---

* 실달다悉達多: '실달다'와 '싯다르타'의 이중 표기로 쓰임.
** 귀골貴骨: 귀한 사람이 될 만한 인상이나 체격이란 뜻.

이었다. 태자의 출가 역시 이상을 적극적으로 실현하려는 동기에서 비롯된 것으로 보인다. 태자는 아버지 정반왕의 극진한 보살핌 속에서 자랐다. 늦게 본 아들인 데다 생모인 마야 부인이 일찍 세상을 떠난 탓에, 태자를 향한 왕의 애정은 남다를 수밖에 없었다.

  왕궁에는 세 개의 연못이 있었다. 붉은 연꽃의 못, 푸른 연꽃의 못, 하얀 연꽃의 못. 태자는 태자비 3명과 더불어 2만여 궁녀들을 거느리고 연못이 있는 세 곳의 궁에서 번갈아가며 지냈다. 우기가 되면 여성 악사들에 둘러싸여 음악에 취하곤 했다. 행차 땐 30명의 기마수가 앞뒤를 호위하는 마차를 타고 거둥擧動*했다고 한다.

  시간은 흘러 태자는 호사스런 생활에 싫증이 나기 시작한다. 명상의 시간이 많아지면서 인생의 근본 문제에 깊이 빠져든 그는 29세 되던 해 출가를 결행한다. 출가한 뒤에는 마갈타 국의 도읍지 왕사성에서 두 분의 스승에게서 선정禪定을 배운다. 동시에 당시 출가자들의 정기 코스였던 고행을 시작한다. 왕자 시절의 호화 생활과 비교해보면 붓다의 고행은 다른 수행자들의 고행보다 더했을 것임을 짐작할 수 있다.

  당시엔 고행 방식이 다양했다. 보리쌀 한 알을 먹는 단식도 있었고 호흡을 중지하는 고행도 있었다. 이런 수행을 지속한 결과 태자는 뱃가죽과 등뼈가 들러붙은 피골상접의 몰골이 되고 만다. 피부는 먹빛, 모기가 피를 뽑아 먹어도 쫓아내지 않는다. 개구쟁이들이 코·입·귀에다 풀 같은 걸 꽂으며 놀려대도 꼼짝하지 않는다. 가끔

---

* 거둥擧動: 임금의 나들이. 보통 사람의 움직임은 '거동'으로, 임금의 움직임은 '거둥'으로 씀. 무거운 음성모음 'ㅜ'와 가벼운 양성모음 'ㅗ' 대비의 묘미가 있는 말.

밥맛과 숫자 0, 붓다 깨달음의 정수 17

은 박쥐처럼 나무에 매달리기도 하고 가시 바늘을 꽂아놓은 판자 위에 앉아 있기도 한다. 심지어 불을 피워 몸을 극도로 괴롭히기도 한다. 이처럼 붓다의 고행은 고지식하고 모범적이었다. 극한의 고행 수도는 결국 한계에 부딪치면서 고행은 중단되기에 이른다.

태자는 그동안의 고행을 이렇게 술회한다. "과거의 어떤 고행자, 현재의 어느 수행자, 미래의 어떤 출가자도 나보다 더한 고행을 한 사람이 없고 앞으로도 없을 것이다." 태자의 고행 중단은 당시의 정서로는 출가 못지않게 용기 있는 일이었다. 고행 무익苦行無益의 선언은 심신 동격화心身同格化의 혁명으로 성불 이전에 세운 또 하나의 금자탑이다. 그는 몸의 고락苦樂이란 극단적인 임상 실험을 통해 마음의 실체 또는 본질을 구명하고자 했다.

붓다는 인류 최초로 사람의 몸값을 최고치의 무가보無價寶, Priceless로 쳐주신 분이다. 모든 진리가 그렇듯 신심일여身心一如란 붓다의 가르침 역시 평범해 보여 지나치기 쉽다. 흔히 불교를 마음의 종교(심교心敎)라고 한다. 행복의 씨앗은 마음에 있지만 마음을 담고 있는 그릇은 몸이다. 그릇이 단단해야 그 안의 물건이 안전하듯 몸이 튼튼해야 마음이 온전할 수 있다. '심외무법心外無法 신외무물身外無物', 마음 외에 진리 없고 건강보다 더한 재물 없다는 뜻이다. 붓다께서 득도하시기 전 생활 철학으로 제시하신 명제다.

우리나라 조선 시대의 선비는 문약해서 글에만 열중하고 몸은 등한시했다. 이런 풍조는 오늘날까지 이어지고 있다. 반면 서양에서는 건강한 신체에 건전한 정신이 깃든다는 속담이 생활인의 정신세계를 지배하고 있다. 화가와 문인들의 노후 활약상이 두드러지는 이유다. 대표적인 예로 피카소Pablo Picasso(1881~1973. 20세기를 대표하는 스페인의 입체파 화가)는 80대 후반까지 왕성한 작품 활동을 했다. 20세기 대표적인 지성 보르헤스(1899~1986. 아르헨티나 소설가이자 시인)는 78세에 《불교 강의》란 명저를 남겼다.

그런가 하면 미국의 건국이념인 실용주의pragmatism 철학은 지금도 미국 사회를 이끌어가고 있다. 'Minding the body, Mending the mind(몸이 말하는 소리에 귀를 기울여 몸부터 치료하십시오. 그다음에 마음을 고치십시오_ 필자 의역).' 하버드 의과대학 명강의의 한 대목이다. 붓다께서 고행 중단을 선언하신 큰 뜻을 대변해주는 듯하다. 하버드 대학 내엔 크고 작은 6개의 체육관이 있어 학생들이 수시로 몸을 단련한다고 한다.

나는 주위 사람들에게 이런 얘기를 들려주곤 한다. "고등학교 땐 국어·영어·수학이 중요 과목이었지만 졸업을 하면 특히 중년 이후엔 매일 체육 시간이 있어야 한다. 다음으로 중요한 것은 음악과 미술이다." 이를 절감하는 건 치과에 갈 때다. 치과의 의자에 누워 입을 벌리고 있노라면 그동안 아는 체 떠들어대던 온갖 진리들이 온데간데없이 사라진다. 그저 어서 치료를 끝내고 문밖으로 뛰쳐나갈 생각뿐이다.

석가모니는 일생 한결같은 도보 수행자였다. 룸비니 동산 나무 아래에서 태어나 45년 동안 길 위에서 설법을 하다 쿠시나가라 길가에서 입멸하셨다. 석가모니 부처의 80세 최장수는 우연의 산물이 아니라 신심일여 정신을 몸으로 실천한 결과다.

불교는 요가의 발달과 깊은 관계가 있다. 요가yoga는 합일合一이란 뜻의 산스크리트Sanskrit어* 유즈yuj에서 유래했다. 요가의 기원은 기원전 3000년 이전의 인더스 문명 시대로 거슬러 올라간다. 이후 오랜 세월 유명무실하게 명맥만 유지해오다 기원전 5세기경부터 성행하기 시작했다. 이때는 붓다가 신심일여의 정신에 따라 득도하신 (기원전 525년) 뒤 45년간 설법을 하다 입멸하신(기원전 480년) 직후 무렵이다.

요가의 궁극은 소우주인 자아atman와 대우주Brahma의 합일에 있다. 요가의 전성 시기에 붓다는 자신의 몸과 마음이 동격임을 증명하셨다. 이를 통해 소우주인 자아와 대우주인 대자연도 합일할 수 있음이 밝혀졌다. 그 결과 수천 년 동안 해결되지 않은 숙제가 풀리면서 요가는 활짝 꽃을 피울 수 있었다. 지금도 요가가 현대인들에게 심신 수련의 레저 생활로 사랑받는 이유다.

한편 태자가 고행할 당시 그와 함께했던 다섯 명의 수행자들이 있었다. 이들은 고행을 중단한 태자가 타락했다는 이유로 다른 수행처로 떠나버린다. 당시 고행 수도의 목적은 몸이 고통스러울수록 마음 / 정신은 신성에 가까워진다는 데 있었다. 즉 고행은 수행자의 헌법이었다. 그러니 붓다의 고행 중단은 오늘날 불가의 파계破戒처럼 여겨졌을 것이다. 하지만 궁극적으로 붓다의 행위는 뜻있는 혁명이자 지혜로운 영단英斷이었다. 한마디로 붓다는 종교 개혁자였다.

이 시점이 6년 고행 생활의 끝 무렵에 해당된다. 지옥과도 같은 고행에서 벗어난 태자는 네란자라 강에서 목욕을 하고 수자타란 이름의 소녀가 공양하는 죽으로 건강을 추스른다. 그리곤 마갈타 국

---

* 산스크리트Sanskrit어: 기원전 5~4세기 문법학자 파니니Panini가 만든 문장어. 대부분의 대승 경전 원전은 이 언어로 쓰여 있음.

붓다가야의 보리수 아래에서 49일간 선정에 들어간다. 여기서 깨달음을 얻지 못하면 이 자리를 떠나지 않겠다는 다짐도 한다. 이는 지난 5년 10개월의 고행 수도를 실패로 인정하는 동시에 앞으로의 수행을 재수再修로 인식하는 것이었다.

권세가나 재벌의 자손들 가운데 어쩌다 겸손하고 사려 깊은 사람을 볼 때가 있다. 내 눈엔 태자의 인간상이 이들과 겹쳐 보인다. 고지식한 태자의 모범적인 고행은 인간 인내심의 한계를 벗어난 듯하다. 고행 무익 선언은 언뜻 체중 감량을 지나치게 한 운동선수의 대회 출전 포기 선언을 연상시킨다. 사실은 그 반대다. 붓다 깨달음의 첫 관문은 고행 중단에 있다. 이 역시 태자의 정직한 성격으로 철저했던 고행 수도 덕분이라 하겠다. 다시 말해 고행 중단은 심신의 안락을 위한 것이 아니라, 고행의 무익함을 전하는 깨달음의 행위였다.

태자가 석가모니 부처가 되기 전에도 이미 많은 부처가 있었다. 스승 없이 홀로 수행한 끝에 깨달음을 얻었다 해서 독각獨覺 또는 벽지불辟支佛이라고 불렀다. 석가모니 부처와 이들 부처는 어떤 차이가 있을까? 고타마 싯다르타는 왕자의 신분으로 초호화 생활을 거친 다음에야 수도에 정진하신 분이다. 즉 세속 최고의 '단맛'과 출가 후 최고의 '쓴맛'을 본 다음, 양극단의 세계에서 맛보지 못한 제3세계의 맛인 중도中道의 세계를 깨달았다. 태자는 고행을 중도中途에서 내던졌기에 중도中道의 깨달음을 구할 수 있었다. 더구나 붓다의 득도에는 스승이 없었다. 오로지 마음으로써 본래 마음을 깨달았던 것이다.

다른 부처들은 어땠을까? 이들은 속세에서 단맛을 경험하지 못했다. 즉 쓴맛과 단맛의 대비가 없는 수행을 한 탓에 이들의 고행 수도는 '고생 수도'에 그치고 말았다. 보편타당한 깨달음을 명제로 제시하지 못한 채, 자신만이 만족하고 스스로를 인정하는 독불獨佛이 돼버린 셈이다. 석가모니 부처가 헤비급 챔피언이라면 이전의 많은 부처들은 경량급 챔피언이라고나 할까.

모든 위대한 일에는 우연이 필연으로 작용한다. 태자의 고행 무익 선언은 그것이 깨달음에 이르는 길이라고 생각한 이후에 내린 결단이었을까? 해탈에는 언제나 결정적인 계기가 있게 마련이다. 줄탁啐啄이란 말이 있다. 달걀이 부화할 때 어미 닭이 알 속에서 나는 소리를 들은 즉시 껍질을 쪼아 병아리가 밖으로 나오도록 돕는 것을 이른다. 수행승의 역량을 알아챈 스승이 깨달음을 얻도록 돕는 것도 줄탁으로 볼 수 있다. 태자의 경우 고행 무익이란 우연이 줄탁이 된 것은 아니었을까.

어쨌든 이 돌파구가 해탈의 지름길이 됐음은 틀림없는 사실이다. 보리수 아래에서의 재수再修 수행은 이전의 수행과 조금 달랐다. 정상적인 식생활을 한다는 점에서 그랬다. 요즘에도 절에서는 밥 먹는 일을 평범하게 보지 않고 식사대사食事大事라 해서 생사대사生死大事와 동일시하는 경향이 있다. 마음이 편해야 몸도 편해지지만 그전에 몸이 편해야 마음이 편해지는 게 순리다. 이즈음 태자의 심경을 나의 병상 회복기 경험에 비춰 헤아려봤다. 짧은 병상 생활을 성인聖人의 행위에 견주다니 이야말로 언어도단言語道斷(?)인 셈이다.

병상 생활에서 발견한 0의 행복

나는 학창 시절 운동으로 다져진 건강을 직장 생활에서 음주로 소모했다. 아나운서였던 내게 음주는 필수 교양이었다. 낭만의 술자리, 객기의 폭음, 사회 부조리를 안주 삼아 지사志士(?)로서 술을 들이부었다. 허구한 날 마셔대는 통에 마치 술 마시러 직장을 다니는 모양새였다.

그러던 어느 날 황소가 호박 넝쿨에 쓰러지듯 술에 무릎을 꿇고 말았다. 인간이 살면서 경험해볼 수 없는 유일한 것이 죽음이라고 한다. 그때 나는 죽음의 맛을 볼 수 있었다. 입원하던 날 대낮인데도 온 세상은 흑백 영화처럼 어두컴컴했다. 반면 죽을 고비를 넘긴 회복기의 병상에서는 형언할 수 없는 행복감이 밀려왔다.

죽음을 면할 수 있다는 안도감에서 오는 행복감이 아니었다. 깊은 이치를 깨달았을 때의 황홀한 기쁨을 법열法悅이라고 한다. 고등학교 국어 시간에 속뜻도 모르고 외웠던 단어다. 회복의 순간 나는 죽을 만큼 좋아하던 술을 마시지 않아도 기쁨이 넘쳐흐르는 행복감을 맛볼 수 있었다. 한마디로 법열을 맛본 것이다. 이런 행복감은 대체 어디서 오는 걸까?

눈에 보이지 않는 마음은 어떤 상태에 있을까? 수학 시간에 배운 'x, y' 좌표 평면이 떠오른다(좌표 평면에서 마음자리는 +와 −를 오간다. 그러니 불필요한 y축은 생략한다).

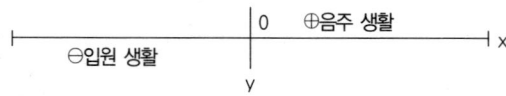

음주 생활을 할 땐 마음자리가 플러스(+)인 양수陽數 쪽에, 입원하고 나선 마이너스(−)인 음수陰數 쪽에 있었던 것 같다. 마음자리가 플러스일(+) 땐 기쁘지만 마이너스일(−) 땐 괴롭다. 마음자리가 플러스(+) 쪽만이 아닌 0에 있을 때도 즐거울 수 있다는 뜻이다. 병상에 누워 있던 나는 내 마음자리가 0에 있는 것처럼 느껴졌다. 순간 갑자기 벌떡 일어나 앉으면서 "0의 행복!"이라고 외쳤다. 회진을 돌던 의사와 간호사가 깜짝 놀라며 회복기의 후유증으로 오해하는 듯한 표정을 지어 보였다.

어항 속 물고기들의 평화와도 같은 안온함. 당시의 내 심정이 이랬던 것 같다. 동시에 내가 느낀 0의 행복이 붓다가 보리수 아래에서 최초로 깨닫고 발견한 중도와 동위同位 개념임을 확신했다. 이런 확신이 이 책의 직접적인 모티브가 돼준 것은 물론이다. 말하자면 병상이 깨달음의 보리수였던 셈이다.

이해인 수녀님은 얼마 전 병상에서 〈새로운 맛〉이란 시를 쓰셨다. 역시 병상에서 새로운 세계를 터득한 내 심경을 말해주는 듯해 여기에 옮겨본다.

물 한 모금 마시기
힘들어하는 나에게
어느 날
예쁜 영양사가 웃으며 말했다

물도
음식이라고 생각하고
천천히 맛있게 씹어서 드세요

그 이후로 나는
바람도 햇빛도 공기도
천천히 맛있게 씹어 먹는 연습을 하네
고맙다고 고맙다고 기도하면서

때로는 삼키기 어려운 삶의 맛도
씹을수록 새로운 것임을
다시 알겠네

다시 태자의 얘기로 돌아가 본다. 태자의 고행 수도는 과연 무익하기만 했을까?

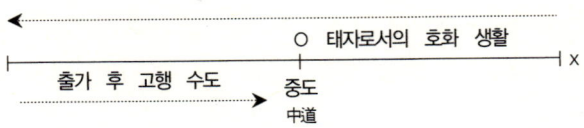

위 그림은 태자의 출가 전과 후 그리고 선정에 들기까지 마음자리가 이동하는 모습을 보여준다. 석가모니는 출가 전 태자로서의 호화 생활과 출가 후 고행 수도라는 양극단을 경험한 뒤에야 깨달음을 얻을 수 있었다. 중도의 깨달음이란 이처럼 양극단의 플러스(+) 생활과 마이너스(-) 생활을 거친 자만이 얻을 수 있는 깨달음이다. 즉 후반의 고행 수도 생활의 반작용에 의한 열매요 꽃이다. 이를테면 혹독한 겨울 추위를 견뎌낸 나목裸木의 열매나 꽃과 같다고나 할까.

석가모니뿐만이 아니다. 저 유명한 성철性徹(1912~1993) 큰스님께서는 9년 동안 눕지 않고 앉아 지내는 장좌불와長坐不臥의 고행을 하셨다. 일타日陀 스님(1999년 하와이에서 입적. 동승 그림으로 유명한 원성 스님의 글씨를 지도했음)의 연비燃臂* 고행도 빼놓을 수 없다. 그것도 왼손이 아닌 오른손 엄지만 남겨놓은 철저한 사단지四斷脂 연비였다. 이들의 고행 역시 괴로운 쓴맛의 마이너스(-) 수도 고행 이후에야 발견할 수 있는 중도의 절대 세계를 위한 수도가 아니었을까.

일타 스님은 석가모니 이래 4대에 걸쳐 50여 명이 출가한 최다 출가 집안의 일원으로 유명하다. 불가에서는 인간적인 이율배반이 없지 않다. 싯다르타 태자가 라후라**를 속세에 뒀듯 원효(617~686.

---

* 연비燃臂: 스님들이 득도식을 할 때 팔뚝의 일부분이나 손가락을 향불로 태우는 의식.

신라시대의 승려)도 요석 공주와의 사이에 아들 설총을 뒀다. 성철 스님에게도 불필不必이란 법명의 따님(스님)이 있다. 이 밖에 우리나라의 여러 고승들이 속세와의 인연을 갖고 있다. 이런 경우 오히려 파계가 없다는 사실이 재미있게 다가온다.

** 라후라: 태자가 낳은 아들의 이름. 라후라는 원래 장애란 뜻으로 출가에 장애가 된다 해서 지었다는 설이 있음. 훗날 아들 라후라도 부처님의 십대 제자가 됨.

밥맛과 숫자 0, 붓다 깨달음의 정수

중인도의 동부 마갈타 국의 도읍지 왕사성에 있는 우주벨라 마을 네란자라 강변의 붓다가야. 산들바람이 불어오는 보리수 아래에서 태자는 오랜만에 휴식과도 같은 나날을 보내고 있다. 출가한 지 5년 10개월 만에 처음 있는 일이다. 고행 수도 6년의 끝자락 40일 중에 마침내 성도成道를 하신 것이다.

나는 붓다의 깨달음인 '중도中道'를 음식의 맛 특히 '밥맛'과 수학의 '0'을 키워드로 풀어보려 한다. 0에 대한 이해를 돕고자 마음과 음식의 메커니즘을 아래의 도표로 그려봤다. 몸의 오관五官이 바깥 세계에 반응함에 따라 사람의 마음도 쉴 새 없이 좌우(−, +)로 움직이고 있다. 마치 자동차 운전석 앞의 나침반처럼 말이다.

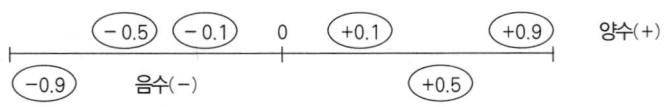

위의 좌표 평면에서처럼 사람의 마음자리는 희로애락의 농도와 정도에 따라 이리저리 움직인다. 기쁘거나 즐거우면 양수 쪽으로, 반대로 슬프거나 괴로으면 음수 쪽으로 이동한다. 그런데 뭔가 이상하지 않는가? 왜 마음자리는 정수整數인 −1이나 +1이 아닌 −0.1이나 +0.1 같은 불완전한 소수小數로 표현돼 있을까?

돈이 없어 생기는 불행은 돈만 있으면 해결된다. 명예가 없어 생기는 불행도 명예가 있으면 해결된다. 돈과 명예가 있는 사람의 불행은 어떨까? 돈과 명예가 있어도 결코 해결되지 않는다. 이런 불치의 고민을 갖고 있는 사람이 허다하다. 돈이 많아 주체를 못하거나 명예에 둘러싸여 행복에 겨워하는 것처럼 보이는 사람들이 있다. 속사정을 들여다보면 한두 가지 불행이나 근심, 걱정이 없는 사람이 없다.

부모가 돌아가시면 산에 묻고 자식이 죽으면 가슴에 묻는다고 한다. 자식을 앞세우는 참척慘慽*의 참혹한 불행을 재벌가와 권세가 집안에서 겪는 것을 흔히 볼 수 있다. 천석꾼은 천 가지 근심, 만석꾼은 만 가지 근심이란 속담도 있다. 그런가 하면 한 보따리의 근심거리를 안고 암자를 찾는 불자들 가운데는 요즘 세상에서 보기 드문 효자 효녀를 둔 이도 있다. 그러니 이 세상은 그럭저럭 살 만한 곳이 아닐까.

고타마 싯다르타는 태어나자마자 어머니가 돌아가셨다. 태자의 생활이 아무리 호화로운들 어머니를 향한 그리움을 어찌 보상할 수

---

* 참척慘慽: 자손이 부모보다 앞서 죽는 일.

있으랴. 사람의 '있음'에는 '없음'이 섞여 있고 '없음'에도 '있음'이 섞여 있게 마련이다. 또 큰 것이 있으면 더 큰 것이 없기 십상이다.

사람의 마음자리는 기쁜 만큼 양수 쪽으로 이동하는데 이에 반비례해 즐김의 수명(시간)은 짧아진다. 반면 0에 가까울수록 수명은 길어진다. 괴로움으로 음수 좌표에서 지낸 시간이 끝나면 반작용으로 마음자리는 0으로 이동한다. 그 결과 절대의 시간인 '0의 행복'에 이를 수 있다. 이것이 바로 마음의 메커니즘이다. 아무리 기쁘고 슬플지라도 −0.9~+0.9의 좌표 평면을 오가며 불완전한 삶을 살고 있는 것이 우리네 인생살이다.

```
                        O    +0.1   +0.5   +0.9
        ├─────┼─────┼─────┼─────┼─────┼─────┤─── x
         −0.9   −0.5   −0.1
        ─────────────────────▶ 중도
              반작용
```

육체(몸)에 의한 쾌감의 극치는 남녀 합환合歡이 절정에 이르렀을 때 느낄 수 있다. 그런 만큼 반비례해 수명(시간)은 짧아진다. 절정의 짧음은 자연의 순리다. 그런데도 절정을 연장하고자 개발된 최음제 비아그라가 얼마 전부터 인기 상품으로 등극했다. 사실 정신(마음)에 의한 미감美感의 극치는 마음자리가 0에 안주할 때 맛볼 수 있는 절대 대자유의 해탈이다.

싯다르타 태자가 보리수 아래에서 선정에 든 것은 마음자리를 0에 정착시키기 위함이었다. 보리수는 가지가 옆으로 퍼지는 관목灌木이다. 또 잎이 넓고 둥근 활엽수로 그늘을 많이 드리워준다. 여기에 간간히 네란자라 강변에서 시원한 바람이 불어오기라도 하면, 명상하기엔 가히 최적의 상태라 할 수 있다.

우리나라 시골마을 한가운데에는 흔히 느티나무가 있다. 그 그늘 아래에선 언제나 한가로운 농담과 웃음소리가 들려온다. 나는 지금껏 느티나무 그늘 아래에서 싸우는 모습을 한 번도 본 적이 없다. 아래 그림은 붓다의 깨달음에 대한 이해를 돕고자 내가 창안한 '맛의 도표'다. 여기서는 이에 대한 설명과 함께 염불, 선정, 중도 등 주요 불교 용어에 대한 해석을 해보려 한다.

음식은 크게 세 가지 종류로 나눌 수 있다. 동물성의 육류, 식물

성인 채소와 과일 그리고 식물성적 동물성인 생선류가 그것이다. 붓다가 깨달음(득도)에 앞서 몸만 괴롭히던 고행이 무익함을 선언한 것은 심신 동격心身同格을 선포한 것과 같다. 심신 동격이란 사람의 몸과 마음이 느끼는 범위가 같다는 뜻이다. 이런 연유로 맛의 도표 범위를 마음자리의 도표 범위와 똑같이 선정했다.

맛의 범위는 -0.9~+0.9로 나타난다. -0.9보다 작은 -1은 비식용 풀과 같이 먹을 수 없는 음식을 가리킨다. 또 불교는 채식주의기에 +1 이상의 육류는 제외했다. 맛에는 우열을 가릴 수 없으며 음식 특유의 개성적인 맛이 있을 뿐이다. 이는 불교의 무차별 개성주의와 일맥상통한다.

사람의 이(치아)는 모두 32개이며 어금니(20개), 앞니(8개), 송곳니(4개)가 5:2:1의 비율이다. 치아의 종류나 비율을 보면 사람은 채식 동물임을 알 수 있다. 어금니는 절구통 모양으로 곡물류를 씹기에 편리하다. 앞니는 야채와 과일류를, 퇴화된 송곳니는 육류를 씹기에 안성맞춤이다. 사람은 이처럼 채식 동물이면서도 채식주의를 거역하는 생활을 하고 있다. 최근 비만과 성인병이 갑자기 늘어나는 현상엔 이런 이유도 한몫한다.

현대인의 모든 병은 먹는 것이 원인인 식원병食原病과 운동 부족병이다. 0의 음식을 통한 식생활은 현대인 병의 주범인 식원병을 예방할 수 있다. 불치의 병이란 없으며 불치의 생활 습관이 있을 뿐이다. 모든 병은 자기가 만들고 근본 치료도 자기가 하는 것이다. 일례로 광우병은 초식 동물인 소에게 육식 동물 먹이를 줘서 생긴 병이다. 조류 독감AI은 좁은 공간 사육과 운동 부족으로 생긴 면역 결핍에 의한 '자연 거역 병'이다. 즉 둘 다 자연을 거스르는 우리 인류에게 내린 천벌이라 할 수 있다.

이런 이유로 육류 위주의 식생활을 하는 요즘 젊은이들은 채소와 과일을 지금 먹는 고기 양의 배로 늘리도록 권장된다. 육식 동물 중 백수의 왕인 호랑이는 고작 20~30년을 사는 반면 초식 동물인 코끼리는 60년 넘게 산다. 이를 보도 초식 동물의 생명이 훨씬 우월함을 알 수 있다.

육식은 사람을 동적이고 공격적으로 만든다면 채식은 정적이면서 사색적으로 만든다. 육식 문화권(서양)에서는 자연을 정복하면서 문명을 발달시켰다면, 채식 문화권(동양)에서는 자연에 순응하면서 문화의 꽃을 피웠다. 채식주의인 불교 국가에서 단 한 번의 전쟁이 없었던 사실은 결코 우연이 아니다. 참고로 붓다의 탄생 설화에는 코끼리가 호랑이와 싸우지 않고도 백수百獸의 왕이 됐다는 얘기가 나온다.

구약성서에 따르면 전지전능하신 조물주께서는 가장 까다로운 사람을 마지막 날인 6일째에 만드셨다. 그런 뒤 7일째 되는 날엔 휴식을 취하셨다. 오늘날 달력에서 7일이 일주일인 것은 이에 연유한다. 사람이 태어나기 하루 전인 5일째 되는 날, 조물주께서는 인간의 양식인 물고기와 함께 심심치 않게 새소리를 들으며 살라고 새까지 창조하셨다. 이런 조물주의 뜻에 따라 나는 음식 도표에 생선류를 포함시켰다.

물고기는 기독교와 깊은 관계가 있다. 기독교 신자의 차에서 물고기 그림인 ⊂⊃﹥을 종종 볼 수 있다. 그리스어로 익투스($IX\theta Y\Sigma$)는 물고기란 뜻이다. 예수(I) · 그리스도(X) · 하느님(θ) · 아들(Y) ·

구세주(Σ)'의 첫 글자 모음이기도 하다. 물고기는 기독교가 탄압을 받던 로마 시절 암호로 쓰였다. 그런가 하면 〈최후의 만찬〉 그림 속 식탁에는 물고기가 가장 많이 놓여 있다. 예수의 첫 제자 4명이 모두 어부란 점도 특이하다.

고고학계에 따르면 '魚' 자는 상형 문자 가운데 제일 오래된 글자라고 한다. 주로 물가에 살았던 선사 시대 원시인들의 주식은 물고기와 과일이었다. 물고기는 인류가 가장 오랫동안 먹어온 식품으로 육식과 채식의 중도 식품이다. 미식가들이 즐기는 기호 식품이면서 영양학자들의 신임을 받는 완전식품이기도 하다. 음식 도표에 나오는 음식들은 모두 −0.9와 +0.9 사이에 있는 맛으로 폭이 넓다. 즉 마음자리의 이동 범위와 다르지 않다. 0에 가까운 음식일수록 싫증 나지 않으며, 음수 쪽 음식의 맛일수록 철이 들어야 제대로 느낄 수 있다.

그런데 어째서 물·밥·차·무(채소)는 0의 좌표에 있을까? 음식 가운데 물리지 않는 대표 음식은 바로 밥과 물이다. 쌀 색깔인 미색 米色 역시 싫증이 나지 않는다. 만약 식사 후에 물 대신 사이다나 콜라 같은 탄산음료를 마신다면 곧 싫증이 날 것이다. 물·밥·차·무는 아무리 먹어도 물리지 않는다. 생명의 영원함에서 오는 순수한 맛, 다시 말해 음악에서의 절대 음감과도 같은 절대의 맛인 까닭이다. 이런 연유로 음식 도표에서는 0에 배치했다. 몸(미각과 후각)으로 느끼는 0의 맛(물·밥·차·무)과 마음으로 느끼는 중도/선의 미감은 모두 담백하다.

그런가 하면 차는 양극단의 맛을 동시에 갖고 있다. 플러스 쪽으론 달고 구수한 맛이, 마이너스 쪽으론 쓰고 떫고 신 맛이 느껴진다.

나는 서로 상반된 맛이 상쇄된다는 의미에서 차 또한 0의 맛으로 봤다. 차는 0의 음식 가운데 가장 문화적인 것이기도 하다. '차는 물의 정신, 물은 차의 몸[차자수지정茶者水之精, 수자차지체水者茶之體]'. 차에 입문해 초보 시절을 벗어나면 들을 수 있는 말이다. 사람의 몸이 마음을 담고 있듯 물은 차의 정신을 담고 있다.

고수풀이 고수高手의 기호 식품인 까닭은?

　물・밥・차・무뿐만 아니라 음식 도표에는 다른 음식들도 많다. 이를테면 호박은 −0.4의 좌표에 놓여 있다. 호박 맛을 알게 되면 인생의 철이 든다고 한다. 호박보다 더 맛없는 인생의 맛을 경험했다는 뜻이다. 그리고 보리는 혹한의 겨울을 견뎌 살아남은 곡물이다. 보리밥은 인고의 세월을 통과한 보리菩提(깨달음)의 경지에 이른 사람만이 느낄 수 있는 특권의 맛이다. 이런 뜻에서 −0.7에 뒀다. 고추가 들어가는 음식들도 음수(−0.7) 쪽에 배치했다. 우리 조상들은 고추를 고초苦草, 초椒 즉 쓴 풀로 여겼다.
　−0.8에 자리한 씀바귀의 맛 또한 산전수전 다 겪은 뒤에야 알 수 있는 맛이다. 즉 씀바귀 맛보다 더 쓴맛의 인생을 산 나이라야 느낄 수 있는 맛이란 뜻이다. 비교 우위에서 오는 자족의 맛일 것이다. 그러고 보니 나도 어지간히 힘든 인생을 살았나 보다. 근래엔 가장 큰 음수인 −0.9에 자리한 고수풀을 즐기고 있으니 말이다.
　빈대 냄새가 난다는 고수풀은 중국 관광 시 우리나라 사람들이

기피하는 1호 음식이다. 원래 고수풀은 식도락가 중에서도 고수高手의 기호 식품으로 인성의 고수高手가 아니면 그 맛을 느낄 수 없다. 절집에서는 고수풀로 김치를 담그기도 한다. −0.9인 맛을 통한 반작용으로 중도의 맛을 위한 수양인 듯하다.

반면 과일류와 굴·조개·새우·게는 +0.8의 좌표에 함께 놓여 있다. 미식의 천재인 프랑스인들이 어패류를 바다의 과일이라 상찬하는 데 동의한 결과다. 그리고 흰 살 생선은 붉은 살 생선(+0.9)과 구별해 0에 가까운 +0.5로 분류했다. 생선류는 바다의 행복, 야채와 나물류는 산과 들의 행복이라 부르고 싶다.

버섯도 종류에 따라 좌표를 구별했다. 《춘향전》의 이 도령처럼 잘생긴 송이버섯은 +0.3, 동고버섯 중에서도 상품인 화고버섯은 +0.7, 중품인 동고버섯은 +0.5에 뒀다. 물표고버섯과 백설 공주 Snow Queen 같은 양송이*는 −0.3. 동고의 하품인 향신버섯은 −0.4에 배치했다.

음식 도표는 붓다의 심신일여心身一如의 깊은 뜻을 떠올리게 한다. 좌우대칭으로 균형을 이루고 있는 사람의 몸을 통해 모든 사물도 균형 있게 운영하라는 조물주의 묵시默示를 읽을 수 있다. 아무리 세계화·국제화 시대라지만 미국식의 일방적인 세계화 Pax Americana는 곤란하다. 자기 나라 식의 세계화가 필요한 시점이다.

그런데 북경 올림픽 이후 중국 주도 하의 세계화 Pax Sinica로 바뀌고 있다. 이제는 국제성과 주체성, 동양 정신과 서양 정신이 한데 어우러진 세계인이 돼야 한다. 언어도 국어와 영어, 제2외국어를 동시

---

* 양송이: 앙증맞고 귀엽게 백설 공주처럼 생겼다 해서 'Snow Queen'이라고 함.

에 습득해야 한다. 외국어의 능력은 자국어의 수준과 비례한다는 말도 있지 않은가.

다시 차 이야기로 돌아가본다. 차茶를 파자하면 ++ + 八 + 八이 된다. 차는 풀 초艹와 사람 인人, 나무 목木의 합자다. 사람은 자연 초목 속에 있다. 몸으로 차를 마심은 자연을 마심과 같다. 즉 마음도 몸을 닮아 저절로 본래 마음(본심本心) / 선禪으로 돌아가는 것이다. 그런가 하면 차를 ++(20) + 八八(88) = 108로 보는 호사가도 있다. 차를 108번뇌를 마셔 없애는 음료로 해석하고 싶었던 모양이다. 진실이 담긴 장난기다. 다선일미茶禪一味란 한자도 있다. 차 맛과 선禪의 맛이 같다는 뜻으로 차인茶人이 자신의 차 공부를 과시할 때 쓰는 말이다.

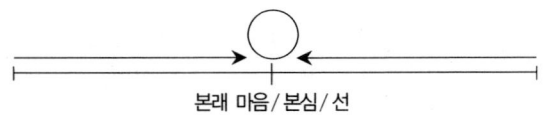
본래 마음 / 본심 / 선

사람의 마음은 몸과 함께 있기 어렵다. 몸만 여기 있을 뿐 마음은 다른 곳에 가 있을 때가 많다. 어제나 미래 같은 다른 시간에 있을 때도 많다. 자기 몸에 자기 마음을 붙이는 취미 생활 가운데 하나가 바로 다도茶道다. 차 생활은 인생을 터득하는 지름길이다. 차인이 차를 대접할 때 손님은 두 가지 반응을 보인다. 하나는 차를 두어 모금 마신 뒤 "설탕 좀 없습니까?"라고 묻는 것이다. 다른 하나는 차인이 두 번째 차를 잔에 부으려 할 때 "혹시 커피는 없습니까?"라고 묻는 것이다. 앞의 사람보다는 인내심이 강한 사람이라 할 수 있다.

중국 위진魏晉 남북조 시대의 차인이었던 왕몽王濛(1308~1385)은 차 마시는 일을 수액 형水厄刑이다 했다. 수액水厄은 물고문이니 수액형은 물고문 형벌이 될 것이다. 이처럼 차 마시는 일을 고문으로 느끼는 사람도 있게 마련이다. 그런가 하면 일수사견一水四見*이란 말도 있다. 같은 물이지만 보는 사람의 지혜의 능력에 따라 견해가 다르다는 뜻이다. 세상에는 버릴 게 없으니 모든 걸 받아들이라는 가르침이다. 차인에게 차 마시는 자리는 곧 낙원이요 천당이다.

다선일미茶禪一味는 몸과 마음의 좌표가 0에 있을 때 느낄 수 있는 황홀경을 말한다. 차 맛이 몸으로 느끼는 0의 행복이라면 선미禪味는 마음으로 느끼는 0의 행복이다. 0의 행복은 몸과 마음이 모처럼 만난 메커니즘의 결정체다. 이것에 이르기 위해 종교인들은 염불과 기도를 한다. 기도와 염불은 중심에서 도망간 또는 도망가려는 마음을 붙들어 0에 머물게 하는 방법이다.

추사 김정희(1787~1856. 추사체를 창안한 조선 후기 북학파의 실학자)는 동갑내기 차인이었던 초의 선사草衣禪師에게 다선일여의 뜻으로 명선茗禪이란 아호를 써줬다(명茗은 차茶와 동의어). 아래는 중국의 다담시茶談詩다. 차인들의 사랑을 받는, 추사가 쓴 대표적인 차 시茶詩이기도 하다.

靜坐處 茶半** 香初 妙用時 水流花開

---

* 일수사견一水四見: 같은 물이지만 신神은 보배로, 사람은 물로, 아귀餓鬼는 피고름으로, 물고기는 보금자리로 본다는 뜻. 같은 대상이지만 보는 이의 지혜의 능력에 따라 견해가 전혀 다름을 비유하는 말.
** 반半: 절반이란 뜻. 그리고 동그라미의 반인 꼭짓점(ㅇ)은 절정으로 한창의 뜻으로 해석되기도 함.

정좌처 다반향초 묘용시 수류화개

선정에 들어간 듯 조용히 앉아 있는 자리
차가 한창 익어 첫 향이 피어오르네
차를 반쯤이나 마셨으나 향은 처음 같도다
차가 내 몸에 들어와 오묘하게 작용하니
내 마음속에는 물소리가 들리고 꽃이 만발한 선경仙境이 떠오르는구나

위 시는 나름대로 졸역해본 것이다. 몸의 후각과 미각을 통해 한창 무르익은 차향을 맡으면 마음에도 꽃(행복의 꽃, 삼매화三昧華)이 핀다는 뜻이다. 한편 일본어에는 한창이란 뜻의 '出花(데바나)'란 부사가 있다. 이는 일본의 차인들이 위의 선시에서 가져온 표현으로 보인다.

추사의 제자 이상적李尙迪(1804~1865)이 남긴 글 가운데 백미白眉의 차 시가 있다. '茶是佛 / 차는 부처니라'. 붓다가 밥맛을 통해 중도中道를 깨달았듯, 달고 구수하며(+) 쓰고 시며 짠(−) 오미五味의 차 맛을 진실로 아는 사람은 곧 부처의 경지란 뜻이다. 이상적은 시대를 앞서간 역관譯官(통역관)답게 아호도 파격적으로 우선藕船(藕: 연 뿌리)이다.

그는 중국을 드나들며 스승 추사가 평소 읽고 싶어 하던 진귀한 책을 어렵게 구한 다음, 당시 절해고도이던 제주도 귀양지로 두 차례나 보낸다. 그 선물에 추사가 감격해 답례로 그린 그림이 바로 국보 180호 〈세한도歲寒圖〉다. 추사 연구의 최고 권위자 후지츠카 지

키시藤塚鄰 경성제국대학 교수가 1945년 일본 패망 직전 우리나라의 서예가 손재형孫在馨 선생에게 들려줬다는 일화가 남아 있다.

〈세한도〉에는 눈 덮인 쓸쓸한 집과 함께 추사의 심경처럼 구멍이 뻥 뚫린 집 앞뒤로 네 그루의 소나무가 서 있다. 늙은 소나무가 추사라면 다른 소나무는 제자 이상적이 아닐까. 화제畵題의 골자는 '세한연후지송백지후조歲寒然後知松栢之後凋'. 모든 나무의 잎이 여름에는 똑같이 푸르지만, 소나무와 잣나무는 한겨울 추위가 지난 뒤에야 시드는 것을 알 수 있다(필자 졸역)는 뜻이다. 〈세한도〉는 선비의 지조가 상록수처럼 변하지 않음을 보여주는 작품이다.

사람은 몸으로 맛을 보는 쾌감과 마음으로 느끼며 음미하는 미감의 동물이다. 미감과 쾌감은 서로 섞여 있다. 두 감각의 세계를 고루 맛본 사람이라야 성공한 인생이라 할 것이다. 원래의 기본적인 맛은 단맛 · 쓴맛 · 짠맛 · 신맛 등 사원미四元味였다. 그러다 1908년 동경제대 이케다池田 교수가 다시마를 우린 구수한 맛인 우마미旨味(savory)를 발견했다. 그 결과 사원미에 우마미가 추가돼 오원미五元味가 됐다. 매운맛은 통증에 속한다 해서 맛의 분류에서 빠졌다. 이 다섯 가지의 맛이 순열 조합에 의해 수많은 중도의 다채로운 맛으로 만들어진다.

가령 차나 와인처럼 문화적인 식품들은 쓴맛이 들어 있는 게 특징이다. 몸(미각과 후각)으로 느끼는 맛의 세계에선 마이너스(−)의 제2의 세계가 자연스럽게 인정된다. 반면 마음의 세계에선 제2의 쓴맛의 세계를 깨닫는 데 적지 않은 시간이 걸린다. 단일한 맛이란 존재하지 않는다. 모든 맛에는 플러스(+)의 맛과 마이너스(−)의 맛이 섞여 있는 까닭이다.

음식 취향도 사람마다 다르다. 나의 경우 −0.7의 찬 성질인 보리밥과 고추를 +0.7의 더운 성질인 찹쌀밥보다 더 좋아한다. −0.1의 블랙커피를 +0.3의 커피보다 더 즐겨 마신다. 이렇듯 플러스(+)쪽이 꼭 상위는 아니며 취향이나 기호에 우열이 있을 수 없다. 나는 모든 음식을 좋아하는데 다만 조금 더 좋아하는 음식이 있을 뿐이다. 이를테면 도루묵 알도 좋아하지만 명란젓을 조금 더 좋아할 뿐이다.

맛의 세계만이 아니다. 우리 인생에서도 플러스(+)의 제1세계, 마이너스(−)의 제2세계, 0의 제3세계를 무차별심無差別心으로 받아들여야 한다. 세 세계 가운데 무엇 하나 소홀함 없이 즐길 줄 알아야 한다는 뜻이다. 인생은 유한하기에 시시한 시간이란 존재하지 않는다. 어떤 순간이든 행복은 있게 마련이다. 음식 도표의 분류가 절대적이지는 않지만 내 나름의 조그만 자부심은 있다. 바로 맛의 범위를 −0.9에서 +0.9까지 분류한 도표를 만들었다는 것이다. 이 도표는 2,600여 년 동안 신비의 베일에 감춰져 있던 붓다의 깨달음을 푸는 열쇠이자 키워드가 될 수 있다.

앞서 말했듯 밥맛·물맛·차 맛 등과 같은 음식의 맛은 중도/중용의 세계를 표현한다. 중도/중용의 세계는 일상생활에서도 쉽게 찾아볼 수 있다. 아래에서는 세 세계로 나눠봤다. 이 세계들은 우열로 구분되기보다 그 자체로 다양한 세계의 표현이다. 다만 중도/중용의 세계로 보기엔 조금 무리인 것도 있음을 밝혀둔다.

고해의 세계 / 중도의 신세계 / 쾌락의 세계
낭비 / 기부·헌금 / 인색
대중음악 / 세미클래식 / 클래식 음악
느슨한 줄 / 조율된 줄 / 팽팽한 줄
겨울 / 봄·가을 / 여름
게으름 / 근면 / 조급함
무미건조한 생활 / 풍류 생활 / 빙탕 생활
겨울 칼바람 / 가을 산들바람 / 삼복 후텁지근한 바람
중병 / 무병無病 / 혈기왕성
들판 / 동산 / 높은 산
전날 / 0시 / 내일
날숨 / 중간 숨 / 들숨
지하층 / 0층(인도나 영국 등) / 그층
싱거운 사람 / 간이 맞는 사람 / 짠 사람
흐물거림 / 부드러움 / 딱딱함
여자 / 동성애자 / 남자
남루·초라함 / 수수한 옷차림 / 성장盛裝
우울함 / 상냥함·명랑함 / 경박함
냉소·비웃음 / 미소 / 너털웃음
궁핍 / 검소 / 사치
몰상식 / 상식 / 엄격한 규율
전서·예서 / 해서 / 행서·초서
맹추위 / 가을 날씨 / 삼복
바다 / 갯벌 / 육지
얼음물 / 샘물 / 뜨거운 물
쓴맛 / 구수하고 담백한 맛 / 단맛
무신론자 / 신자 / 성직자
씀바귀 / 무·호박 / 과일
어눌한 말 / 차분한 말씨 / 세련된 말
저쪽 / 장소의 0인 여기 / 이쪽
고수풀·씀바귀 맛 / 밥맛 / 과일 닷
들기름 / 현미유 / 참기름
welldone / medium / rare
알토 / 메조소프라노 / 소프라노
눕다 / 좌선 / 서 있다

이기주의 / 개인주의 / 박애주의
법 / 상식 / 도덕
바이올린 / 첼로 / 콘트라베이스
그믐달 / 반달 / 보름달
단주斷酒 / 절주 / 과음
산책 / 조깅 / 달리기
무취미 / 취미 / 일중독
무감각 / 즐기다 / 쾌락
강 / 호수 / 바다
적막 / 음악 / 소음
비굴 / 긍지 / 오만
등산 / 능선 걷기 / 하산
보리 / 쌀 / 찹쌀
마늘 / 양파 / 실파
흑인 / 혼혈인 / 백인
간사 / 친절 / 퉁명스러움·불친절
냉탕 / 온탕 / 열탕
우유부단 / 영단 / 졸속
무신론자 / 독실한 신자 / 광신도
약소함 / 원만함 / 과분함
백자 / 분청 / 청자
추상화 / 사실화 / 극사실화
한대 지방 / 온대 지방 / 열대 지방
비지 / 순두부 / 두부
막걸리 / 와인 / 독주
밥 / 죽 / 물에 만 밥
엷은 차 / 중정中正 / 떫은 차
나쁜 일 / 무사無事 / 좋은 일
과거 / 시간의 0인 지금 / 미래
△ / ○ / □
맨밥(반찬이 없는 밥) / 소찬素饌(고기와 생선이 없는 반찬) / 진수성찬
명태 / 민어 / 고등어
안 익다 / 발효 / 쉬다
베이스 / 바리톤 / 테너

염불은 마음의 고향으로 가는 길

　불교 하면 가장 먼저 '염불念佛'이 떠오른다. 염불이란 무엇인가? 성우性愚 스님의 뜻풀이가 인연이 되어 천주교 신자인 나는 재가불자가 됐다. 인연因緣은 인연人緣이다. 한 글자로 불교의 관문을 통과하는 것을 일자관一字關이라 한다. 일자선一字禪이라고도 부른다. 나는 '염念' 자를 인연으로 불교인이 됐다. 내게는 이 글자가 일자관이 된 셈이다. 파자해보면 금今+심心으로 지금 마음이란 뜻이다. 오관(눈·귀·코·혀·피부)은 외부 세계에 즉각 반응하는데, 이에 따라 마음자리 역시 한시도 가만있지 않고 바뀐다.
　사람은 몸이 태어난 본적과는 다른 주소(현 주소)에서 살고 있다. 마음도 본래의 마음자리를 떠나 속세의 마음자리에서 살고 있다. 가령 왼손이 본래 마음이라면 오른손은 속세의 마음이라 할 수 있다. 이 두 손을 한데 모으는 합장(염불)은 두 마음의 합일을 나타낸다. 한 손은 자신을 위해 또 다른 한 손은 남을 위해 써야 한다는 점에서, 두 손은 자리이타自利利他의 상징이라 하겠다.

마음의 실체는 '고요함'이다. 염불은 본래 마음 / 마음의 고향으로 가는 길이다. 고향은 어릴 때의 마음 / 처음 마음이 고스란히 숨쉬고 있는 곳이다. 명절날 고향에 가면 타향에선 느낄 수 없었던 편안함과 즐거움을 맛볼 수 있다. 이때의 느낌이 바로 '선미禪味'다. 선미의 희열은 마음자리만 0에 있으면 어느 때 어느 곳에서도 느낄 수 있는 선의 특권이다. 마음의 고향이 곧 행복의 고향이기 때문이다.

한편 종교宗敎는 불교에서 온 말이다. 불교 용어가 기독교에서 쓰이면서 바뀐 용어들이 적지 않다. 선교宣敎 → 포교布敎, 장로長老 → 큰스님, 기도祈禱 → 염불念佛 / 불공佛供, 예배禮拜 → 예불禮佛 등이 대표적이다. 종교란 근원根源 / 근본宗으로 돌아가라는 가르침敎이다. 기독교에서는 이름 다음에 지은 세례명을 본명이라 한다. 지금 이름은 세속화됐기에 세례명을 본명(성명聖名) 삼아 성인聖人의 이름값을 하라는 기원으로 보인다. 불교도 이와 다르지 않다. 원효의 구도 역시 귀일심원歸一心源 즉 본래의 마음으로 돌아가는 것이었다.

불자가 수시로 염불을 하는 것은 변덕스런 마음의 이탈 속성 때문이다. 우리는 일상에서 오만 가지 생각이 다 난다는 말을 하곤 한다. 한 사람의 마음이 하루에 5만 번 가까이 변한다는 심리학 실험도 있다. 마음은 순간순간 생겨났다 사라지며 연속적으로 이어지지 않는다. 성聖과 속俗을 넘나들기도 한다. 마음속에선 악인이 선인으로, 속물이 인격자로 변신하기도 한다. 오죽했으면 한시도 가만있지 않는 원숭이 마음(심원心猿), 망아지 새끼 마음(의마意馬)이란 말이 나왔겠는가. 우스갯소리로 마음은 늘 '두근+두근'한다 해서 '네 근'이라 한다. 그렇다면 보시布施를 많이 하는 불자의 마음은 '따끈(닷 근)' + '따끈(닷 근)'해서 '열 근'인 셈이다.

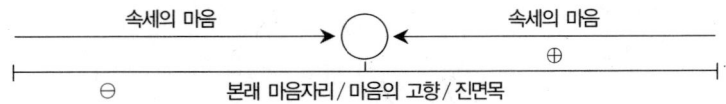

마음자리가 0에 있으면 어떻게 될까? 펄쩍펄쩍 뛸 만큼 즐겁진 않지만, 무중력 상태의 평화와도 같은 안심安心의 행복을 느낄 수 있다. 염불은 본래 마음 / 진면목眞面目*과 지금의 속세 마음을 0의 좌표에서 상봉케 한다. 이 일자관은 당나라 5대 승려 가운데 한 분인 운문문언雲門文偃(864~949. 당의 승려)이 창안했다.

큰스님들에게는 인간적인 면을 엿볼 수 있는 별호別號 같은 게 따라다닌다. 제자들이나 수행자들이 말귀를 알아듣지 못해 답답할 때 몽둥이질을 한다는 데서 유래한 덕산방德山棒, 고함을 지른다는 의미의 임제할臨濟喝 등이 대표적이다. 선승들의 표현이 과격한 것은 자신의 산生 체험을 죽은 문자로 표현할 수밖에 없기 때문이다. 반면 할아버지가 손자에게 자상하게 가르쳐주듯 수행자를 대한 조주趙州 스님 같은 분도 있다.

운문 스님의 일자관은 고정 관념과 말장난을 내던지고 간결하고도 기상천외한 말로 선의 핵심을 드러낸다. 그는 어떤 말도 장식품에 불과하므로 오로지 자신의 본래 성품을 꿰뚫어 볼 것을 강조했다. 즉 수행자의 잠재 능력을 일깨우고자 했다. 가령 수행자가 "무엇이 부처의 뜻입니까?"라고 여쭐 땐 "보普"라고 답했다. 이 절묘한 화답에 절로 탄

---

* 진면목眞面目: 우리나라에서는 '참모습', 일본에서는 '진심 · 성실'이라는 뜻으로 쓰임.

성이 나온다. 무릇 불교란 '보통'의 마음속에서 '보통'의 행복을 느끼는 것이 아닌가.

오래전 동아시아 선불교를 석권한 임제종의 주류가 된 양기방회楊岐方會라는 분이 계셨다. 그가 처음으로 세운 도량道場의 이름이 그 유명한 보통사普通寺다. 보통普通이란 불교의 선이 보普 / 중中과 통한다는 뜻이다. 여기서 보통이 불교의 핵심인 중도와 같은 말임을 알 수 있다.

운문 선사의 일자관은 매력적이다. '날마다 좋은 날[일일시호일日日是好日]'에서는 하루를 짧은 일생으로 보고 있다. 즉 시간을 잘 쓰라는 뜻이다. 이를 더 발전시킨 사람이 오상순吳相淳(1894~1963. 시인)이다. 오상순은 불교의 공空 사상이 배어 있는 작품을 썼고 아호인 공초空超는 담배꽁초와 관계있다. 공초가 창안한 '날마다 새롭고 또 날마다 새롭도다[일신우일신日新又日新]'는 일일시호일을 더 발전시킨 느낌을 준다.

가령 2018년도 1월 1일부터 12월 31일까지의 1년 365일에는 하루도 같은 모양의 글자로 된 날짜가 없다. 참다운 불자의 하루하루는 이처럼 늘 새롭게 창조되는 날이어야 한다. 어제의 내가 아닌 오늘의 나로 거듭 태어나야 한다. '내가 허비한 오늘이 말기 환자가 그토록 살고 싶어 했던 내일이다!' 얼마 전 문병을 간 어느 병실의 벽에 걸려 있던 글귀다.

이보다 더 응축된 말은 '지금 여기'다. 당나라의 고승 법안문익法眼文益(885~958)이 창안한 표현이다. 이것이 없었다면 하루가 최고의 날이라는 일일시호일의 명제도 빛날 수 없었을 것이다. 1년이 365일이면 10년은 3,650일이다. 인생은 100년을 살아도 3만 6,000일이라는 속담이 있다. 나의 경우 세월을 추상적인 햇수보다 구체적인 날짜로 계산할 때, 숫자가 더 많아지는데도 오히려 세월은 짧은 것처럼 느껴진다. 새삼 허무해지는 것은 물론이다. '인생불만백人生不滿百 상회천년우常懷千年憂(백 년도 채우지 못하는 인생 언제나 천 년의 근심을 안고 사는구나)'.

라틴어의 'Hic et nunc Here and now'란 말도 불교계에서 건너갔음 직하다. 불교의 영향을 받은 서양의 지성이 많은데 그 가운데 톨스토이Lev Nikolayevich Tolstoy(1828~1910)가 있다. 톨스토이는 만년에 자신의 문학 인생을 돌아보면서 인간의 삶에 기여한 작품이 없다는 회의에 빠진다. 이때 나온 작품이 《세 가지 질문》이다.

틱낫한(1926~. 세계 4대 생불로 추앙을 받는 베트남 출신의 승려) 스님이 경전이라고까지 높이 평가한 이 작품에는 이런 질문이 나온다. "이 세상에서 가장 중요한 때는 언제이고 가장 중요한 일은 무엇일까? 또 가장 중요한 사람은 누구일까?" 현자의 대답은 이렇다. "가장 중요한 때(시간)는 바로 지금이고 가장 중요한 일은 지금 하고 있는 바로 이 일이다. 또 가장 중요한 사람은 바로 지금 만나고 있는 사람이다."

한편 영국의 시인 T. S. 엘리엇(1888~1965)은 모든 시간은 'still point靜点'에서 하나이며, 시간과 무시간은 영원히 일치한다고 했다. 시간의 +1이 내일이라면 -1은 어제요 0은 지금이다. 장소의 +1이 앞쪽이라면 -1은 뒤쪽이요 0은 여기다. 사람의 몸은 언제나 지금 여기에 있지만, 마음자리는 지금이 아닌 과거나 미래에 있기도 한다.

엘리엇은 유한한 시간 속에서 영원한 실재를 추구했다. 그가 주창한 still point는 삼법인三法印의 하나인 열반적정涅槃寂靜의 적정寂靜과 같은 개념이라 할 수 있다. 붓다는 괴로웠던 마이너스(-)의 고행 수도의 시간을 거치고 나서야 0의 신세계를 발견했다. 마찬가지로 엘리엇도 영혼의 암흑Dark night of Soul 시기인 마이너스(-) 시간을 보낸 뒤에야, 비로소 적정寂靜의 0의 세계인 still point에 이르렀다.

이처럼 행복이란 마음자리가 좌표 평면 0에서 편안하게 쉴 때 즉 적정 상태일 때 온다. 행복의 본질이 마음이라면 마음의 실체는 고요함인 까닭이다. 우리의 마음자리가 음악을 들을 때인 +가 아니더라도 -의 소음 상태가 아닌 고요함(0)에 있기만 하면, 언제 어디서나 행복할 수 있는 것이 마음의 본질이다. 이런 점에서 엘리엇과 석가모니 부처의 행복관은 일치한다고 볼 수 있다.

한편 '이상향Utopia'의 어원은 'No where good place(어디에도 낙원은 없다)'다. 의역하면 어디든 낙원이 될 수 있다는 뜻이 될 수도 있다. No where에서 where의 앞 철자 w를 No 쪽에 붙이면 'Now here good place'가 된다. 동양의 경우는 어떨까? 팔만대장경을 한 단어로 표현한다면 바로 '마음'이다. 불교는 마음의 종교다.

일체유심조一切唯心造란 말이 있다. 풀이하면 모든 일은 오직 마음이 만든다 또는 잠시 뒤의 일도 모르고 사는 게 인생이란 뜻이다. 우리는 행복해지고 싶어서 불교를 믿는다. 행복은 앞으로 시간을 두고 이뤄야 할 원대한 목표가 아닌 지금 당장의 목적이어야 한다. '바로 지금 여기'가 낙원과 극락이어야 한다.

언젠가 대구 팔공산 파계사把溪寺 주지이신 성우性愚 스님의 부름을 받은 적이 있었다. 절 위의 성전암聖殿庵은 성철 스님이 9년 동안 장좌불와長坐不臥하며 계셨던 곳이다. 당시엔 철웅哲雄 큰스님이 10년째 칩거 수행을 하고 계셨다. 성우 스님께서 철웅 큰스님께 인사를 드리고 오는 게 좋겠다고 말씀하셨다.

가파른 길을 따라 한참을 올라 거처에 도착하니 7~8명의 불자들이 둘러앉아 담소를 나누고 있었다. 나는 큰스님께 큰절을 올렸다. 큰스님께서는 내 근기根機를 높이 보셨는지 다짜고짜 여호와에 대해 말씀하셨다. "여호와Jehovah는 이스라엘 민족의 유일신唯一神으로 야훼Yahweh로도 불리는데, 여호와를 영어로 번역하면 'I'm who I am'이 된다." 그러면서 방문 기념으로 번역을 해보라고 하셨다. 망설인 끝에 용기를 내어 두 가지로 답을 드렸다.

① 현세의 나는 본래의 나다
② 나는 이 지상의 주인공으로서의 나다

내친 김에 사람의 마음이 주인의식으로 정착하지 못하는 것을 '주착主着이 없다'고 하는데, 이 주착이 훗날 줏대 없이 이랬다저랬다 해서 실없다는 뜻의 '주책없다'의 어원이 됐음을 말씀드렸다. 덧붙여 주착은 '수처작주隨處作主 입처개진立處皆眞(가는 곳마다 주인의식 갖는 사람, 그곳이 바로 다름 아닌 극락이로다)'과 상통한다고 했다. 그러자 큰스님께서는 크게 기뻐하시며 일필휘지로 대적광大寂光을 써주셨다. 대적광이란 상적광토常寂光土에서 유래한 말로 맑고 깨끗한 지혜의 광명이란 뜻이다.

누가 나에게 예수님을 뵌 적이 있느냐고 묻는다면 보았다거나 만났다고 말할 수는 없습니다. 그러나 그분이 내 안에 계시다는 것을 부정할 수 없습니다.

천주교에서도 비슷한 말씀이 있다. 위의 인용문은 김수환金壽煥 추기경께서 병상에서 마지막으로 남기신 말씀이다. 불교의 교지敎旨인 '아심자유불我心自有佛 자불시진불自佛是眞佛(내 마음 속에는 본래부터 부처가 계시다네. 내 마음 안에 있는 부처가 석가모니 부처보다 귀한 부처일세)'와 일맥상통한다. 또 다른 교지인 '견성성불見性成佛(자기의 본성 / 처음 마음 / 본래 마음의 발견이 곧 득도니라)'과도 통하는 바가 있다.

천주교의 삼위일체三位一體인 성부聖父와 성자聖子와 성령聖靈은 서로 다른 동시에 동격同格의 존재이다. 따라서 김수환 추기경의 마음 안에 계신 분은 성령으로 볼 수 있다. 이는 본질은 유지하면서 고체(얼음)·액체(물)·기체(수증기)로 변신하는, 유일한 삼위일체성 물질인 물과 다르지 않다. 요컨대 성령과 본래 마음은 같은 개념이다.

김수환 추기경과 법정 스님은 생전에 가깝게 지내셨다고 한다. 두 종교가 표현하는 교의敎義의 궁극窮極이 같기 때문이리라. 법정 스님께서는 이런 말씀을 하셨다. 대부분의 성직자들이 하느님을 말로 표현하는데 김수환 추기경께서는 하느님을 '느끼게 하시는 분'이라고. 법정의 말씀이 새삼 다가오는 요즘이다.

이뿐만 아니다. 불교와 천주교는 비슷한 수도 제도가 있다. 불교엔 동안거冬安居(음력 10월 15일~이듬해 1월 15일)와 하안거夏安居(음력 4월 15일~7월 15일)가 있다. 이 석 달 동안 스님들은 외출을 금하고 참선 수행을 한다. 비슷하게 천주교에선 피정避靜이란 제도가 있다. 신부나 수녀 또는 신자들이 집을 떠나 며칠이나 몇 달 동안 수도원에서 기도하는 제도다. 피정은 피세정염避世靜染의 준말로 속세를 떠나 고요한 세계에 물든다는 뜻이다.

영어 'retreat'는 이 제도의 본질을 잘 나타내준다. 파자하면 re(다시)+treat(고치다)가 된다. 즉 retreat는 내 마음의 상태를 다시 고친다는 뜻이다. 다시 고친다는 건 본래대로 새롭게 고친다는 것이다. 마음자리는 한곳에 잠시도 머물러 있지 않는다. 따라서 지난번에 고쳤어도 고장이 나면 또 고쳐야 한다. 즉 retreat해야 한다. 불자와 신자들이 조금이라도 시간이 나면 전철 같은 곳에서도 수시로 기도를 하는 이유다. 여기서 기도와 고친다는 건 + 또는 －에 있는 마음자리를 망상妄想에서 벗어나게 해서 0이라는 적정寂靜의 자리로 돌아오게 함을 뜻한다.

'지금 여기'를 나타내는 '현現'의 파자는 옥玉+견見이다. 행복은 지금 여기에서 구슬 같은 보배를 발견하는 능력에 달려 있다. 시간과 장소의 0은 다름 아닌 지금 여기다. 0의 행복은 발견하는 능력 못지않게 유지하는 것도 중요하다. 이는 모든 일事과 일(하나)이 됐을 때 가능해진다. 예컨대 식사를 할 땐 식사를 하는 일事과, 놀 땐 노는 일事과 일(하나)이 돼야 한다는 뜻이다.

선禪이 웰빙이라면 무사無事는 행복

'선禪'은 산스크리트어 드야아나dhyāna를 음사한 선나禪那의 준말이다. 고요히 생각한다[정려靜慮] / 생각으로 닦는다[사유수思惟修]는 뜻이다. 선은 집중을 통해 인간 존재의 실상實相을 깨닫는 일이다. 그런데 선은 뜻이 없는 말로 선정禪定이 올바른 표현이다. 선정은 선과 정의 복합어다. 같은 유형의 복합어로는 족足(음)+발(뜻), 역전前(음)+앞(뜻), 처가家(음)+집(뜻) 등이 있다. 선정에서 선은 음에, 정은 뜻에 해당된다. 임금의 자리를 물려주는 것을 선양禪讓이라 한다. 이때 선禪은 자리란 뜻으로 불교의 선은 0의 마음자리를 가리킨다.

보통 유행어의 수명은 짧은 편이다. 하지만 웰빙Well-being은 사람의 건강과 직결돼 있다는 상혼商魂 때문인지 오래간다. 웰빙의 본래 뜻은 몸과 마음이 모두 가장 좋은 상태다. 반대 용어인 일빙Ill-being은 몸과 마음의 부조화 상태를 뜻한다. 웰빙은 요즘 들어 원래의 뜻에서 벗어나 전의轉義°, 확대돼 쓰이고 있다.

보통 선은 웰빙으로 번역된다. 즉 일빙의 반대 용어로 무사無事를 뜻한다. 결과적으로 무사와 선은 동의어로 볼 수 있다. 선을 무사선 無事禪이라고도 부르는 이유다. 우리네 인생살이는 이런저런 크고 작은 근심걱정으로 무사하기가 쉽지 않다. 일상에서 흔히 하는 인사말인 '별고 없지?'나 '무사하지?'는 행복의 메시지다. 선정은 마음자리가 좌표 평면에서 0에 있음을 말한다. 즉 정定은 마음자리가 0에 정定해져 머물러 있다는 뜻이다.

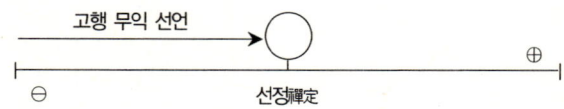

앞서 싯다르타 태자가 고행 수도에서 탈출해 다시 보리수 아래에서 두 번째 선정에 든 장면까지 말한 바 있다. 붓다와 득도에 대한 이해를 돕기 위해 관련된 불교 용어를 계속 알아보고자 한다. 선정과 동위 개념으로 '집중集中'이 있다. 집중이란 마음자리를 중中 즉 0에 모으는集 것을 말한다. 선정에 들었을 때 싯다르타의 마음자리는 일빙의 마이너스 영역에서 0의 자리로 옮겨 앉았다. 붓다의 깨달음은 이처럼 몸을 통한 체득 / 득도란 특징이 있다.

머리로 배운 지식은 말로 어렵지 않게 설명할 수 있지만, 몸으로 느끼고 깨달은 것은 표현할 수가 없다. 입과 코를 통한 미각을 표현할 수 없는 것과 마찬가지다. 붓다가 몸소 체득하신 깨달음의 진리는 문자론 표현이 불가능하다. 이렇게 문자에 집착하지 않는다는 데서 불립문자不立文字란 말이 나왔다. 또한 붓다의 깨달음은 언어나 문

---

* 전의轉義: 본래의 뜻에서 바뀌어 변한 뜻.

자의 가르침으론 전달할 수 없다. 이런 연유로 가르침과는 별도로 마음에서 마음으로 전달한다고 해서 교외별전敎外別傳이란 말이 나왔다. 언어도단言語道斷과 무설선無說禪 역시 같은 맥락으로 볼 수 있다.

선은 다양한 형태로 나타난다. 간화선看話禪은 좌선하면서 한 가지 화두를 가지고 의심을 깨트리는 수행법이다. 반면 묵조선默照禪은 모든 망상을 끊고 묵묵히 좌선하는 가운데 본래부터 갖고 있던 청정한 성품을 발견하는 수행법이다.

사람은 누구나 태어날 때부터 이미 불성佛性을 갖고 있다. 여기서 복잡한 수행 단계를 생략하고 홀연히 단번에 깨치는 돈오頓悟 수행이 생겨났다. 반대로 점진적인 수행으로 여러 단계를 거쳐 깨달음에 다가가는 점오漸悟 수행도 생겨났다. 흔히 선이 부처님의 마음이라면 교敎는 부처님의 가르침이라 한다. 이렇게 해서 선문禪門과 교문敎門이란 양대 산맥이 형성되기에 이른다.

붓다는 자신의 깨달음(마음)과 사상을 제자인 가섭迦葉과 아난阿難 두 채널을 통해 전파한다. 먼저 가섭에게는 법통을 물려주면서 난해한 선의 등불을 넘겨준다. 그리고 자신의 임종을 지켜본 시자侍子(요즘의 비서에 해당)인 아난존자에게는 선에 비해 덜 까다로운(?) 교敎의 등불을 쥐어준다. 이처럼 붓다가 자신의 깨달음에 대한 명쾌한 해석을 내려주지 않은 까닭에, 이후 선종禪宗과 교종敎宗이란 두 종파가 생겨나 대립하게 된다.

선문 쪽에서는 교문 쪽의 수행인 닦아서 깨치는 것을 마치 벽돌을 갈아 거울을 만드는 어리석음이라며 가벼이 여겼다. 반대로 교문 쪽에서는 불립문자를 앞세우는 선문 쪽을 요령주의라고 비난했다.

붓다의 말씀인 교教는 수학에, 붓다의 속마음인 선禪은 과학에 비유할 수 있다. 수학 없이 과학을 이해할 수 없듯 불교를 설명하는 교문 없이는 선문으로 들어갈 수 없다. 그런데도 교문은 지금까지도 언어로서의 본분을 다하지 못하고 있다. 여기서 잠시 문사 몇 분의 선에 대한 해석을 알아보기로 한다.

우선 조지훈(1920~1968) 선생의 해석을 소개해본다. 조지훈 선생은 청록파(박두진·박목월·조지훈) 시인 중 한 분으로 불교에 해박한 시인으로 알려져 있다. 필자의 은사시기도 한데 강의 과목인 시론詩論의 절반은 불교개론이었다. 일찍이 19세에 시 〈승무僧舞〉로 《문장》 지를 통해 등단했으며 21세엔 월정사의 강사를 지내셨다. 지금도 기억나는 말씀이 있다. '사법인四法印의 하나인 일체개고一切皆苦 가운데 고苦에는 본래고本來苦와 현실고現實苦가 있다'는 말씀이다.

또한 선방禪房의 다실茶室에서 "차茶는 찬데(차가운데) 왜 뜨거울까?"란 노승老僧의 물음에, "보리차菩提*茶(곡물의 보리차가 아닌)기 때문입니다"라고 답하셨다고 한다 사물의 본질은 이름에 있지 않다는 다선일여茶禪一如 경지의 선문답이다. 그런가 하면 '선은 종교에서 형식적인 의례를 빼고 철학에서 논리적 사유를 쫓아내며 예술에서 수식적인 기교를 버리고 남은 것'이라고도 하셨다. 선이란 생명 그대로의 발로란 뜻이다. 조지훈의 시각에서 선은 종교요 철학이며 예술과 다르지 않다. 한편 미당未堂 서정주徐廷柱는 "선禪은 일상의 잡무를 흥미진진한 멋과 낭만으로 만든다"라고 했다.

---

* 보리菩提: 깨달음의 지혜.

다음으로 석도륜昔度輪(문인화가이자 미술 평론가, 전 동아일보 미술대전 심사위원) 선생을 소개해본다. 선생한테서 불교 정신이 고스란히 담긴 도장[도서圖署] 한 방*을 선물 받은 적이 있다. '선여항禪與恒', 선과 항은 같다는 뜻이다. 선생은 항恒을 마음 심(忄)+⊙으로 봤다. 즉 지평선과 수평선 위에서 하루 첫새벽 동이 틀 무렵의 마음과 본래 마음 / 선이 같다고 풀이했다. 내 이름 끝 자인 항恒이 황송하게도 선과 동위 개념이 된 것이다.

성경에서는 이 세상에서 가장 귀한 건 눈에 보이지 않는다고 했다. 내 이름의 항恒과 일맥상통하는 당호堂號** 반진재反眞齋***와 아호雅號**** 눈초雪初를 갖고 있음은 큰 행운이다. 우리집을 방문하는 사람들은 진리를 반대하는 사람의 집反眞齋이라며 놀려대곤 한다. 반진反眞에서 반反은 되돌아올 반返, 진眞은 어린아이(동童)란 뜻이다.

서울 강남 봉은사奉恩寺에는 추사가 돌아가기 사흘 전에 썼다는 판전板殿이 남아 있다. 이 판전을 탈속한 어린아이 글씨 같다 해서 동자체童子体 또는 반진체反眞体라 한다. '모든 사물은 극단에 도달하면 다시 원점으로 돌아간다[물극필반物極必反]'. 이 작품은 추사 생애의 마지막 절필絶筆이자 백미白眉다.

어느 해 정초 은사이신 운정芸丁 김춘동金春東 선생 댁에 세배 갔을 때 당호를 선물 받은 적이 있다. 지금까지도 가보 1호로 삼고 있는

---

* 방: 도장의 개수를 나타내는 말.
** 당호堂號: 집의 별칭.
*** 재齋: 집이라는 뜻.
**** 아호雅號: 인생관이 반영된 개인의 별칭.

귀한 보물이다. 선생께서 자신의 조카인 여초如初 김응현金膺顯에게 글씨를 쓰도록 해주신 작품이다. 참고로 여초는 추사 이후 최고의 명필로 알려져 있다. 눈초䩨初는 내가 만든 호로, 눈䩨은 눈嫩의 속자俗字지만 파자破字가 재미있어 쓰고 있다. 눈의 파자는 초初+생生+초初다. 앞으로 읽어도 뒤로 읽어도 '처음처럼 산다. 처음처럼'이란 뜻이 된다. 즉 봄에 새 잎이 처음初 생겨 나온다生는 '눈트다'의 의미다.

석 선생은 기인으로 통하며 많은 일화를 남기고 있다. 한 일화를 소개해본다. 승려 생활 3년째 되던 해 선생은 성철 스님을 찾아뵀다고 한다. 코가 방바닥에 닿을 정도로 절을 올리면서 견성見性에 대해 여쭤봤다. 순간 성철 스님의 해머 같은 주먹이 뒤통수를 여러 차례 사정없이 내리치는 바람에 실신 직전에 이르렀다. 선생은 한밤중에 산 도둑을 만난 것 같았다고 회고한다. 자신의 본성을 발견하는 견성만으론 궁극의 목표인 성불이 될 수 없고, 다만 불교의 입문이라 생각한다는 건방진 말 때문에 폭행(?)을 당했다는 것이다.

불이문不二門은 사찰 안에 있다. 불이不二는 선과 악 같은 대립을 떠나 둘이 아닌 절대 경지를 상징한다. 선생의 해석은 좀 다르다. 둘이 아님은 하나가 아니라 셋이란 것이다. 그리고 셋은 +의 제1세계, -의 제2세계 그리고 붓다의 대발견인 제3의 신세계를 뜻한다고 했다. 비슷하게 다산茶山 정약용丁若鏞은 '경사말년아소원자선經師*末年我所願者禪(경사노년에 바라는 게 있다면 선뿐일세)'라고 했다. 유배 18년 생활에서 터득한, 물맛 같은 0의 행복관이다.

평소 불교를 철학으로 즐기고 있는 나는 철학이란 복잡이 여과

---

* 경사經師 : 불경을 가르치는 스승.

된 단순이며 지식의 완성이라고 생각한다. 선의 파자는 시示+단單이다. 모든 사물을 단순하되 철학의 눈으로 보며 살자! 선에 대한 내 나름의 해석이다.

해탈이란 대자유인으로 새롭게 태어나는 것

붓다는 보리수 아래에서 선정에 들어 8만 4,000 번뇌를 끊어내신 뒤, 더 이상 새로운 깨달음을 구하시지 않았다. 이런 붓다의 첫 선언은 번뇌를 끊는 일 자체가 '해탈'임을 말하고 있다. 사실 해탈은 고승이나 선승의 예비 수능 시험 같은 통과 의례일 뿐이다. 진리는 진열장의 전시품 같은 것이 아니라 일상에서 즐겨야 하는 것이다.

수많은 붓다의 말씀 가운데 가장 좋아하며 가슴에 품고 다니는 말이 있다. '이고득락離苦得樂', 고뇌의 사슬에서 풀려났으면 이 세상을 마음껏 향유하라! 즐기라!는 뜻이다. 이 이념으로 인해 불교는 생활 철학이 될 수 있다. 불교가 말하는 존재의 '없음', 0 즉 공空 사상은 인간 생명의 유한성을 일깨워준다. 불교에서는 인생을 어떻게 살 것인가란 질문을 던지면서 하나의 방편으로 해탈을 제시하고 있다. 해탈解脫에서 해解를 파자하면 소牛+뿔角+칼刀이 된다. 즉 소牛가 뿔角을 칼刀처럼 무기로 삼아 깨트리고 탈출한다는 뜻이다.

해탈과 동의어로 '깨달음'이 있다. 깨달음은 깨다+다다르다의 복합어다. 서양에서 깨달음과 같은 의미로 쓰이는 것은 바로 'Break out'이다. 산의 정상頂上은 한 군데이며 모든 물은 흘러가 바다에서 만나듯, 동양과 서양은 한 지점에서 결국 만난다('만법귀일萬法歸一'). 요컨대 해탈(깨달음)이란 잡다한 현세에서의 틀을 깨트리고 벗어나 이 지구라는 땅에 자기 세계(이상 세계)를 이룩함을 뜻한다.

불교는 개성주의 종교이자 철학이다. 따라서 불교의 시각에서는 사람마다 자기 세계가 다를 수밖에 없다. 그리고 달라야 한다. 이른바 '천상천하 유아독존天上天下 唯我獨尊'의 독자적인 경지다. 해탈은 대자유인으로 새롭게 태어나는 일이다. 마치 누에가 작은 고치 집에서 탈출한 다음, 나비가 되어 산과 들의 이 꽃 저 꽃으로 날아다니는 것과 같다. 해탈은 먼 훗날에 이루야 할 신비하고 추상적인 이념이 아니라 지금 여기에 실현해야 하는 구체적인 목표다.

불교의 개인주의 / 개성주의는 이기주의와 혼동돼선 안 된다. 불교는 나 자신만으로 끝나는 이기주의가 아니다. 나와 남을 함께 생각하는 자리이타自利利他 주의다. 또한 지혜를 바탕으로 한 직관直觀 철학이기도 하다. 붓다는 《법구경》에서 절묘한 비유를 들어 말씀하셨다. "지혜로운 사람은 훌륭한 사람을 잠시만 가까이해도 쉽게 알아본다. 마치 혀가 국 맛을 알듯. 어리석은 사람은 좋은 사람과 평생 가까이 지내도 알아차리지 못한다. 숟가락이 국 맛을 알지 못하듯." 소설가 박완서 선생이 생전에 사랑하셨다는 법문이다.

붓다, 인생의 신세계를 발견한 콜럼버스

다시 싯다르타 태자가 선정에 들어 있는 보리수 아래로 돌아가 본다. 네란자라 강변에는 몸과 마음을 식혀주는 바람이 살랑살랑 불고 있다. 끼니를 거르지 않는 정상적인 공양供養*으로 태자의 얼굴엔 살이 오르기 시작한다.

얼마 전 나는 미국 여행을 한 적이 있었다. 미국으로 향하는 비행기 안에서 심한 에어포켓air pocket**을 겪었다. 기상 악화의 기류로 악몽 같은 시간에서 벗어나니 비행기는 미동도 없이 마치 서 있는 듯했다. 순간 무중력 상태에서의 안온한 행복감이 마음속으로 스며들었다. 이때의 경험으로 싯다르타의 심경을 조금이나마 헤아릴 수 있었다. 선정 당시 싯다르타의 마음자리는 고행의 마이너스(−) 시간을 거친 반작용으로 좌표 평면 '0'에 머물러 있다고 할 수 있다.

---

* 공양供養: 절에서 음식을 먹는 일 또는 스님의 식사.
** 에어포켓air pocket: 상승 기류를 지난 직후 양력揚力이 줄어들어 기체가 급격하게 하강하는 현상.

싯다르타로선 5년 만에 맛보는 심신의 평화였다. 나는 가끔 3대 성인의 얼굴을 떠올리곤 한다. 내 머릿속에서 공자는 근엄하고 엄격한 표정을 짓고 있다. 그런가 하면 십자가에 못 박힌 그리스도의 수난을 묘사한 조각상인 십자고상十字苦像은 처절해서 가슴이 아프다. 반면 이완된 얼굴에 소리 없이 미소를 머금은 듯한 부처의 표정은 사람의 긴장을 풀어준다. 그 미소는 너털웃음과 냉소의 중도에 자리한다. 즉 붓다의 무심한 미소는 중도적인 웃음이다.

중도적인 미소라 하니 석굴암 본존불인 석가모니 상이 떠오른다. 신라인들의 이상형인 인간상이 이렇지 않았을까. 마치 신라의 조각가가 인도 여행 중 선정에 든 붓다를 직접 보고 스케치한 그림으로 만든 작품 같다. 지금껏 나는 인도나 중국의 불상 가운데 석굴암의 석가모니 상 이상 가는 불상을 본 적이 없다.

산행의 정상에서 느끼는 둘맛. 이는 허위단심 올라온 마이너스의 시간을 거쳤기에 느낄 수 있는 0의 행복이 아닐까. 공양 때마다 별 생각 없이 먹고 마셔온 싯다르타 태자는 지금껏 느끼지 못한 밥맛과 물맛에 새삼 놀란다. 사람은 누구나 식욕 본능이 있다. 특히 맛에 관한 기억은 뚜렷하며 오래가는 법이다. 고행 중단 이후 보리수 아래에서 경험한 밥맛과 물맛이 태자 시절보다 더 맛있게 느껴진 것은 어째서일까? 고행 수도 덕분일까? 그렇다면 고행은 결코 헛된 일이 아니었다. 다만 이때의 심경을 붓다는 표현하고 싶었으나 그러지 못했을 뿐이다.

'선열여미미禪悅與米味(중도 깨달음의 법열이 바로 밥맛과 같구나!)'. 붓다의 무설선無說禪의 답답한 심경을 내가 대신 주제넘게 지어본 잡문이다. 붓다에게 공양하는 쌀을 선열미禪悅米라고 하는 데서 착상한 것이다. 그렇다면 '선열위식禪悅爲食' 역시 '밥맛의 즐거움이 선열禪悅이구나!'(선열=0의 행복)란 뜻 아닐까.

태자는 출가 6년의 고행 끝에 득도에 다다른다. 첫 번째 고행 수도는 실패하고 재수再修 수행에서 무상정등각無上正等覺*의 깨달음을 얻은 것이다. 이렇게 득도하고 나서도 21일을 더 그 자리에서 머물렀다고 한다. 불교의 교의는 108번뇌처럼 숫자로 나타나는 치밀함을 보여준다. 6년의 수행 중 득도의 시기는 종반 40일인데 이 기간 중에서도 19일째 깨달음을 얻었다고 하겠다. 선정 기간인 40일 가운데 득도를 하신 뒤에도 보리수 아래서 21일간 더 머물렀다고 한다면 (40−19=21), 19일째 득도하신 셈이다.

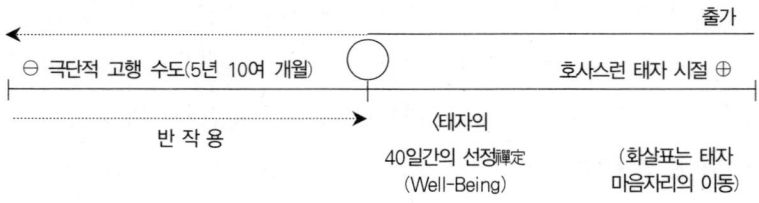

돈오頓悟 수행법이라는 게 있다. 긴 수행 기간을 거치지 않고도 단박에 깨친다는 이것이 붓다의 득도 수행법을 본받았는지도 모른다. 붓다의 현 수행 시기는 6년의 맨 끄트머리 그러니까 40일 수행 중에서도 득도한 19일 이후의 시점이다. 이때 붓다는 무엇을 깨달았을까? 태자는 몸과 마음이 일빙Ill−Being(몸과 마음의 부조화)의 마이너

---

* 무상정등각無上正等覺: 위없는 완전하고 원만한 깨달음. '아뇩다라삼먁삼보리阿耨多羅三藐三菩提'를 번역한 말로 지혜의 완성이라고도 함.

스 시간을 거친 다음, 고행을 중단한 반작용의 힘으로 자연스럽게 웰빙Well-being(선정)의 시간 속에 들어 있다. 흔히 불교를 공空 사상이라고 한다. 이를 조금 바꿔 나는 붓다의 깨달음을 '0의 발견'이라고 부른다.

우리나라의 불교 용어는 중국의 옷을 입고 있다. 0이나 공도 그렇다. 동그라미 0이 기호로 사용될 땐 우리나라에서도 '공'이라고 부른다. 공일공(010), 공공칠(007) 가방이 그 예다. 운동 기구인 둥근 공의 어원 역시 여기서 의미가 확대된 듯하다. 다만 동그라미 0이 숫자일 땐 영점일(0.1)에서처럼 '영'이라고 부른다. 요컨대 공空과 영零은 같다는 뜻이다.

보리수 아래에서 선정에 들 때 붓다는 깨달음을 구하지 못하면 자리를 뜨지 않는다 하셨다. 제1차 고행 수도의 실패를 인정하는 말씀이다. 재수의 선정 수행에서는 몸과 마음의 평정이 이뤄진다. 1차 수행 시기와는 사뭇 다른 집중력이 생겨난 이유다. 그 결과 붓다는 40일이란 짧은 선정 기간 중에서도 전반기인 19일째에 깨달음을 얻을 수 있었다.

1차 고행 때만 해도 태자 시절에 누렸던 쾌락의 세계(+)와 출가 후 겪었던 고행(고통)의 세계(−)밖에 알지 못했던 붓다였다. 고행 무익 선언 이후 보리수 아래에서 2차 선정을 수행한 뒤엔 어땠을까? 붓다는 이 세상엔 두 극단(즐거움(+)과 고통(−)의 세계)뿐 아니라, 제3의 세계인 신세계(중도 / 0의 세계)가 있음을 새삼 발견하기에 이른다.

중도中道를 깨닫는다는 건 단맛(+)도 쓴맛(−)도 아닌 구수하고 담백한 0의 밥맛을 알게 된다는 뜻이다. 즉 중도란 붓다 자신의 몸6

을 통해 구체적으로 체득한 득도의 세계다. 동시에 말로 표현할 수 없는 일자불설一字不說*의 깨달음인 무설선無說禪이기도 하다. 중도의 깨달음이란 석가모니 부처님의 심층 의식(잠재의식)이기 때문이다. 중도는 0의 행복이다. 그렇다면 붓다는 0의 행복이란 인생의 신세계를 발견한 콜럼버스가 아닐까.

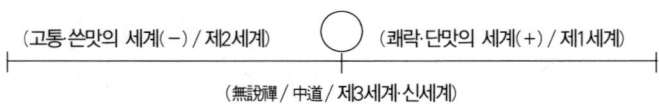

이렇게 해서 고타마 싯다르타는 한 나라의 태자에서 전 인류를 위한 해탈의 대자유인으로 거듭난다. 다만 붓다의 깨달음은 없던 사실의 발명이 아니라 있던 사실의 발견이었을 뿐이다. 고대 인도인들에게는 진리 · 실리 · 성애라는 인생의 3대 요소가 있었다. 붓다는 실리實利에 따라 중도라는 신세계(0의 행복)을 인류의 생활 철학으로 제시하신 것이다. 덕분에 우리는 제1세계 · 제2세계 · 제3의 신세계란 풍요로운 삶을 골고루 누릴 수 있게 됐다.

사람은 좌뇌나 우뇌만 갖고 살아갈 수 없다. 마찬가지로 앞으로 이 지상에서 좌파나 우파에 치우친 ISM(주의)의 극단적인 시대는 사라질 것이다. 다만 합리주의인 중도/중용사상과 인간의 원형질인 인도주의만이 영원하리라. 인도 여성들은 두 눈의 가운데 위쪽인 이마에 동그란 빨간 연지인 '빈디'를 붙인다. 두 눈으로는 제1세계(+)와 제2세계(-)를 본다면, 제3의 눈인 빈디로는 사물의 본질을 볼 수

---

* 일자불설一字不說: 붓다의 깨달음은 말로 표현할 수 없기 때문에 한마디도 말씀하지 않았다는 뜻.

있다고 한다. 이 빈다야말로 중도라는 신세계를 보는 눈이 아닐까.

붓다의 깨달음은 상식이되 위대한 상식이다. 중도中途에서 고행을 중단했기에 발견할 수 있었던 중도中道(0)의 깨달음이다. 좋음(+)의 아님이 반드시 나쁨은 아니다. 그러나 나쁨(-)의 아님은 좋음(+)이 될 수 있다. 붓다의 중도는 좋음 / 즐거움(+)도 나쁨 / 괴로움(-)도 아닌 좋음 / 즐거움(0)의 행복이다. 이는 마치 좋은 사람과 나쁜 사람의 중도인 보통 사람의 좋음의 가치와 같다. 보통 사람은 좋은 사람 / 착한 사람으로 요즘 세상에서 보기 힘들어진 문화재 급 인간형이다.

그렇다면 중도란 구체적으로 무슨 뜻일까? 중中은 0이다. 도道를 파자하면 처음 수首+갈 착辵이 된다. 즉 처음으로 간다는 뜻으로 바로 0을 가리킨다(道=衜(首+行)). 짚신(짚(실사實辭)+신(실사))처럼 중도 또한 中과 道라는 두 실사가 중첩된 복합어로 볼 수 있다. 요컨대 석가모니 부처의 깨달음은 0의 발견이다. 득도하신 뒤에도 부처의 몸과 마음은 한결같이 평온한 선정 / 웰빙 상태에 있다. 앞서 말했듯 웰빙은 일빙의 반대 개념으로 무사無事의 행복을 나타낸다.

붓다의 1차 고행 수도에서의 해방은 해탈과 통한다. 즉 이때의 해방은 무사의 행복이었다. 그러므로 붓다의 중도는 0의 행복, 무사의 행복이다. 이 순간 인간 세계(삶)에서 아무런 나쁜 일 / 괴로운 일만 없어도 행복할 수 있다는, 행복의 새로운 지평이 열린다. 행복에는 표준 행복이 없기에 0의 행복도 가능하다. 한마디로 0의 행복은 행복의 황금률黃金律이다!

경허鏡虛(1849~1912) 스님은 '무사는 오히려 이뤄야 할 일無事猶成

事'이라 하셨다. 일상에서 흔한 인사말 가운데 '별고 없지?'란 말이 있다. 무사가 우리의 생활 속에 널리 퍼져 있다는 증거다. 무사하면 행복한 줄 알아야 한다. 그런데도 우리는 이 말을 그저 무감각하게 지나치고 만다. 무사한 일상을 당연하게 여기는 것이다.

태권도가 입신入神의 경지에 이른 친구가 하나 있다. 그에게 싸움을 해본 적이 있느냐는 실례의 농담을 건넨 적이 있다. 뜻밖에도 친구는 싸울 땐 한 대도 안 맞고 도망가는 게 상책이라 했다. 무사無事의 무인武人다운 달관이다. 친구는 자신의 무도武道 철학이 승패를 떠난 0의 세계에 도달하는 데 있다면서, 이런 말을 미국 제자들에게 들려준다고 했다. "The most successful fight is the one you don't have to have(대결 자체로 건강해졌으니 부상 없는 무사가 최선이다)."

이렇듯 붓다는 단맛(+)도 쓴맛(−)도 아닌 중도(0)의 밥맛을 통해 '없는 듯 있는'/'없음의 있음'의 깨달음을 구했다. 다시 말하지만 중도는 중간이란 뜻이 아니다. 이를테면 채소인 무 맛은 결코 무無맛이 아닐뿐더러 중도의 맛은 그 범위(+/−)가 매우 넓다(음식 도표 참조). 공기를 가리켜 흔히 무색·무미·무취라 한다. 공기는 밥맛과 같은 중도/선미의 존재다. 도시에서도 첫새벽의 공기에서 0의 행복을 맛볼 수 있는 것은 이 때문이다.

붓다의 0의 발견은 '진공묘유眞空妙有'/'색즉시공色卽是空'/'공즉시색空卽是色'으로 표현되기도 한다. 진공묘유란 무슨 뜻일까? 찬란한 무지개 빛깔로 색칠한 둥근 원판을 머릿속에 그려보자. 원판이 정지 상태에선 그 화려한 색감이 느껴지지만, 팽이처럼 돌아갈 땐 무채색으로 보인다. 호흡이 멎으면 몸이 죽고 마음이 멎으면 번뇌가 멎는다고 했던가. 우리는 어지러운 현실을 천국이나 극락으로 여기며 살 수도 있다.

한편 색즉시공에서 色은 현실 세계를, 空은 이상 세계를 가리킨다. 지금 여기의 현실 세계(색즉色卽)는 극락세계(시공是空)와 같다면, 이상 세계(공즉空卽)는 지금 여기의 속세(시색是色)과 같다. 이런 석가모니 부처의 선 사상은 현재 일자불설의 붓다의 마음으로 추상화처럼 전해질 뿐이다. 붓다의 심층(잠재의식)이기 때문이다.

석가모니 부처께서 깨달음을 이루신 보리수의 학명은 뽕나무과다. 슈베르트 가곡에 나오는 보리수는 피나무Tilia과다. 대부분의 나뭇잎들이 길쭉한 타원형이라면 보리수 잎은 하트 모양의 원형이다. 붓다가 둥근 잎을 달고 있는 보리수 아래에서 둥근 0을 발견한 것도 묘한 인연이다. 그리고 인도에서 붓다가 득도하신 12월(음력 12월 8일)은 가을에 속한다. 가을은 1년 중 심신이 가장 평온한 중도의 계절이다. 그랬기에 중도(0)의 발견이 가능하지 않았을까.

그런데 어째서 붓다의 선 사상은 해독 불능의 암호 같은 수수께끼로 2,600여 년 동안 내려왔을까? 붓다가 0을 깨달은 기원전 525년에는 수학에 숫자 0이 없었던 듯이다. 이때 잉태된 0은 1,000년 뒤인 6세기경에야 비로소 인도에서 발견된다. 자신의 깨달음을 느낄 수 있었을 뿐 표현할 수 없던 당시 붓다의 심경이 아득하게 전해진다.

조선 중엽의 명의였던 허준許浚(1539~1615. 《동의보감》 저술) 선생이 콜레스테롤의 존재는 알았지만 그 정체를 설명할 수 없었던 것과 같다고나 할까. 비슷한 예로 진공眞空과 상대성원리가 있다. 토리첼리E. Torricelli(1608~1647. 이탈리아의 물리학자이자 수학자)가 진공의 존재를 설명하기 전 그 개념은 인정받지 못했다. 하물며 문명개화 시대가 되고 나서도 아인슈타인Albert Einstein(1879~1955. 창조성이 뛰어난 20세기 초의 대표적 지식인)의 상대성원리를 그의 생존 당시 이해한 사람은 12명밖에 없었다고 한다.

석가모니 부처의 0을 모체로 한 두 번째 0은 '제법무아諸法無我(있음의 없음)'에 그 핵심이 있다. 제법무아란 사람을 비롯한 모든 사물은 영원불멸할 수 없다는 것으로, 실체가 없는 사물이 우연한 인연[연기緣起]으로 잠시 가건물처럼 존재하다 사라진다는 뜻이다. 이처럼 석가모니 부처의 깨달음은 0을 모체로 해서 두 개의 핵심 명제를 낳았다.

○의 발견
① • 모든 사물은 영원불멸할 수 없다는 '제법무아'
 • '있음의 없음'의 세계 ⎫ 교문敎門

② • 두 극단(쾌락·즐거움(+) / 번뇌·고통(−))을 떠난 '0'의 신세계
 • '중도'의 세계는 붓다의 심층(잠재의식)으로 '일자불설'의 세계
 • 중도의 세계, 좋음과 나쁨이 아닌 '좋음'의 세계
 • '색즉시공' / '공즉시색' / '진공묘유'의 세계
 • '없는 듯 있는' / '없음의 있음'의 세계 ⎫ 선문禪門

이 가운데 중도는 설명 불가의 심층(잠재의식)이다. 명백하게 의식되지 않지만 자각된 의식과 같은 행동을 지배하는 의식을 잠재의식이라 한다. 빙산에 비유하면, 잠재의식은 수면 아래에 잠겨 있는 3분의 2에서 7분의 6의 얼음 덩어리와도 같은 의식으로 볼 수 있다. 현대 심리학에서도 난해하기 그지없는 것으로 이해된다. 불교의 의

식 세계는 안眼 · 이耳 · 비鼻 · 설舌 · 신身 · 의意(六識)로 이뤄져 있다. 이 밖에도 잠재의식인 아뢰야식阿賴耶識(八識)과 육식 사이에서 번뇌를 일으키는 말나식末那識(七識)이 있다. 정리하면 붓다의 깨달음에서 중도는 쾌락(+)과 고행(-)의 양극단을 떠난 올바른 수행법이다. 이는 구체적으로 팔정도八正道로 표현된다. 팔정도는 소승 불교의 수행법에 속한다. 소개하면 다음과 같다.

① 인생 고해에 대한 바른 견해 / 정견正見. ② 남에게 해를 끼치지 않는 바른 생각 / 정사유正思惟. ③ 거친 말과 쓸데없는 잡담을 삼가는 바른 말 / 정어正語. ④ 문란한 행위를 하지 않는 바른 행위 / 정업正業. ⑤ 정당한 방법으로 의식주를 구하는 바른 생활 / 정명正命. ⑥ 선을 지키고 악을 방지하는 바른 노력 / 정정진正精進. ⑦ 모든 현상을 있는 그대로 통찰해 바른 마음을 챙기는 정념正念. ⑧ 마음을 하나의 대상에 집중 · 통일시켜 마음을 가라앉히는 바른 집중 / 정정正定.

이 가운데 앞의 일곱 가지 정도正道는 마지막 여덟 번째의 정정을 위한 예비 계율이다. 정정이란 중(0)에 마음을 모으는 일 즉 집중을 뜻한다. 마음자리를 0에 정해놓는 중심中心이란 뜻이기도 하다. 그러므로 정정은 선정과 동의어라 할 수 있다. 팔정도 가운데 주개념이 정정이라면, 대승의 육바라밀六波羅密(보시布施 · 지계持戒 · 인욕忍辱 · 정진精進 · 선정禪定 · 지혜智慧) 가운데 주개념은 지혜와 보시다. 지혜는 지식이 숙성 단계를 거친 결정結晶이다. 머리에 있는 지식은 입과 목이란 정거장을 거쳐 지혜가 있는 가슴의 종착역에 도달한다. 이렇게 되기까지 평생이 걸리는 사람이 있는가 하면 평생 걸려도 못 가는 사람이 있다.

이렇듯 지혜가 지식의 완성이자 삶의 나침반이라면 보시는 이타

利他의 회향回向이다. 현실에서 생겨나는 비본래의 잡다한 마음을 마음의 고향 / 본래의 마음에 잡아[집執中]놓는 것을 집중執中이라 한다. 즉 마음자리를 0에 모으는 집중集中과 0에 잡아두는 집중執中은 쌍둥이 말이다. 행幸복은 '환(둥글 환丸 / 0)'과 함께 있을 때 온다. 행복은 놓치지 않고 잡아야 하는 것이다. 우리가 명절에 찾아간 고향에서 행복을 느낄 수 있는 것은 그곳에선 본래의 자기 모습인 진면목을 찾을 수 있기 때문이다.

　　석가모니 부처의 깨달음은 구체적인 몸의 체험을 통한 체득득도體得得道란 특징이 있다. 몸으로 깨달은 중도와 선을 붓다가 말로 설명할 수 없었던 이유다. 한편으로 무설선은 훗날 장광설長廣舌의 설법으로 끝나는 허황된 구두선口頭禪을 초래하기도 한다.

　　석가모니 부처는 이전의 부처들과 많이 달랐다. 붓다가 성도하시기 이전에는 정신이 몸보다 우위에 있었다. 몸을 학대하면 신성에 가까워진다는 오해가 횡행하기도 했다. 그랬기에 수행자들은 속세에서 하던 고생을 출가한 뒤엔 더 심하게 행해야 했다. 붓다와 달리, 쓴맛만 보는 고행 수도가 뚜렷한 깨달음의 명제가 없는 고생 수도에 불과함을 깨닫지 못한 탓이다.

　　앞서 석가모니 이전의 부처가 경량급 챔피언이라면 석가모니 부처는 헤비급 챔피언이라 한 바 있다. 이는 오늘날의 불교에서도 적용되는 듯하다. 모든 스님이 성철 큰스님이 될 수 없으며 모든 수녀님이 마더 테레사가 될 수 없기 때문이다. 붓다가 말하는 '0의 행복'이란 몸과 마음의 균형이 가져오는 평화로운 상태를 뜻한다. 사람이 먹고 마시는 음식 가운데 발효 식품은 어느 것이든 문화적인 식품이라 할 수 있다. 김치나 청국장도 그렇고 맥주나 와인, 도 그렇다. 일례로 맥주는 묘하게도 0도에서 발효된다. 행복이란 이처럼 몸과 마음의 화학 작용에 의한 즐거움과 다르지 않다.

앞서 말했듯 붓다가 깨달은 0의 행복은 제1세계의 단맛(+)과 제2세계의 쓴맛(-)을 거친 제3세계의 성숙된 행복의 맛이다. 반면 어린아이는 물론 덜 성숙된 사람의 감정 세계는 좋다 / 싫다의 이원 세계에 머물러 있다. 붓다의 득도에서 밥맛이 스승이었다면 붓다 자신의 몸은 사원寺院이었다. 몸을 통한 고행 수도의 시기가 있었기에 붓다는 중도의 세계를 발견할 수 있었다. 고행 수도는 결코 고행 무익苦行無益이 아니었던 것이다.

이와 뜻이 통하는 선시가 있다. '크게 한 번 죽어보아야 뚜렷하게 사는 법을 배우게 된다[대사일번 대활현저大死一番 大活顯著]'(필자 졸역)가 그것이다. 중생들이 겪고 있는 어떤 고생에도 다 뜻이 있다는 희망의 메시지가 담겨 있는 작품이다.

석가모니 부처는 득도하고 나서도 보리수 아래에서 21일 동안 더 머물러 있었다. 깨달음의 내용을 점검하고 있었는지도 모른다. 마치 대작의 그림을 완성한 화가가 작품 앞에서 도취돼 있는 모습과 같지 않았을까. 이렇듯 석가모니 부처의 성도는 드라마틱하지도 화려하지도 않다. 없던 사실을 새로 발명한 게 아니라 있던 사실을 새삼 발견한 것이기 때문이다. 한마디로 부처의 깨달음은 밥맛을 통한 상식의 발견이었다.

만약 〈콜럼버스〉란 제목으로 신대륙을 발견한 내용을 담은 영화가 있다면, 선박이 육지에 접근하는 순간을 웅장한 음악으로 연출했을 것이다. 반면 〈석가모니 부처님〉이란 작품을 만든다면 드라마틱한 클라이맥스가 없어 감독의 고민이 클 것 같다.

　　서울 안국동 조계사 경내에 있는 대웅전 지붕 옆면의 합각合閣에는 ⊙라는 문장紋章이 있다. 불가에서는 불·법·승의 삼보로만 알고 있는데 내 생각엔 그 이상의 무엇이 있을 것만 같다. ∴는 산스크리트어의 단모음인 옛 글자로 '아!'와 같은 감탄사를 나타낸다. 특히 고통스러울 때 내는 소리다. 음은 이伊이며 이것 / 도달하다 / 기도로 얻다란 뜻이다. 또한 ⋀는 장모음으로 이咿로 음사된다. 뜻은 부의 여신 / 사랑의 신이고 진언眞言으로는 삼매三昧다. 따라서 ∴은 伊라고 발음되는 둥근 점이 세 개 있다 해서 '원이삼점圓伊三點'이라고 부른다.
　　이처럼 신라 시대 때 들어온 산스크리트어는 지금까지도 불가에서 쓰이고 있다. 인도에서 들어온 외국어가 국어인 외래어로 바뀌는 경우 주체성을 띠는 경향이 있다. 즉 ⋀역시 ⊙와 같은 형태의 문장으로 변했을 개연성이 다분하다는 뜻이다. 나는 ⊙이 불·법·승의 뜻 외에도 이것 / 도달하다 / 기도로 얻다 / 삼매 / 고통스러울 때 내는 소리라는 불교의 근본적 교의를 가리킨다는 점에 주목했다. 아울러 둥근 모양의 축소형인 점 / ·은 넓게 보면 0을 가리킨다. 여기서 붓다 깨달음의 모체이자 핵심이 0임을 다시금 깨달을 수 있다.
　　우리의 옛 문화가 모두 중국에서 들어왔다는 고정 관념이 있다. 따라서 그 밖의 다른 나라에서 유입될 가능성에 대해서는 인식하기 어려운 것도 사실이다. 인도의 경우 더더욱 그렇다. 한글은 우리나라의 문화를 대표하는 자랑거리다. 그런데 한글 창제의 기본이 된 음운音韻 이론의 근원이 고대 인도의 음운학에 있다는 사실을 아는

온라인 회원이 되세요

가입 회원 쿠폰 증정 이벤트

회원 전용 쇼핑몰 **5%할인** + **10%** 상당의 **쿠폰 증정**

(2018년 2월 28일까지. 쿠폰은 회원 전용 쇼핑몰에서만 사용 가능합니다)

www.makersmagazine.net

 **이메일 주소 하나만 입력**하시면
《메이커스: 어른의 과학》의 회원이 될 수 있습니다

손으로 즐기는 과학 매거진 《메이커스: 어른의 과학》
직접 키트를 조립하며 과학의 즐거움을 느껴보세요

vol.1

70쪽 | 값 48,000원

천체투영기로 별하늘을 즐기세요!
이정모 서울시립과학관장의
'손으로 배우는 과학'

make it! 신형 핀홀식 플라네타리움

vol.2

86쪽 | 값 38,000원

나만의 카메라로 촬영해보세요!
사진작가 권혁재의
포토에세이 사진인류

make it! 35mm 이안리플렉스 카메라

vol.3은 2018년 상반기 발매 예정입니다.

일본어판 《大人の科学》 시리즈 판매 중

미니비스트, 에디슨 축음기, 자동 글씨쓰기, 특수촬영 카메라 등 다양한 시리즈를 만나보세요

사람들은 거의 없다. 고대 인도에서 일찍이 발달해 있던 음운학이 불교와 함께 중국으로 유입되면서 한자의 음운에 지대한 영향을 미쳤다. 이것이 우리나라에도 들어왔고 15세기 세종대왕은 이를 국어에 적용했다. 즉 인도의 음운학이란 좀 더 발전된 이론의 토대 위에서 한글 창제가 이뤄졌다는 뜻이다.

조선의 개국 이념은 유교였으나 백성과 달리 조선 왕실에서는 불교를 신봉했다. 궁내에 고승을 모시고 법회를 열기도 했다. 이들 승려 가운데는 산스크리트어에 능통한 분들도 있었다. 세종께서는 이들에게서 한글 창제의 결정적인 바탕이 되는 힌트를 얻지 않았을까. 스님들 가운데 한 분인 신미信眉 대사와 학열學悅 대사는 산스크리트어뿐 아니라 티베트어에도 능통했다고 전해진다.

한글 창제 후 세종께서는 타조 이성계가 조선 왕조를 세워야 했던 당위성을 합리화한 서사시敍事詩인 〈용비어천가〉를 지으셨다. 이후에도 정치와 무관할뿐더러 국시國是에도 어긋나는 불경의 저술이 이뤄졌다. 붓다의 공덕을 찬양한 《월인천강지곡月印千江之曲》, 붓다의 일대기를 그린 《석보상절釋譜詳節》이 대표적이다. 《월인천강지곡》과 《석보상절》을 합본合本, 세종의 의지를 불교적인 숫자 108에 함축한 《월인석보月印釋譜》도 빼놓을 수 없다. 이런 불경 저술의 대작업은 한글 창제에 도움을 주신 붓다의 은혜에 대한 표현이 아니었을까.

당시 인도는 문화의 선진국이었다. 예를 들면 장기와 체스의 발상지 역시 인도였다. 인도에서 만들어진 체스가 서양으로 건너갔다면 장기는 중국을 거쳐 우리나라에 들어왔다. 그런데도 우리는 장기가 중국의 놀이 문화로 착각하고 있다. 중국을 거치면서 변형된 장수將帥 격인 큰 짝 초楚와 한漢 때문이다. 장기에는 중국에 없는 동물인 코끼리象라는 이국적인 짝이 끼어 있다는 사실은 인도가 장기의 발상지임을 증명해준다.

문방사우文房四友에 속하는 붓과 먹 역시 중국이 아닌 인도에서 들어온 외래어다. 불경은 붓다의 말씀을 먹을 갈아 붓으로 쓴 책이다. 그렇다면 붓과 먹이란 '붓'다의 말씀을 '먹'게 해주는 고마운 문방사우가 아닌가!

'서라벌'과 '서울'은 인도 문화에서 유래했다?

인도는 건축학 분야에서도 선진국이었다. 영국이 인도를 식민지로 지배할 당시, 혹심한 더위로 영국인들의 사망자는 속출한 반면 인도인들은 무사했다. 여기엔 이유가 있었다. 인도인의 건물은 원주 圓柱 기둥을 세운 넓은 베란다 Veranda로 그늘을 만드는 테라스 Terrace(주랑) 양식이다. 이를 통해 더위를 일차적으로 차단함으로써 더위에서 탈출할 수 있었다.

인도 지배 즉시 테라스 건축 양식을 받아들인 영국은 이를 자기 나라는 물론 식민지의 건축에도 확대 적용했다. 그 결과 테라스 양식은 훗날 권위적인 제국주의 건축 양식이 될 수 있었다. 덕수궁 석조전 石造殿과 중앙청 건물(전 조선총독부 건물, 김영삼 정부 때 헐렸음)은 우리나라의 대표적인 테라스 양식의 건물이다.

건축 양식뿐만이 아니다. 현재 우리나라에는 인도에서 들어온 말들이 적지 않다. '신라 新羅'는 계戒를 뜻하는 산스크리트어인 시라 sila에서 유래했다. 또한 붓다가 득도하신 네란자라 강변의 붓다가야

Buddha Gayā는 '가야伽倻'국의 국호로 바뀌었다. '실라벌室羅筏'은 붓다가 최초로 설법하신 코살라Kosala 국의 도읍지 사위성舍衛城(śrāvastī, 훗날 마갈타magadha 국의 도읍지 왕사성王舍城으로 이름이 바뀜)을 산스크리트어에 충실하게 변형한 표기다. 이 용어가 신라 / 경주의 옛 이름인 서라벌徐羅伐과 서벌徐伐로 음운 변화됐다. 그리고 서벌은 우리나라 수도 이름인 '서울'로 바뀌었다.

부엌의 '아궁이'는 불의 신 아그니Agni에서 유래했다. 문지방을 밟으면 복 달아난다는 속담은 문지방에 집을 지키는 신이 산다는 인도인들의 믿음과 통한다. '발가락의 때만도 못한 놈'이란 표현은 인도의 카스트 제도에서 최하층의 불가촉천민不可觸賤民을 발가락에 비유한 것과 관계있다.

그뿐만 아니라 아가마āgama는 입으로 전승된 말이란 뜻의 산스크리트어다. 우리나라에 들어와 입의 비속어인 '아가리'와 생선의 입을 가리키는 '아가미'로 변형됐다. 또한 우리나라에는 왼쪽을 낮게 대우해서 왼손으로 상대에게 술을 따르면 실례가 되는 풍습이 있다. 이는 싯다르타의 어머니 마야 부인의 태몽에서 흰 코끼리가 오른쪽 옆구리로 들어갔다는 설화와 일맥상통한다. 붓다가 쿠시나가라에서 입멸하실 때 오른쪽으로 누우셨다는 일화와도 연결된다.

인도에서 불교문화가 해상으로 들어왔음을 보여주는 증거는 또 있다. 전라도 영광의 '법성포法聖浦'(인도의 승려 마라난타를 통해 불법佛法이 들어온 포구란 뜻)란 지명이 그 예다. 여기서 인도 불교가 중국뿐 아니라 해상을 통해서도 들어왔음을 짐작할 수 있다.

멥쌀은 중도 / 중용의 맛

밥맛은 어떻게 해서 깨달음의 모티브가 될 수 있었을까? 붓다는 농업 국가인 카필라 국의 태자였다. 태자란 신분 덕에 당연히 상품의 쌀로 지은 밥을 먹였을 것이다. 그런데 '상품의 쌀만을 좋아했다'는 기록에 의거하면 밥맛을 알고 즐겼던 것으로 보인다. 또한 붓다의 아버지 이름에는 '밥 반飯'이라는 글자가 들어가 있다. 농업 국가의 왕다운 이름이 아닐 수 없다. 밥 반飯은 석가모니 부처의 아버지 형제 즉 부계父系의 돌림자인 항렬이다.

붓다의 아버지 이름인 '정반淨飯'은 산스크리트어 슛도다나^{Suddho} $Dana$를 번역한 말이다. 슛도^{Suddho}는 Pure(순수한)를, 다나^{Dana}는 쌀을 뜻한다. 즉 슛도다나는 순수한 밥맛은 맛의 수명이 길다 또는 밥맛은 아무리 먹어도 물리지 않는다는 속뜻을 갖고 있다. 이것이 명사화되면서 정반이 된 듯하다. 순수는 생명이 길다는 본뜻을 살리려면 정반왕보다는 순수반옹純粹飯王으로 번역하는 게 맞지 않았을까.

쌀은 둥근 모양과 중도의 맛에서 0과 오묘하게 일치한다. 동양

밥맛과 숫자 0, 붓다 깨달음의 정수 79

의 한의학에 의하면 같은 쌀이라도 찹쌀의 성질은 덥고(+0.7) 보리쌀은 차다(-0.7). 메밀(+0.2)과 수수(+0.2)가 더운 성질의 곡물이라면 보리밥은 찬 성질의 음식이다. 여름철의 별미인 보리밥은 상추나 곰취 쌈으로 먹거나 물에 말아 즐겨 먹는다. 반면 더운 성질의 메밀묵은 한겨울이 제격이다. 그리고 멥쌀은 중도 / 중용(0)의 음식이다.

다시 붓다의 아버지 형제 얘기로 돌아가보자. 첫째에 이어 둘째는 백반白飯, 셋째는 곡반斛*飯, 넷째는 감로반甘露飯(붓다의 시자侍者인 아난존자의 아버지)이다. 농업 국가의 왕가다운 이름들이다. 붓다가 출가 전부터 밥과 불가분의 관계에 있었다는 증거가 아닐까. 식약일여食藥一如라 해서 농경 사회에서 밥은 식품인 동시에 약으로 기능했다. 조강지처와 밥맛은 변하지 않는다는 속담은 밥의 불변하는 상징적 의미를 나타낸다.

고대 농경 사회의 백성들에게 식食은 의依나 주住에 우선하는 필수품이었다. 단조로운 생활에서 즐길 수 있는 유일한 기호 식품으로 농경 사회 백성들에겐 절대의 행복이었다. 고대 사회 정치 통치자의 목표는 오로지 백성들을 굶기지 않는 것이었다. 나라가 평화로우려면 백성들의 먹을거리가 입에서 떨어지지만 않으면 됐다. 평화平和의 화和를 파자하면 벼 화禾+입 구口가 된다. 즉 백성들의 화평은 나라의 평화였으며 그것은 곧 밥으로 인해 가능했다.

밥이 인삼이란 말도 있다. 밥풀 한 알도 버리지 않았던 우리네 할머니와 어머니들의 검약은 거의 신앙의 경지였다. '백성들은 밥

---

* 곡斛: 곡식을 되는 그릇.

먹는 것을 하늘처럼 여기며 살아왔다[민이식위천民以食爲지]'. 식생활에서 인삼을 매일 반찬으로 먹을 순 없다. 밥이 인삼이란 말은 훗날 일상의 보통의 것이 초고 가치란 뜻으로 확대됐다. 한편 '쌀 미*'는 사방으로 폭발하는 힘의 상징으로도 보인다. 88세의 장수를 미수米壽라 함은 우연의 일치치곤 재미 있다.

오늘날에도 밥이 주식이고 반찬은 부식의 자리에 있다는 사실을 나는 새삼 깨닫는 경험을 했다. 얼마 전 국내 관광버스 여행을 간 적이 있었다. 버스 안에서 주는 스내식*인 찰밥의 맛이 변변찮은 반찬을 보충해줬다. 관광객들이 부실한 식사에 불평을 하지 않은 것은 이 때문이었다. 또한 도착지에서 먹은 대나무 통 밥맛은 20여 가지나 되는 반찬들을 압도했다. 밥을 먹느라 반찬들은 거들떠보지 않을 정도였다.

흔히 밥맛이 좋으면 반찬이 필요 없다고 한다. 밥맛이 중요한 만큼 밥과 반찬의 주종 관계가 좀처럼 깨지지 않을 것 같다. 오늘날의 고급 음식 문화 사회에서도 밥은 여전히 식도락의 대상으로 남아 있다. 앞으로도 그 가치의 생명은 영원할 것이다.

---

* 스내식: 비행기에서의 식사가 기내식인 것처럼 버스에서의 식사라는 뜻.

밥그릇, 깨달음의 정수가 담겨 있는 경전

석가모니 부처는 출가 뒤 잠시 두 스승을 스치듯 만난 적은 있으나 가르침을 받지는 않았다. 붓다의 스승은 사람이 아닌 밥맛이었다. 붓다는 법통의 상징물로 '가사袈裟'와 함께 '발우鉢盂'(바리때, 스님들이 공양 때 쓰는 밥그릇) 즉 의발衣鉢을 전하셨다. 가사의 전수는 옷을 입은 스승의 모습을 떠올리면 쉽게 수긍이 간다. 그런데 왜 하필 밥그릇인 발우(바리때)를 물려주셨을까?

발우는 산스크리트어 파트라Patra의 음사 표현이다. 발鉢은 발다라鉢多羅의 준말로 식기를, 우盂는 그릇을 뜻한다. 발우는 실사實辭 발鉢과 우盂의 합성어로 붓다의 스승 격인 밥을 담았던 그릇을 가리킨다. 즉 깨달음의 정수精髓가 담긴 기념물이었다.

한편 붓다가 깨달음을 구하신 '도량道場'은 붓다가야의 보리수였다. 도량을 산스크리트어로 Bodhi Manda라고 한다. Bodhi는 깨달음의 지혜를 뜻한다. 그리고 Manda는 공양을 지을 때 보글보글 끓어오르는 밥물과 함께 장엄이란 뜻도 갖고 있다. 즉 붓다는 달지도

(+) 쓰지도(−) 않은 구수한 밥맛(0의 맛)의 지혜를 통해 중도라는 장엄한 깨달음을 득도하신 것이다. 이는 붓다 깨달음의 핵심이 밥맛임을 다시금 확신시켜준다.

이뿐만이 아니다. 발우는 수행자들에게 경전으로 통한다. 발우를 들고 집집마다 다니며 음식을 구걸하는 탁발은 모든 음식을 차별하지 않고 받아들이는 살아 있는 수행 행위다. 찬밥 더운밥, 반찬의 맛이 있고 없음을 가리지 않는 탁발은 훌륭한 수행법이다. 이런 무차별심의 수행은 불교의 근본 교의라 하겠다. 즉 어떠한 지금과 여기도 받아들여 인간의 유한성을 지혜롭게 극복하려는 해법인 것이다. 무차별심은 불교가 연꽃만을 고집하지 않는 데서도 느낄 수 있다. 비로자나불을 모신 대적광전大寂光殿이 잡화雜花로 꾸며져 있다는 사실이 그 증거다.

'밥으로 부처의 일을 행하다[이반식이불사以飯食而佛事]'. 밥과 발우는 스님들에겐 경전처럼 받아들여지고 있다. 이에 대해 불교의 삼보三寶에서는 두 가지 비유법을 들어 설명하고 있다. 첫 번째 비유는 이렇다: 부처는 스승이요, 법은 마음의 고통을 덜어주니 약이요, 스님은 좋은 친구로다. 두 번째 비유는 이렇다: 부처가 쌀이라면, 법은 그 아래 보리요, 스님은 콩이니라. 두 번째 비유에서 쌀을 감히 부처와 동격의 인격체로 보고 있는 점이 눈에 띈다. 붓다 깨달음의 동기가 밥에 있었기에 가능한 비유가 아닐까.

가사와 발우가 대물림되는 전통은 6조 혜능 조사(통산 33세 조사. 인도 28조, 중국 6조, 달마 대사는 인도의 28조이자 중국에서는 초조初祖로 중복. 따라서 33세가 됨)까지 내려오다 끊긴다. 이 전통이 법통을 이어받지 못한 나머지 많은 제자들에게 위화감을 주어 포교에 지장이 있었던 때문으로 보인다.

병아리 아나운서 시절 나는 출연자에게 이런 질문을 던지곤 했다. "사계절 중 어느 때를 가장 좋아하십니까?" 지금 생각해보면 참으로 철없는 질문이었다. 인사동에서 어느 스님이 불자에게 차 두 봉지를 건네며 이렇게 말하는 걸 들었다. 차 하나는 우전차雨前茶*인데 다른 하나는 맛이 다소 떨어지는 차라는 것이다. 계절에 우열이 없듯 차 맛에도 우열이 있을 수 없다.

모든 사물을 우열과 차별심 없이 무위계無位階 / 무등위無等位로 받아들이는 '무위진인無位眞人'이 불교가 추구하는 궁극의 인간형이다. 정해진 시간 속에서 사는 인생이기에 모두를 수용하란 뜻이다. 즉 무위진인이란 서양에서 주관을 배제한 채 모든 대상을 객관적으로 직시하는 즉물주의자卽物主義者와 다르지 않다. 무위진인의 동의어는 '대장부大丈夫'다. 대장부는 우리나라에선 씩씩하고 건장한 남자란 뜻을 갖고 있다. 일본에선 괜찮다(만족하다)는 뜻으로 쓰인다. 무위진인은 이처럼 환경의 조건을 극복할 수 있고 만족 능력을 갖춘 인간형으로 확대 해석되고 있다.

나는 아마추어(?) 불자로서 모든 사물을 있는 그대로 받아들이려 노력하는 편이다. 학창 시절부터 인연이 닿아 해인사에 자주 드나들었다. '깨달음의 도량은 어디인고? 지금 나고 죽는 이 세상이 바로 거기니라[원각도량하처 현금생사즉시圓覺道場何處 現今生死卽是]'(필자 졸역). 장경각藏經閣(경전을 보관하는 건물)에 나오는 글귀다. 학생 때는

---

* 우전차雨前茶: 곡우穀雨 전에 딴 일급 차.

낯설기만 하던 이 글귀를 요즘엔 짐작하는 시늉을 할 수 있게 됐다.

한동안 해인사海印寺란 절 이름에 관심을 가진 적이 있었다. 어째서 산 속의 절 이름에 '바다 해海' 자가 들어가는지 무척 궁금했었다. 그러던 중 좋은 인연으로 만난 일타日陀 스님께서 〈해인삼매海印三昧〉라는 작품과 함께, 해답의 듯을 독특한 서체로 써서 보내주셨다.

衆水所歸曰海 중수소귀왈해
諸法總結曰印 제법총결왈인
如海澄淸 여해징청
萬象照印 만상조인

모든 물은 흘러 바다르 돌아가고
모든 진리는 믿을 수 있어야 한다.
거세게 출렁이던 바닷물이 깨끗하고 거울처럼 잔잔할 때
모든 사물은 인주 묻은 도서圖署*가
화선지에 찍히듯 있는 그대로 비추이도다.

1. 이치가 아닌 듯하면서 이치가 지극하고無理之至理
그렇지 않은 듯하면서 크게 그러하다不然之大然
2. 지극한 도리는 어렵지 않다至道無難

---

* 도서圖署: 도장圖章과 같은 뜻. 낙관落款은 글씨나 그림에 작가의 이름과 아호를 쓰고 도장 찍는 일. 도서 / 도장과 낙관을 혼동하는 사람이 많다. 춘원 이광수도 인각印刻하는 사람에게 낙관 한 방 새겨달라고 했다는 일화가 있다.

3. 이 세상에서 불교보다 더 쉬운 것은 없다(조계종 전 서암종정)
   4. 황벽* 선사의 불법은 잡다하지 않다黃檗佛法無多子

 이 글로 일타 스님의 글에 대한 해설을 대신한다. 어느 해 방학 동안 한적한 원광대학교 교정을 거닐며 읽은 글귀가 불현듯 떠오른다. '다섯 손가락을 모아서 쥐면 하나의 주먹, 주먹을 펴면 손'. '만법귀일 일귀하처萬法歸一 一歸何處(모든 진리는 결국 한곳으로 돌아간다네. 그 하나는 또다시 어디로 가려 하는가?)'.
 물과 마음은 속성상 닮은 데가 있다. 심교心敎인 불교는 물과 밀접한 관계가 있다. 물에 비친 달을 내려다보고 있는 〈수월관세음도水月觀世音圖〉. 물이 출렁이면 달은 부서진다. 달이 행복이라면 물은 마음이다. 관세음보살觀世音菩薩은 주로 연못가의 바위에 걸터앉거나 연잎 위에 서서 선재동자善財童子(《화엄경》에 나오는 구도자, 53선지식을 만나 진리의 세계에 들어감)의 방문을 받는 모습으로 묘사되곤 한다.
 참고로 관세음보살 또는 관자재보살觀自在菩薩은 현실에서 갖가지 괴로움을 겪는 중생이 자신의 이름을 부르면, 그 음성을 듣고 대비와 지혜로써 자유자재로 괴로움에서 벗어나게 해준다는 인기 있는 보살이다(觀: 마음의 눈으로 보다, 見: 육안으로 보다).
 진리 가운데는 믿을 수 없는 진리도 있는지 진리는 믿을 수 있어야 한다는 대목이 재미있다. 일상에서 모든 사물을 있는 그대로 보

---

* 황벽黃檗: 당나라 승려로 임제의 스승. 이름은 희운希運이나 복건성 복주의 황벽산에 출가하는 바람에 '황벽'이 법명이 됐다. '황벽불법무다자黃檗佛法無多子'를 반대파 또는 무지한 불자들은 '황벽의 불법은 많은 앎이 없다'고 해석했다. '황벽의 불법은 잡다하지 않다'가 올바른 해석이다.

려면 마음자리가 좌표 평면 0에 있어야 한다. 노자老子는 '마음을 거울처럼 쓰라[용심약경用心若鏡]'고 했다. '나무의 신록과 녹음의 시절도 꽃 시절 못지않도다[녹음방초승화시綠陰芳草勝花時]'(필자 졸역)란 말도 있다. 나무의 두 시절 모두를 즐기란 뜻이다. 내가 정년퇴직을 할 무렵, 한 친구가 "자네 아나운서로 이름을 꽤 날리더니 이제 해가 서산에 진 셈이 됐군"이란 농담을 건넨 적이 있었다. 이에 나는 "동산에서 달이 떠오르니 달밤도 좋겠지!"라고 답했다.

마음자리가 0의 무심한 경지에 있을 때 이 세상은 미술관이나 음악의 전당과도 같이 다가온다. 지상의 행복에는 소유권자가 없다. '이따가'의 일을 모르는 게 우리네 인생살이다. 그러니 '지금 여기'를 촛불처럼 완전 연소하면서 향유하며 살아야 하지 않겠는가. 인생이란 무릇 현재 완료형이기 때문이다.

붓다가 첫 설법을 망설이신 까닭은?

드디어 석가모니 부처가 성도하신 뒤 첫 설법을 행하시는 날이다. 그런데 조금은 망설이시는 기색이다. 붓다의 깨달음은 상식이므로 '법을 가히 설할 것이 없었다[무법가설無法可說]'.

깨달음 가운데 ① 모든 사물의 '있음(존재)의 없음'은 설법이 가능하다. 하지만 몸과 마음을 통해 체득한, 쓴맛이나 단맛처럼 극단적인 맛이 아닌 구수한 밥맛 같은 중도는 쉽게 말하기 어렵다. 진공묘유眞空妙有 즉 '없음의 있음'은 말로 표현할 수 없는 언어도단言語道斷의 깨달음이기 때문이다. 즉 불교의 교의는 밥맛처럼 쉽고 평범한 까닭에 전법傳法이 어려웠던 것이다. 하물며 사람은 예나 지금이나 인생에 기대가 커서 허무와 같은 주제엔 관심을 갖기 어렵다.

그러니 첫 설법을 앞둔 부처의 심경이 노자의 심경과 같지 않았을까. '뛰어난 재질을 지닌 사람은 도를 들으면 힘써 그대로 행하고, 보통 사람은 도를 듣는 척하면서 안 듣고, 못난 사람은 도를 크게 비웃는다(말도 되지 않는다고 콧방귀를 뀐다는 뜻). 웃지 않으면 족히 도가 될 수 없다[상사문도 근이행지上士聞道 勤而行之 중사문도 약존약망中士聞道 若存若亡 하사문도 대소지下士聞道 大笑之 불소 부족이위도不笑 不足以爲道]'.

붓다의 가르침을 듣는 사람은 세 부류로 나뉜다. 연꽃에 비유하면 ① 물 위에 떠 있는 꽃, ② 수면 위로 떠올랐다 가라앉았다 하는 꽃, ③ 물속에 잠긴 꽃이 그것이다. ①의 경우 상식인이기에 불교의 교의인 상식의 깨달음을 설법할 필요가 없다. ③의 경우 비웃으며 콧방귀를 뀔 부류다. 그래서 말만 빼앗길 뿐 설법의 필요성이 느껴지지 않는다.

반면 ②의 중생들은 가능성이 있을 것 같다. 붓다는 이들에게 첫 설법['초전법륜初轉法輪*]을 하기로 결심을 굳힌다. 법륜法輪이란 붓다의 말씀이 여러 사람에게 전해지는 것을 바퀴에 비유한 말로 보인다. 참고로 바퀴 / 법륜(☸)은 불교의 상징인 연꽃 뿌리를 수평으로 자른 연근蓮根의 모양과 비슷하다.

초전법륜에 앞서 득도한 내용을 검증받고자 두 스승을 찾았으나 이미 세상을 떠났다. 붓다는 과거 함께 수행했던 다섯 명의 비구를 첫 설법의 대상자로 정한다. 아무래도 친분이 있는 사람이 나을 것 같아서다. 깨달음에 대한 확고한 자신감이 없었기에 생면부지의 대상을 피한 것이다. 이들의 정확한 거처를 알지 못하던 중 갠지스 강 중류 지역에 있다는 소문을 듣는다.

붓다는 마갈타 국 붓다가야를 떠나 이들을 찾아 나선다. 이틀 동안 1,200여 km를 걸어간 끝에 갠지스 강 근처인 바라나시에서 북동

---

* 초전법륜初轉法輪: 붓다가 깨달음을 성취한 뒤 녹야원鹿野苑에서 처음으로 다섯 수행자에게 사제四諦를 설한 것.

쪽으로 7km 떨어진 녹야원에서 이들을 극적으로 만난다. 붓다가 입멸入滅하실 때의 나이가 80세였다. 요즘 같으면 100세 이상의 장수에 해당된다. 그렇다면 붓다의 장수 비결은 설법 45년 동안의 보행 덕분이 아니었을까.

다섯 비구는 붓다가 고행 무익을 선언했을 때 경멸하며 그를 떠난 사람들이었다. 그러니 첫 설법의 성공 여부는 앞으로 수행자로서의 진로와 직결될 수도 있었다. 사실상 큰 도박(?)이었음에 틀림없다. 어느 화법話法학자는 3대 성인의 공통점으로 절묘한 비유법과 설득력 있는 입담을 들었다. 붓다의 첫 설법은 자신이 사람들을 어떻게 이해·납득·설득시키는지에 대한 첫 테스트였다. 첫 설법의 주제인 사성제(사제四諦)는 석가모니 부처의 깨달음의 진수眞髓다. 많은 예술가들의 처녀작 또는 초기 작품이 대표작인 것과 같은 이치다.

사성제의 정수를 담고 있는 책이 바로 《아함경阿含經》이다. '아함경'이란 전해 내려온 가르침이란 뜻으로 초기 불교 시대에 성립된 수많은 경전들을 통틀어 일컫는다. 남방 불교에서는 《아함경》만을 경전으로 인정한다고 한다. 이는 나 역시 공감하는 바다. 말하자면 초기 경전인 《아함경》만이 붓다 깨달음의 원형이고, 나머지 경전들은 본질과 거리가 있는 희석된 진리로 보고 있다.

한편 동물인 코끼리象는 붓다의 탄생 설화와 밀접한 관계가 있다. 중요한 비유법에 곧잘 인용되기도 하는 등 불교와 인연이 깊다. 특히 호랑이와 싸우지 않고도 동물의 왕이 됐다는 점이 불교답다. 코끼리의 발자국은 동물 가운데 으뜸으로 모든 동물의 발자국이 다 그 안에 들어온다고 했다. 과연 '모든 진리는 사성제(사제) 안에 들어

[상적유경象跡喩經]' 있는 것이다.

사성제에서 제諦는 진리란 뜻을 담고 있다. 즉 괴로움을 소멸시켜 열반에 이르게 하는 숭스런 단언적 진리다. 사성제 중 첫 번째 제는 바로 '고제苦諦'다. 고제란 괴로움이란 진리로 고苦에는 아래와 같이 팔고八苦가 있다.

① 이 세상에 태어나는 괴로움[생고生苦]
② 늙어가는 괴로움[노고老苦]
③ 병으로 겪는 괴로움[병고病苦]
④ 죽어야 하는 괴로움[사고死苦]
⑤ 사랑하는 사람과 헤어져야 하는 괴로움[애별리고愛別離苦]
⑥ 미워하는 사람과 만나거나 살아야 하는 괴로움[원증회고怨憎會苦]
⑦ 구하고자 하나 얻지 못하는 괴로움[구부득고求不得苦]
⑧ 색色·수受·상想·행行·식識 등 다섯 가지 감각 기관, 즉 몸에 의한 탐욕과 집착에서 오는 괴로움[오취온고五取蘊苦]

불교는 이처럼 사람의 실생활을 더하지도 덜하지도 않은 채 있는 그대로 보여주는 이성적이고 구체적인 종교다. 그림으로 말하면 극사실화라 하겠다. 팔고 가운데 특히 원증회고怨憎會苦는 현실 생활에서 초연한 체하지 않는 친화성을 보여준다. 이야말로 불교의 매력이 아닐까.

이 모든 괴로움은 어디서 오는가? 오취온고五取蘊苦에서 온다. 온蘊은 모이다 / 집합이란 뜻이다. 그렇다면 오온五蘊은 중생의 다섯 가지 의식 작용이란 의미가 될 수 있다. 오온은 아래와 같이 색온·

수온·상온·행온·식온 등으로 이뤄져 있다.

① 색온色蘊: 대상에 가치나 감정을 부여, 채색하는 의식 작용
② 수온受蘊: 괴로움과 즐거움을 느끼는 감수 작용
③ 상온想蘊: 대상에 이름을 붙여주고 개념을 지어내는 의식 작용
④ 행온行蘊: 의욕과 충동을 일으키는 의식 작용
⑤ 식온識蘊: 식별하고 판단하는 인식 작용

오온과 같은 개념으로 오식五識이 있다. 오식이란 안眼·이耳·비鼻·설舌·신身의 기관을 통해 각각 색色·성聲·향香·미味·촉觸의 대상을 인식하는 것을 뜻한다. 즉 안식眼識·이식耳識·비식鼻識·설식舌識·신식身識 등 다섯 가지 마음 작용이 그것이다.

① 안식眼識 : 시각 기관으로 시각 대상을 식별하는 마음 작용
② 이식耳識 : 청각 기관으로 청각 대상을 식별하는 마음 작용
③ 비식鼻識 : 후각 기관으로 후각 대상을 식별하는 마음 작용
④ 설식舌識 : 미각 기관으로 미각 대상을 식별하는 마음 작용
⑤ 신식身識 : 촉각 기관으로 촉각 대상을 식별하는 마음 작용

고제 외에도 사성제에는 '집제集諦'·'멸제滅諦'·'도제道諦'가 있다. 집제란 괴로움의 원인이란 진리를 말한다. 괴로움의 원인은 몹시 탐내어 집착하는 갈애渴愛*에 있다. 여기서 집集은 모았다가 일어난다는 집기集起, 기인起因, 원인原因이란 뜻이다. 그리고 멸제란 괴로움의

소멸이란 진리를 말한다. 즉 갈애를 남김없이 소멸시키면 괴로움이 사라져 열반에 이르게 된다는 진리다. 끝으로 도제란 괴로움의 소멸에 이르는 길이란 진리를 가리킨다. 팔정도가 갈애를 소멸시키는 수행법이란 진리가 그것이다.

불교계와 학계에서는 고·집·멸·도를 하나의 흐름으로 보는 것이 정설이다. 내 생각은 좀 다르다. 나는 고·집·멸을 번뇌의 실체와 근본 원인을 제시하는 동시에 괴로움을 없애는 제1단계인 수행 단계로 보고 있다. 이럴 경우 도道는 자연스레 제2단계가 된다. 이 제2단계를 나는 별도의 생활 철학으로 해석하고 있다. 붓다가 보리수 아래서 8만 4,000 번뇌를 떨쳐버린 다음엔 새로운 깨달음을 구하지 않았다고 선언했기 때문이다. 이는 괴로움이 소멸돈 멸제滅諦 자체가 곧 해탈로 이미 득도 경지에 이르렀음을 나타낸다.

이렇듯 모든 고苦는 몸의 다섯 기관이 외부 세계와 접촉하면서 생긴 마음 작용이다. 번뇌가 모이면 집集이 생긴다. 《금강경》을 일명 《벽력경霹靂經》이라고 한다. 번뇌를 번개처럼 금강저金剛杵(금강 몽둥이)로 단번에 내리쳐 소멸시킨 뒤 중도의 지혜를 깨달으란 뜻이다. 흥미로운 건 고·집·멸·도의 순서가 인도의 고대 의료 전통인 발병 → 진단 → 처방 → 치유의 순서를 따랐다는 사실이다. 즉 발병된 고를 집으로 진단하고 멸로 처방해 도/중도로 치유한다는 것이다.

병이 완치된 환자는 병원에서 퇴원해 삶을 즐겨야 할 권리가 있다. 앞서 말했듯 고·집·멸에서 헤쳐 나온 뒤에는 중도로 인생을

---

* 갈애渴愛: 목이 말라 애타기 물을 찾듯 탐내고 집착하면서 그칠 줄 모르는 애욕.

향유하라는 법문이 이고득락離苦得樂이다. 불교가 과학적인 종교임을 다시금 깨닫게 해주는 대목이다.

쌀의 어원은 보살菩薩, 밥의 어원은 사리舍利

한국 문화의 70퍼센트가 불교문화라면 일본 문화는 80퍼센트가 신도神道와 불교문화다. 우리나라에서는 쌀의 어원을 '보살菩薩'에 두고 있다면, 일본에서는 격格을 높여 스시壽司의 밥을 '사리舍利'로 표현한다. 두 나라 모두 불교 국가다 보니 불교와 관련된 어원이 당연하다고 할 수도 있겠다. 다만 보살과 사리 모두 곡물의 이미지와 동떨어져 있어 흥미롭다.

《계림유사鷄林類事》는 12세기 초 중국 송나라 때 발간된 백과서다. 고려 숙종 때 중국의 사신을 따라 우리나라에 기록 관리(서장관書狀官)로 온 손목孫穆이란 사람이 11~12세기 고려인들이 사용하던 언어를 설명한 책이다. 고려 시대 언어 연구에 귀중한 자료라 할 수 있다. 이 책에는 '白米曰 漢菩薩 粟曰 田菩薩(흰쌀은 하얀 보살 / 한 보살, 좁쌀은 밭에서 나는 보살)'이란 구절이 나온다. 즉 오늘날 쌀이라 부르는 것을 ᄇᆞ살菩薩로 표기했다. 고려 때부터 조선 중기까지 쌀을 ᄇᆞ술로 불렀다는 뜻이다. •의 음가는 ㅏ와 ㅡ의 중간 발음에 속한다.

밥맛과 숫자 0, 붓다 깨달음의 정수 95

일례로 오늘날에도 서울 지역에서의 팔腕과 파리蠅를 경상도 지역에서는 폴과 포리라고 부르고 있다.

보살은 산스크리트어 bodhi-sattva 음을 따온 보리살타菩提薩埵의 준말이다. bodhi는 깨달음, sattva는 깨달음을 구하는 중생 / 구도자란 뜻이다. 기원전후에 일어난 불교 개혁은 소승 불교가 지향했던 이상적인 인간상인 아라한阿羅漢에 맞서, 평등주의 이념에 따라 새롭게 보살이란 인간상을 내세웠다. 보살은 불교 왕국 고려인들이 추구했던 이상적인 인간상이었던 것으로 보인다.

한편 고려는 농경 사회로 이런 말이 있을 정도였다. 일완지사 함천지인一碗之食* 含天地人(한 사발의 밥은 하늘과 땅과 사람의 합작품일세)'. 《법구경》에서는 '열심히 수행하지 않으면 쌀 한 톨을 먹을 때마다 죄가 일곱 근씩 늘어난다一米七斤'는 구절이 나온다. 그만큼 당시 쌀의 존재는 백성들의 최고 필수품인 동시에 불교인으로서 경건심을 요구하는 대상이었다. 이는 석가모니 부처님 깨달음의 스승 격이란 생각에 쌀을 단순한 곡물을 넘어 인격체로 의인화한 것으로 볼 수 있다.

이런 정신은 기원후에도 이어졌다. 불교의 삼보三寶(불佛·법法·승僧)에서 붓다를 쌀, 법을 보리, 승을 콩에 비유하는 것이 그 증거다. 오늘날에도 부처님을 쌀과 동격으로 대접하고 있음을 보여주는 사례다. 고대인들의 사유 세계는 이처럼 자연을 인간과 동일시하는 경우가 다반사였다. 가까운 예로 충청도 속리산에 있는 소나무 정이품송正二品松을 들 수 있다. 이를 볼 때 고려 농경 사회의 백성들이 최

---

* 사食: '밥'의 뜻일 때 '사'로 읽음.

고 필수품인 곡물의 이름을 불자들의 이상이었던 보살과 같게 본 것은 무리가 아닌 듯하다.

앞서 《계림유사》에서는 흰쌀을 漢菩薩이라 부른다고 한 바 있다. ㅂ술의 음운 변화 과정은 이렇게 가정해볼 수 있다. 한ㅂ술 → 한뿔(축약) → 합뿔 → 햅뿔 → 햅쌀新米. 그런가 하면 좁쌀은 田菩薩이라 했다. 이것의 음운 변화 과정은 이렇지 않았을까. 전ㅂ술 → 접ㅂ술(ㄴ탈락) → 접뿔 → 좁쌀. 요즘도 햅쌀, 햇과일에서처럼 '햅'과 '햇'이란 두 개의 접두사가 쓰이고 있다. 한ㅂ술 → 합뿔 → 햅쌀에서 볼 수 있듯, 고려 시대부터 이음절의 초성 ㅄ이 첫 음절의 종성(받침)으로 쓰였기 때문이다.

일본에서는 쌀밥을 일반 명사일 때는 고항御飯 / 메시飯라 한다. 스시 집에서는 격을 높여 샤리舎利라고 부른다. 숨利는 산스크리트어인 sárira의 음사로 성자聖者의 유골遺骨이란 뜻이다. 일본에서는 예로부터 왕 다음으로 쌀을 신성시하는 관습이 있었다. 이는 《고사기古事記》와 《일본서기日本書紀》에서도 잘 드러난다. 짧게 인용해본다. "쌀은 신의 뱃속에서 자라 나왔다. 옛날 한 왕이 순행하던 날 어느 새벽, 새가 몹시 울어 가봤더니 갈대숲에 두루미가 벼 이삭을 물고 있었다. 왕은 그 자리를 신성한 곳으로 여겨 궁전을 지었다."

석가모니 부처에게 쌀 / 밥이 생전에는 득도得道의 스승이었다면, 사리는 80 평생 철저히 계율을 지키면서 살아오신 수도자로서 사후의 성적표인 결정체다. 즉 쌀 / 밥과 사리는 동격으로 생전과 사후 최고 가치의 기념물이자 표상이었다. 우리나라에서도 쌀은 신성시돼왔다. 1950년대까지만 해도 쌀알을 소반小盤 위에 던져 홀수와 짝

수에 따라 길흉을 보는 점술이 있었다. 흔히 담석증의 돌로 오해되곤 하는 사리는 1톤 물체에도 파괴되지 않는 신비의 결정체다.

이런 식으로 쌀/밥의 어원을 나름대로 풀이해봤다. 기원전 6세기경 인도 땅에서 곡물을 나타내던 언어가 우리나라와 일본에서 불교와 인연을 맺고 환생하고 있음을 알 수 있었다. 석가모니 부처께서 보여주시는 가피력加被力*의 한 예가 아닐까 한다. 붓다는 이처럼 아득한 2,600년 전부터 일상적인 밥맛에 중도라는 행복이 있음을 발견하고 일깨워주셨다. 그런데도 21세기 문명사회의 현대인들은 여전히 붓다의 마음을 헤아리지 못한 채, 밥을 한낱 에너지원으로 섭취하고 있을 뿐이다.

---

* 가피력加被力: 붓다가 자비심으로 중생에게 베푸는 힘.

'산은 산이요 물은 물이로다'의 진정한 뜻

앞서 사성제가 고苦·집集·멸滅·도道로 이뤄져 있음을 말한 바 있다. 고·집·멸은 그제 1단계인 수행 단계로서 번뇌(괴로움)의 실체와 해탈에 이르는 길을 밝히고 있다. 인간이 겪는 괴로움은 8가지로 주개념은 다름 아닌 0 / 공空이다. 모든 괴로움은 욕망에서 기인한다. 욕망 가운데 가장 큰 것은 죽고 싶지 않은 욕망이다.

인간의 수명에는 절대적인 한계가 있다. 어떤 인간도 죽음만은 피할 수 없다는 뜻이다. 대통령, 장관, 재벌 총수, 최고의 건강인인 올림픽 금메달리스트 인기인, 성직자 등등…… 누구도 죽음을 피할 수 없다. 다만 평생 수도(수행)에만 전념해온 덕망 높은 수도인의 죽음은 왠지 서운하고 안타깝다. 성철性徹 스님은 죽음을 둘러싼 인생의 허무와 자신의 만년 심경을 이렇게 노래하셨다.

千佛萬祖師 천불단조사
紅爐一點雪 홍로일점설

睡罷縱*拏頭 수파재거두
落照掛碧山 낙조괘벽산

헤아릴 수 없는 선사, 조사님들
이글거리는 난로 위의 한 송이 눈처럼 사라지셨네
낮잠 한숨 자고 잠시 고개 들어보니
붉은 석양이 서쪽 푸른 산에 걸려 있구나
(필자 졸역)

성철 스님의 불교관은 어땠을까? 한마디로 '불생불멸不生不滅'이었다. 모든 현상은 인연에 따라 일시적으로 나타났다 사라질 뿐 생기는 것도 소멸하는 것도 아니란 뜻이다. 0을 뜻하는 원圓 모양의 단순한 일원상一圓相 휘호를 어느 전시회에서 본 적이 있다. 위대한 성인은 평소에 무슨 생각을 하시는지 가끔씩 궁금해지곤 한다.

어느 해 겨울 큰스님을 찾아뵌 한 문인이 잔뜩 큰 기대를 하고 이렇게 여쭸다. "스님, 지금 무슨 생각을 하고 계십니까?" 스님 말씀, "이 방안으로 들어온 따스한 햇볕을 즐기고 있지." 성철 큰스님이 생각하는 불교의 세계가 다름 아닌 '지금 여기'에 있음을 알려주는 일화다.

성철 큰스님 하면 대부분의 사람들은 '산은 산이요 물은 물이로다'라는 법문을 떠올린다. 사람의 머릿속으로 지식이 들어오기 전에는 '산은 산처럼 물은 물처럼' 보인다. 도를 조금 닦고 나면 '산은 물

---

* 재縱: 잠시라는 뜻.

처럼 물은 산처럼' 보인다고 한다. 이 두 번째 단계를 지식의 세계라 할 수 있겠다. 여기서 좀 더 정진하면 어떻게 될까? 또 다시 '산은 산처럼 물은 물처럼' 보인다. 이때가 제3의 단계로 지식의 완성인 지혜의 경지라 하겠다.

여기서 처음 깨달음을 구하려는 마음을 일으키는 '초발심初發心이 곧 부처의 마음[初發心是便*佛]'이란 교의가 나왔으리라. 사람은 누구나 죽는다는 절대 불변의 사실은 인생을 어떻게 살 것인가란 질문을 던져준다. 사람의 지혜 능력(근기根機)에 따라 색즉시공色卽是空은 다음과 같이 두 가지로 받아들여진다. ① 색色(있음)의 공空(없음). ② 색色(현세), 공空(이상理想). ①의 불자는 현세의 허구를 내서인 극락세계에서 찾고 있다. 반면 ②의 불자는 지금 여기란 현세의 지구상에서 하나밖에 없는 자신만의 이상 세계를 구현하고 있다. 불교가 개성주의 종교임을 알 수 있는 대목이다.

고해苦海란 속세는 이렇듯 하늘과 땅처럼 판이한 해석이 내려지고 있다. 불교를 마음의 종교(심교心敎)라 하는 것도 이 때문이 아닐까. 붓다는 성도하기 6년 전 출가 때 이미 가족과 혈연의 정을 끊는 가장 힘든 경험을 겪었기에, 번뇌의 근원인 집착을 쉽게 소멸시킬 수 있었다. 덕분에 선정에 든 지 얼마 안 되어 번뇌를 끊는 것이 곧 해탈이라고 선언, 득도할 수 있었을 것이다.

집착의 대상을 끊기만 하면 해탈할 수 있을까? 나무를 베면 밑동에서 다시 싹이 나오듯 집착의 대상을 끊는 건 일시적인 효과만 있

---

* 변便: 곧이라는 뜻.

을 뿐이다. 완벽한 해탈에 이르기 위해서는 집착의 주체(주인)인 자신을 내리쳐 무화시켜야 한다. 이는 고·집·멸이 제1단계인 수행 단계에 불과함을 말해준다. 괴로움의 소멸(멸제)로 이룬 해탈은 불교의 궁극 이념이 아니다. 본 시험을 앞둔 예비 시험에 지나지 않는다. 사람을 비롯한 모든 사물은 실체가 없으며 인연에 의한 결합으로 가건물처럼 잠시 존재하다 사라질 뿐이다. 이것이 바로 제법무아의 0/공空 사상으로 이후 아난존자에 의해 교문敎門이 열린다.

도道는 제2단계의 수행 단계로 고·집·멸 다음에 온다. 이는 여덟 가지의 올바른 길인 팔정도로 표현된다. 앞서 말했듯 팔정도의 주개념은 마지막 여덟 번째의 정정正定이다. 정정이란 마음자리가 좌표 평면 0에 머무는 것을 말한다.

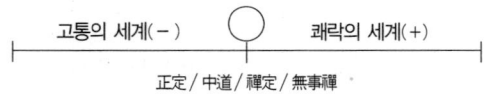

중도는 두 극단의 세계인 쾌락의 세계(+)와 고통의 세계(−)를 떠난 제3의 세계인 중도의 세계를 가리킨다. 곧 고통 없이 살 수 있는 신세계다. 불교 궁극의 이념은 고통에서 벗어나는 해탈이 아닌 '이고득락離苦得樂' 즉 세상을 즐기는 데 있다. 이는 누에가 고치 집에서 해탈한 다음 나비가 되어 하늘과 땅, 산과 들의 온갖 풀과 꽃들을 찾아다니는 것과 같다. 진리는 발견의 대상이 아닌 즐김의 대상이다. 진리를 발견하는 데서 그치기보다 즐길 줄 알아야 한다는 뜻이다. 진리는 한여름의 부채처럼 실용적이어야 한다. 유한한 인생은 현재 진행형이 아닌 현재 완료형이기 때문이다.

'밥으로써 부처의 일을 행한다[이반식이불사以飯食而佛事]'. 정리해보면 밥은 붓다의 살아 있는 경전이라면 발우는 깨달음의 정수精髓를 담은 식기다. 붓다는 탑맛을 통한 득도를 기리고자 법통의 상징물로 가섭에게 의발衣鉢을 전수한다. 이로 인해 붓다의 마음을 전하는 선문禪門이 열리기 시작한다.

불교의 중도와 유교의 중용은 쌍둥이 생활 철학

　중도는 불교의 생활 철학이다. 유교는 어떨까? 유교에서는 '중용中庸'이 실용적인 철학이다. 중도와 중용은 비슷한 용어다. 흥미로운 건 붓다가 밥맛을 통해 깨달음을 구했다면, 공자 역시 음식의 맛을 중용에 이르는 방편으로 삼았다는 점이다. 《중용》은 공자의 손자 자사子思의 1인작이 아니다. 자사는 밑그림을 그렸을 뿐이다. 다시 말해 한 시대 한 사람의 저술이 아니라 공자의 말씀을 바탕으로 여러 시대를 거쳐 이뤄진, 여러 유가儒家와 무명씨들 사상의 모자이크로 보는 것이 정설이다.

　중용中庸에서 중中은 0을 뜻한다. 그리고 용庸은 일상에서 만날 수 있는 밥맛이나 물맛처럼 지극히 평범하면서平常也, 언제나 싫증나지도 물리지도 않는다는 뜻이다. 여기서 평상平常은 일상日常이라는 한 가지 뜻보다는 평범平凡과 항상恒常이 합해진 뜻으로 풀이함이 옳다.

　앞서 말했듯 밥맛은 단맛(+)도 쓴맛(−)도 아닌 담백하고 구수한 중도의 맛(0)을 상징한다. 지극히 중요함에도 불구하고 눈에 띄지 않는다는 특징이 있다. 기원전 6세기를 전후한 약 4세기 동안을 인류 정신 혁명의 추축樞軸*시대라고 부른다. 이 무렵 3대 성인 가운데 공자(기원전 551~479)와 석가모니 부처(기원전 560~480)가 태어난다. 이어서 예수 그리스도가 탄생한다.

붓다는 공자보다 9년 먼저 태어나 1년 먼저 세상을 떠났다. 두 분이 요즘 세상을 사셨더라면 만날 수도 있지 않을까 하는 아쉬움이 든다. 특히 붓다가 자신의 중심 사상인 중도를 표현할 수 없다고 했을 때, 두 분이 묘안을 강구했을지도 모른다. '석가모니 브처·공자의 합동 학술 대회' 같은 세미나가 열릴 수도 있지 않았을까. 3대 성인은 설법과 설교에서 비유법을 잘 구사했다는 공통점이 있다. 이들의 비유법은 현대 화법학자들의 연구 대상이 될 만큼 훌륭했다. 대중을 설득하는 능력이 남달랐다는 뜻이다.

중도 / 선이 표현할 수 없는 무설선이었던 까닭에 붓다는 그것을 제자 가섭에게 이심전심以心傳心으로 전하는 데 그쳤다. 반면 공자는 붓다의 중도와 같은 개념인 중용에 대해 음식을 키워드로 표현할 수 있었다. 공자의 고향 노魯나라는 당시 주周나라 문화유산이 가장 많이 남아 있던 나라였다.

공자의 탄생은 드라마틱하다. 아버지는 노나라 중신 밑에서 군공을 세운 일개 부장에 지나지 않았다. 70세 전후였던 아버지 숙량흘叔梁紇과 10대의 무녀巫女였던 어머니 안징재顔徵在 사이에서 야합野合으로 태어났다. 야합이란 정상적인 절차에 의한 정상 결혼이 아님

---

* 추축樞軸: 사물의 가장 긴요한 부분이나 활동의 중심.

을 뜻한다. 3살 때 아버지가 작고하는 바람에 모자는 갖은 고생을 겪게 된다.

야사에 의하면 숙량흘은 본처와의 사이에 딸 여럿과 아들 하나를 두었는데, 아들이 총명치 못했다고 한다. 지방의 유지 급이었던 아버지는 자신의 혈통을 과신(?)한 나머지 대를 이어줄 또 다른 아들이 필요했다. 숙량흘이 죽은 뒤 공자 모자는 큰댁 식구들의 따가운 눈총을 받아야 했다. 그런 탓에 공자는 어릴 때부터 숙명적으로 사색적인 소년기를 보내게 된다. 이런 불우한 태생과는 반대로 문화적으로는 행운을 안고 태어났다고 할 수 있다.

공자는 지금의 국립도서관 사서司書 요원 격이었던 것으로 보인다. 그는 주나라 문화유산의 복잡하고 정리가 안 된 시·서·예·악을 모두 바르게 정리해 편찬했다. 그리고 주대周代 이전 선현들의 말씀 가운데 자신의 뜻(마음)에 맞는 말들을 골라 능숙한 입담을 섞어 제자 교육용으로 활용했다. 《논어》에는 이런 구절이 나온다. '선현들의 말씀을 전했을 뿐, 조금도 더 보태서 한 말이 없다(술이부작述而不作)'. 이 겸손한 말은 공자 자신의 유일한 말이며 사실이었을 것이다. 결국 《논어》는 명편집의 저서로 공자가 1차 편집자였다면 제자들은 2차 공동 편집자였던 셈이다. 붓다와 공자가 대조적인 이미지를 갖고 있음을 보여주는 대목이다.

대조적인 면은 또 있다. 석가모니 부처가 늘 미소를 머금은 과묵하고 너그러운 할아버지 상이라면, 공자는 인자하고 자상하되 때론 잔소리도 마다않는 할아버지 상으로 떠오른다. 붓다나 예수가 노래하는 모습은 상상하기 어렵다. 반면 공자는 3대 성인 가운데 유일하게 노래를 좋아해 직접 부르곤 했다. 노래 잘하는 사람에겐 다시 청해 듣기도 했다. 이때 자신도 함께 제창齊唱을 했다고 하니 다정다감한 성격이었음이 분명하다.

'학이불사즉망 사이불학즉태[배우기만 하고 사색이 없는 것은 헛공부요, 사색만 하고 배우지 않는 것 또한 위태로우니라learning without thought is labor lost, thought without learning is perilous]'(필자 졸역). 이 말처럼 공자는 지적 균형의 인간을 이상적인 인간형으로 삼았던 것으로 보인다. 즉 붓다가 철저한 사색 형이었다면 공자는 독서 위주의 사색가였다. 공자는 성자이기 전에 음악·미술·음식 등 다양한 문화 분야에서 풍부한 감성을 지닌 교양인이었다.

공자가 제齊나라에 있는 동안 순舜 임금 시대 관현악인 소韶라는 음악을 들었다고 한다. 그 아름다운 선율에 감동한 나머지 평소 즐겨 먹던 고기 맛을 잃을 정도였다고 전해진다. 또 다른 일화도 있다. 진陳나라와 채蔡나라 사이에서 못된 무리들에게 포위를 당해 양식이 끊겨 일주일 동안 굶은 적이 있었다. 이때 실의에 빠진 제자들을 위해 공자가 가야금을 타고 시를 읊으며 격려해줬다고 한다. 이렇듯 모든 예술은 인간에게 힘을 북돋워주는 역할을 한다.

여기서 잠시 독일의 작곡가 바그너가 파리에서 보낸 젊은 시절을 떠올려본다. 생활이 궁핍했던 바그너는 도둑질을 할 수밖에 없었다. 그때 베토벤의 제9교향악 〈합창〉의 아름다움에서 감동의 힘을 얻어 재기할 수 있었다고 한다. 바흐의 음악 세계가 신을 보도록 해준다면 모차르트는 신을 느끼도록 해준다. 그런가 하면 베토벤은 모처럼 신에서 벗어나 인류애를 위해 이 합창곡에 자신의 음악혼을 쏟아부었다. 이 때문에 당시 신과 다름없었던 히틀러에 의해 블랙리스트로 낙인찍히고 만다. 그만큼 이 합창곡이 전하는 의미와 감동이

컸다는 뜻 아닐까.

공자는 색채 감각도 남달랐다. 색깔에 참다운 사람과 사이비 인간을 비유해 질타하는 글이 있을 정도다. '오자지탈주야惡紫之奪朱也(자색이 주황색의 자리를 빼앗는 것을 미워하노라)'. 이처럼 공자는 원색原色을 순수한 사람 또는 참다운 사람으로, 간색間色을 사이비 인간으로 여겼다. 악화가 양화를 구축한다는 명제를 색깔을 통해 문학적으로 표현한 것이다. 참고로 요즘 미술의 상식으로는 빨강에 보라가 섞인 자색紫色이나 빨강에 노랑이 섞인 주색朱色 모두 간색으로 간주된다.

한편 《논어》의 '향당鄕黨'편에는 공자의 식생활이 자세히 기록돼 있다. 아래와 같이 간추려본다.

> 밥은 정갈한 것을 좋아하였으며 회膾는 잘게 썬 것을 좋아하고 밥이 쉬어 변한 것과 고기는 뭉크러져 살이 썩은 것은 먹지 아니하며, 빛깔이 나쁘면 먹지 아니하고 냄새가 나쁘면 먹지 아니하며, 알맞게 익지 않으면 먹지 아니하고 바르게 자르지 않은 고기는 먹지 아니하고, 음식에 간과 양념이 맞지 않으면 먹지 아니하며 오직 술은 정량定量이 없으나 떠들거나 주정 부리며 마시지 않으며[유주무량불급난惟酒無量不及亂] 시장에서 사온 술과 포脯는 먹지 아니하고 생강은 끼니때마다 먹으며 과식은 삼간다.

이 글의 요지는 음식은 알맞게 익을 것, 간과 양념이 지나치지 않고 맞을 것, 과식과 과음은 피할 것 등이다. 사례들 모두 중용을 가리킨다. 다시 말하면 상식적이다. 요즘에는 '적당適當'의 뜻이 전의

돼 엉터리가 됐지만 본래 중용은 적당과 다르지 않다. 지나친 것은 미치지 못함과 같다(미치지 못하는 것이 더 낫다)는 '과유불급過猶不及'은 중용의 절묘한 표현이자 예찬이다. 이런 공자의 식성이 데면데면 건성으로 사는 사람에겐 까다롭게 여겨질 수도 있겠다. 교통 법규를 지키지 않는 운전자가 교통순경을 싫어하는 것처럼 말이다.

　다만 주량에서는 중간을 벗어났다. 공자는 정량이 없는 헤비 드링커Heavy drinker였다. '유주무량불급란惟酒無量不及亂'. 호주가豪酒家였으나 난잡스럽게 마시진 않았다. 또 끼니마다 생강을 즐겼다는 대목을 보면 식도락가(미식가)였음에 틀림없다. 애주가 가운데 미식가가 많듯 공자 역시 음식을 하나의 도道로 즐겼던 듯하다. 의식주 가운데 훌륭한 주택 장만은 돈만 있으면 당대에 가능하다. 옷을 제대로 멋있게 입으려면 2대가 걸린다고 한다. 하지만 미식가가 되려면 3대나 걸린다고 한다. 음식 맛은 눈에 보이지 않기에 분별하기가 매우 어렵다.

　이렇듯 석가모니 부처가 태자 시절 산해진미 속에서 맛에 훈련된 후천적 미식가였다던, 공자는 태생적인 감성 지수EQ가 뛰어난 선천적 미식가였다. 그는 음식의 철학을 키워드로 중용의 의미를 이렇게 풀이했다.

道之不行也 我知之矣	도지불행야 아지지의
知者過之 愚者不及也	지자과지 우자불급야
道之不明也 我知之矣	도지불명야 아지지의
賢者過之 不肖者不及也	현자과지 불초자불급야
人莫不飮食也 鮮*能知味也	인막불음식야 선능지미야

중용의 도가 행해지지 못하는 이유를 알겠도다

똑똑한 체하는 사람은 지나치고

어리석은 사람은 미치지 못하는구나

도가 밝혀지지 않는 까닭을 알겠도다

아는 체하는 사람은 지나치고 못난 사람은 미치지 못하는구나

사람은 누구나 매일 먹고 마시지만

그 밥맛과 물맛 자체가 중용의 맛이라고

짐작하는 사람은 드물도다.

(필자 졸역)

인용문 가운데 음식에 관한 글은 불교의 '매일 밥 먹고 차 마시는 일(항다반사恒茶飯事)'과 일맥상통한다. 호박 맛을 알 때 인생의 철이 든다는 우리나라 속담도 있다. 호박의 맛은 0의 맛에 가까운 중용 / 중도의 맛이다.

앞서 말했듯 세상의 맛에는 단맛(+)과 쓴맛(−)이 있다. 단맛(+) 만 좋은 게 아니라 씀바귀나 고추처럼 맵고 쓴맛(−)도 가치 있다. 단맛(+)이 직선적인 맛이라면 중용 / 중도의 맛은 곡선적인 0의 맛이다. 즉 단맛도 쓴맛도 아닌 담백하고 구수하며 순수한 맛이다. 더구나 물리지도 않는다. 순수는 생명이 길기 때문이다. 맛과 관련된 불교의 사상은 범사에 감사하라는 기독교의 정신과도 맞닿아 있다 (천주교에서는 어떠한 처지에서든 감사하라, 모든 일에 감사하라고 한다. 이를 나는 평범한 것에 감사하라는 말로 바꾸고 싶다).

비슷한 뜻의 성경 구절로 '마음이 가난한 사람은 복이 있나니 천

---

* 선鮮: 드물다는 뜻.

국이 너의 것'이 있다. 부끄러운 말이지만 나는 얼마 전까지 이 구절의 참뜻을 알지 못했다. 우연히 전철 안에서 갑자기 영감(?)이 떠올라 '가난한 사람'을 '소박한 사람'으로 바꿔봤다. 그러자 그동안 풀리지 않았던 오래된 숙제가 비로소 풀렸다. 소박은 중용 / 중도의 개념이다. 이럴 때의 심경을 법열이라고 하는 것일까.

중용의 비유를 음식으로 풀이한 자체가 중용적이다. 그렇다 보니 눈에 띄지 않아 우습게 여기고 지나쳐버리는 경향이 있다. 위의 명문이 여전히 빛을 토지 못하는 이유다. 수수 같은 곡식의 수수한 맛에서 중용의 맛(인생의 맛)을 발견하기란 쉽지 않다. 수수의 맛은 단맛도 쓴맛도 아닌, 담백하고 구수한 중도(0)에 숨어 있는 맛이기 때문이다. 대부분 사람들이 인생에 대한 기대치가 높다는 것도 이유가 된다. 말을 어렵게 하기는 쉬우나 쉽게 하기란 무척 어렵다. 마찬가지로 심오한 진리일수록 쉽기 때문에 오히려 이해하기 어렵다.

밥맛·물맛·공기 맛 같은 없는 듯 있는 / 없음의 있음 중도 / 중용은 우리 눈에 쉽게 띄지 않는다. 이 세상에서 가장 귀한 건 눈에 보이지 않는 법이다. 《중용》을 오페라에 비유한다면, '인막불음식야선능지미야人莫不飲食也, 鮮能知味也'는 아리아의 절창絶唱에 해당된다. 중용의 밥맛과 물맛, 중드의 밥맛과 차 맛, 유가의 중용과 불가의 중도는 인생의 가감 없는 실상이다. 또한 막연하나마 붓다와 공자가 그려본 상식인의 사회 구현을 위한 동위 개념의 쌍둥이 생활 철학이다.

밥맛과 차 맛이야말로

인생의 맛!

위선자가 많은 사회가 선진국?

중용 / 중도(0)는 중간이 아닌 다분히 플러스(+) 쪽이다. 또한 물에 물 탄 듯 술에 술 탄 듯한 싱거움이 아닌 엄연한 독자적인 세계를 가리킨다. 중도 / 선이란 행복은 중간 행복이 아니란 뜻이다. 0은 숫자상으론 플러스(+)와 마이너스(−)의 중간에 있지만 사람의 몸에선 플러스(+) 영역으로 느껴진다.

예를 들면 대식가에게 밥 3공기의 중용은 1공기 반이 아닌 2공기일 수 있다. 술꾼에게 소주 3병의 중용은 2병이다. 가스레인지의 중간 불은 화력의 손잡이가 한가운데가 아닌 플러스(+)의 강彊 쪽에 있을 때 생겨난다. 그런가 하면 야구에서 10할의 절반인 5할은 미국 메이저리그에서도 수립하지 못한 꿈의 타율이다. 유도 경기의 판정 기술 중 하나인 절반은 기술의 유효도가 50퍼센트가 아닌 70~80퍼센트를 가리킨다. 그리고 건강을 지키기 위해 다니는 체육관을 Fitness라고 한다. 알맞은 / 적당한 강도의 운동으로 알맞은 체형을 만들라는 뜻 아닐까.

이렇듯 적당은 엉터리가 아닌 중도를 뜻한다. 보통 사람은 좋은 사람과 나쁜 사람의 중간이 아닌 착한 사람을 말한다. 요즘 시대에 찾아보기 어려운 멸종 위기의 문화재 급 인간형이다. 드라마의 경우 주연과 엑스트라의 역할에 비교해 보통쯤 되는 조연 역할이 있다. 조연은 할머니나 어머니 같은 서민층의 역을 두루 맡을 수 있어 생명력이 길다. 그런가 하면 연필의 육각형(⬡)은 원형의 아름다움을 지닌 동시에, 책상에서 굴러 떨어지지 않는 실용적인 사각형의 중도를 표현한다.

이와 같이 0은 없음이 아니라 없는 듯 있는, 없음의 있음인 엄연한 있음이다. 채소 무 맛이 맛없는 무無 맛이 아닌 것과 같은 이치다. 없을 무無는 어원적으로 가장 큰 수인 열 십十 자가 수없이 모인 무한無限 또는 무량無量을 뜻한다. 무나물·무생채·무조림·무국·무즙·무시루떡·무말랭이·깍두기·동치미·무시래기나물 등과 같이 다양하고 오묘한 무 맛을 어찌 한 가지 맛으로 표현할 수 있겠는가. 요컨대 0의 맛은 무궁무진하다.

이뿐만이 아니다. 무無에는 불교의 자비와 동의어인 어질 인仁도 들어 있다(無). 불경·성경·동자에서처럼 한글에서 이응(ㅇ)이 받침으로 쓰일 땐 엄연한 글자로 여겨진다. 반면 아버지·어머니에서처럼 단어의 초성일 때 무음가無音價가 된다. 즉 국어에서도 0을 닮은 이응(ㅇ) 같은 소리 없는 글자가 있음을 알 수 있다. 그런가 하면 음식의 섭취Input와 배설Output이 원활한 결과 몸속 노폐물이 0이 되면 건강은 보장된다.

기온 0도는 영상 0.1도보다는 낮지만 영하 0.1도보다는 높다. 고3 학생의 0교시 수업은 자율학습보다 중요한 수업이다. 눈의 시력 0

은 −0.7에 비하면 매우 좋은 수치다. 건물 0층(인도와 영국에서는 1층을 0층이라 함)의 안정감에는 지하층의 답답함과 고층의 불안함이 없다. 그리고 직사광선 햇볕(+)을 싫어하는 난초는 반음半陰 반양半陽의 그늘(0)을 좋아한다. 덥지도(+) 춥지도(−) 않은 중도의 계절인 봄과 가을은 모든 이의 사랑을 받는다.

한편 악몽(−)에서 깬 뒤에는 잠자리에서 안도감(0)을 느낄 수 있다. 무음주無飮酒 다음날 아침의 상쾌함(0)은 음주 때의 즐거움(+)도 음주 후의 괴로움(−)도 아닌 또 다른 즐거움(0)이다. 음주 / 쾌락(+)의 시간이 길고 도가 지나치면 반드시 고통(−)의 시간이 뒤따른다는 필연의 인과가 음주 세계의 교훈이다. 인도에서는 술을 good medicine이라고 한다. 과음하면 독주毒酒가 되지만 적량適量을 지키면 약주藥酒가 되는 법이다.

이 밖에도 많은 예가 있다. 축구 골키퍼의 목표는 노(0) 골 지키기다. 야구 투수의 꿈은 방어율 0이다. 교통과 건설 현장에서는 사고 건수 0이 최상의 목표다. 맥주는 0도에서 숙성된다. 낙엽의 바스락거리는 낭만의 소리는 데시벨 0이다. 로켓 발사의 카운트다운 0은 발사가 이뤄지는 완벽한 상태다. 중요한 군사 용어인 Ground Zero는 폭탄의 낙하점을 가리킨다. 21세기 인류를 행복하게 해주는 컴퓨터의 원리는 0과 1의 이진법이다 등등.

'위선僞善'은 선악의 중도적 선이다. 인간에게는 선을 기대하기 어렵다는 점에서 위선은 미덕이 될 수 있다. 맹자의 성선설 때문에 사람들은 인간의 본성이 착하다고 착각을 하는 듯하다. 성선설의 지지자들에 의해 위선은 오랫동안 평가 절하돼왔다. 사람은 선의 씨와

악의 씨를 함께 갖고 있다. 상대적으로 선의 씨가 크면 착한 사람이라 할 뿐이다.

순자荀子는 성악설을 주장했다. 인간의 본성 가운데 악의 씨가 선의 씨보다 크기 때문에 사람은 나쁜 환경에 쉽게 물들어 악한 일을 저지르게 된다는 것이다. 따라서 작은 선의 씨를 키우는 후천적인 교육이 필요하다는 게 성악설의 요지다. 이와 반대되는 것이 맹자의 성선설이다. 맹자는 인간이란 이기적인 욕망의 덩어리기에 큰 선의 씨라 할지라도 후천적인 반복 습득 교육에 의해 성숙해질 수 있다고 했다. 선의 씨를 키우는 교육이 중요하다는 뜻이다. 결국 교육의 필요성을 강조하고 있다는 점에서, 두 학설의 요지는 대동소이하다고 볼 수 있다.

僞善에서 '僞'는 人+爲인 人爲다. 위선은 선의 전 단계로 미완성된 인위人爲 / 인공人工의 선을 뜻한다. 프로 종교 선수 같은 신자들의 진실을 연기하는 선이 오히려 악이다. 기원전의 두 학설 이래로 전쟁이 수도 없이 일어난 것을 보면 순자의 성악설이 한층 설득력이 있다 하겠다. 운전자의 교통규칙 준수는 아름다운 위선이며 위선자가 많은 사회가 곧 선진국이다.

그런가 하면 일본인의 친절인 '다테마에立前'(본심에서 우러나오지 않는 언행)는 인위적인 친절로 일본 사회 질서의 원동력이다. 다테마에는 아름다운 위선이요 교육의 결정이다. 이처럼 일상생활에서 중용 / 중도, 없음의 있음인 0은 그 폭이 넓을뿐더러 중간이 아닌 플러스(+) 쪽에 있다. 인생의 살림살이에서 절대 가치의 제3의 신세계인 것이다.

물질적으로 풍족해도 문화적인 생활은 그에 비례하지 않는다.

국가 차원에서도 문명과 문화는 반드시 정비례하진 않는다. 예컨대 미국은 짧은 역사의 문명 왕국으로 지금도 문화를 쌓아가는 중이다. 음식 문화로 보면 후진국이랄 수 있다. 미국의 영양학자들은 이미 오래전부터 미국의 식생활이 개척 시대로 돌아가야 한다는 식생활 혁명을 주창한 바 있다. 이를 미국인들은 냉소적으로 받아들인 결과 온갖 성인병에 시달리고 있다. 그런데도 음식의 문화 민족인 우리나라는 건강의 척도인 비만도에서 비만 국가 미국을 바짝 뒤쫓고 있다. 안타까운 일이다.

마음도 처음 마음이어야 하듯, 모든 사물도 앞으로 나아가는 것만이 발전이며 가치가 있는 건 아니다. 근래 미국의 하버드 대학 식당 메뉴에는 건강의 상징 음식인 두부가 등장하고 있다. 이제야 미국도 음식 문화에 눈을 뜨고 있다는 증거라 하겠다. 콩국에 쓰이는 콩을 삶을 때 지나치면 메주 냄새, 모자라면 비린내가 난다. 중용일 때라야 고소한 냄새가 날 수 있다.

크리스토퍼 힐J. E. Christopher Hill(전 미 국무차관, 6차 회담 미국 측 수석대표)의 말이 떠오른다. 그는 추운 겨울이 되면 서울에서 즐겨 먹던 따끈한 순두부 맛(중도 / 중용(0)의 구수하고 담백한 맛)이 그리워진다고 했다. 중용 음식의 상징인 순두부 예찬은 인생과 음식 모두에 철이 든 사람만이 할 수 있는 발언이다.

원圓 / 0에 만족하는 원만圓滿은 행복이다. 'Happy medium' 즉 중용의 영역이다. 서양에서도 보통을 행복으로 보고 있다. 중용 / 중도(0)는 수명이 긴 행복이다. 하늘의 둥근 해와 달이 지구에 하나뿐인 것처럼 동서양 모두 궁극의 지극한 진리는 일치한다. 유가의 중용과 불가의 중도는 우리네 인생살이에서 보통의 행복을 큰 행복으로 여겨야 한다는 가르침이다. 중도와 중용이 중간이 아닌 0의 행복이며 행복의 황금률임을 기억해두자.

0은 있음의 없음이자 없음의 있음

　석가모니 깨달음의 모체인 0 / 없음은 동위 개념의 두 명제를 안고 있다. '없는 듯 있는' / '없음의 있음' / '중도'가 생활 철학이라면 '있음의 없음' / '제법무아諸法無我'는 인생의 가감 없는 실상이다. 있음의 없음 / 제법무아는 삼법인三法印* 중 한 명제이기도 하다. 삼법인이란 제법무아, 제행무상諸行無常, 열반적정涅槃寂靜으로 믿을 수 있는 세 가지 진리를 말한다.
　식당의 이름에 진짜 원조 집이 있듯 진리에도 믿을 수 없는 게 있는 모양이다. 불교가 지금보다 더 깊이 대중 사회에 파고들지 못하는 이유는 난해하고 공허한 용어 때문이다. 모든 불교 용어가 우리 국어의 어법이나 정서와 상관없는 중국식 용어다 보니 어려울 수밖에 없다. 삼법인에서 인印은 인감도장이 연상돼 비교적 이해하기 쉽다. 즉 인印은 믿음으로 해석하면 된다.

---

* 印: 인가印可의 준말. 인정할 수 있다 또는 믿을 수 있다는 뜻.

불교 용어는 산스크리트어와 팔리Pali어*의 음에 충실한 음사와 뜻에 따라 번역돼 있다. 불교 용어의 대표 격인 열반涅槃은 산스크리트어 nirvana와 팔리어 nirbana의 음사로 모든 번뇌의 불꽃이 꺼진 심리 상태를 뜻한다. 때론 석가나 승려의 죽음이란 확대된 의미로 쓰이기도 한다. 열涅은 개흙, 반槃은 즐긴다는 뜻이다. 즉 열반은 속세에서 즐겁게 산다는 뜻도 될 수 있다. 원어의 음에 따른 음사 표기지만 뜻에도 충실한 번역처럼 토이는 금쪽같은 말이다. 클럽club의 음역(음사)이 더불어 즐긴다는 뜻의 구락부俱樂部인 것과 같은 이치다.

불교 하면 '연화蓮華'**가 연상된다. 연화는 연못의 진흙 속에서 자라지만 물 위에 맑고 밝은 꽃을 피운다. 그래서 '처염상정處染常淨'으로도 일컬어진다. 연화가 불교의 상징이 된 것은 이 때문 아닐까. 조용한 곳에서 고요한 마음을 갖기는 쉽지만, 혼탁하고 어지러운 속세에서 청정한 마음으로 즐겁게 살기는 어렵다. 불교의 궁극적 이념이 이고득락離苦得樂임을 볼 때, 번뇌의 소멸로 끝나는 열반 자체는 의미가 없다. 열반이 죽음의 뜻이라면 더더욱 무의미하다. 차라리 언제나 변함없는 반석 위의 행복이란 뜻의 열반悅盤***이 나을지도 모를 일이다.

---

* 팔리Pali어: 중세 인도의 민중어로 팔리는 성전聖典을 뜻함. 스리랑카에 전해진 상좌부上座部(붓다가 입멸한 100년경 보수파와 진보파가 계율 문제로 분열한 뒤 보수파를 상좌부, 진보파를 대중부라 함)의 삼장三藏(부처의 가르침을 기록한 경장經藏, 계율을 기록한 율장律藏, 경장·율장을 주석·연구·정리 요약한 논장論藏을 말함)이 동남아시아로 전해지는 과정에서 삼장의 언어를 '성전어 / 팔리어'로 부른 데서 비롯됐음.
** 화華: 마음의 눈 / 심안으로 보는 꽃. 화花는 육안으로 보이는 꽃.
*** 반槃: 쟁반 / 소반 / 즐기다란 뜻.

한편 '여래如來'는 진리에 도달한 사람 또는 진리에서 온 사람을 뜻한다. 이것을 나는 본래와 같은 사람 즉 본심을 간직한 사람으로 해석한다. 이런 식으로 어려운 불교 용어를 나름대로 극복해가는 중이다.

불교 용어가 중국으로 이민 와서 중국식 옷으로 갈아입은 사정이 있으니 어쩔 수 없다고 치부해두자. 삼법인의 한 명제인 제법무아에서 '법法'은 모든 존재를 가리킨다. 법률·법칙에서의 법이 아니란 얘기다. 즉 법은 인간이 작위적으로 만든 인위적 존재인 유위법有爲法과 더불어, 사람이 조작한 것이 아닌 스스로 그러한 존재(자연)인 무위법無爲法을 아우른다. 삼법인의 또 다른 명제로는 제행무상諸行無常이 있다. 여기서 행行은 간다 / 행한다는 뜻이 아니다. 인간이 작위적으로 만든 인위적인 존재 유위법의 모든 것을 가리킨다.

우리는 인위적인 모든 존재를 덧없는 것으로 여긴다. 무아無我는 내가 없음이 아닌 실체가 없는 무실체無實体다. '자성自性 없이도 모든 존재와 현상이 성립할 수 있다[일체공무자성一切空無自性]'는 뜻이다. 유위법과 무위법을 아우르는 제법무아는 유위법인 제행무상의 상위 개념으로 볼 수 있다.

삼법인 가운데 제3의 명제는 열반적정涅槃寂靜이다. 탐욕과 노여움과 어리석음이 소멸해 모든 번뇌의 불꽃이 꺼진 상태를 말한다. 열반에도 등급이 있어 유여有餘열반과 무여無餘열반이 있다. 유여열반은 장작이 꺼지긴 했으나 숯불은 남아 있는 상태로, 불완전 연소로 타다 남은 잉걸불과도 같다. 따라서 육체의 욕망과 집착이 남아 있어 윤회가 계속된다. 반면 무여열반은 숯불은 물론 잿불조차 남지 않은 완전 연소 상태를 말한다.

어느 고찰의 노스님이 흉허물 없는 사이인 스님에게 마음속의 속내를 털어놨다고 한다. "이제 속세의 모든 인연은 다 끊었지만 아직도 색욕은 어쩌지를 못하겠네 그려." 쑥스럽고 열없는 웃음을 띠며 토로했다는 말씀이다. 참으로 인간다운 말씀이 아닌가. 이는 살아생전 무여열반이 중생의 영원한 숙제임을 일깨워준다.

성性을 초월한 인간은 지구상에서 단 한 사람도 없었고 앞으로도 없을 것이다. 성은 인간 본능 가운데 으뜸 본능으로 인간의 한계점이다. 오래전 《예기》에서도 이미 '음식과 남녀에는 사람의 큰 욕망이 있느니라[음식남녀인지대욕존언飮食男女人之大欲存焉]'면서 인간의 본성을 갈파한 바 있다. 맹자의 제자 고자告子 역시 '먹는 것과 색욕은 인간 제일의 본성[식색성야食色性也]'이라 했다. 생식기가 불완전한 사내를 고자鼓子라고 하는데 고자告子가 섹스 운운하는 게 재미있다.

유여열반과 달리 구여열반은 사람이 죽어서나 이룰 수 있는 이상 세계(?)다. 열반적정은 이처럼 삼법인 가운데 실제로 불가능한 것으로 장식품처럼 들어 있는 공리空理 공론空論이라 하겠다. 이런 교의를 대할 때마다 나는 보건 체조를 상업화한 건강 센터를 떠올리곤 한다.

무엇이든 사람의 손에 오래 머무르다 보면 잡다하게 속화俗化되는가 보다. 하다못해 한자도 정자보다 속자의 획수가 많다. 동백冬柏 → 동백冬栢(俗字), 영화映畵 → 영화暎畵(俗字), 후쿠오카福岡 → 후쿠오카福崗(俗字) 등이 그 예다. 마음의 실체/본질은 고요함을 좋아하는 메커니즘을 갖고 있다. 열반적정을 중도/선으로 해석해야 한다는 뜻이다. 열반은 온갖 번뇌와 욕망의 불꽃이 꺼진 뒤 마음자리가 0에 머문 상태, 즉 소멸중도消滅中道에 이른 멸도滅道의 경지다.

과거 불가에서는 스님들의 견성見性(자신이 본래 갖추고 있는 부처의 성품을 꿰뚫어 보아 깨닫는 것, 자신 안의 부처를 발견하는 일) 시기가 빠른 편이었다. 그러다 보니 20대와 30대에 해탈하는 분들이 많았다. 하지만 견성 못지않게 보임保任(깨달음의 상태를 보호해 온전히 간직함)이 어렵다고 했다. 스포츠에서 챔피언 자리를 지키기가 쉽지 않은 것과 같은 이치다.

흔히 생사해탈이란 표현을 쓴다. 사실 생멸生滅해탈samsara이 더 적확한 표현이다. 생멸해탈이란 번뇌 망상이 생겨났다 없어졌다 하는 일에서 벗어난다는 뜻이다. 과연 절대 불변의 해탈이 가능할까? 스님들의 깎은 머리에서 다시 새로운 머리가 자라듯 탐·진·치도 사라졌다 다시 생겨난다. 그렇다면 세속적 욕망의 씨가 어쩔 수 없이 남아 있는 중생적 부처, 번뇌적 보리의 불완전한 해탈이 있는 것은 아닐까.

연수 선사延壽禪師(904~975. 송나라 승려로 흔히 영명永明 연수 선사라 함)는 이런 사자후를 토하셨다. "탐·진·치 삼독은 불교에서 자나 깨나 노래하는 마음속에서 뿌리째 뽑아버려야 하는 무명/번뇌의 원조다. 그러나 이를 버리고 없앤 사람 있는가? 바로 이 삼독이 우리들의 삶이며 사람이 가는 길이며 불법佛法이다." 불교 가르침의 절정이다. 팔만대장경과 조사의 어록도 이 경지 앞에서는 빛을 잃을 것이며, 어느 대승경전과 선문어록도 이 도리를 능가하기 어렵다.

탐·진·치는 인간의 원죄다. 불교의 포살布薩(스님과 불자가 한곳에 모여 계율의 조목을 독송하며 잘못을 참회하는 것, 마음의 꽃밭에서 잡초를 뽑는 일)과 천주교의 고해성사告解聖事(죄를 뉘우치고 신부神父에게 고백해 용서받는 일)가 있는 이유다. 종파를 초월한 모든 종교인과 세계인이 숭앙했던 마더 테레사 수녀님은 뜻밖에도 이런 고백을 하셨다. "예수님을 보려 해도 보이지 않고 들으려 해도 들리지 않는다." 수녀님 역시 신의 존재를 깊이 느끼지 못해 평생을 남모르는 고뇌 속에 살다 가셨다.

그러므로 삼법인은 일법인一法印으로 함이 옳지 않을까 한다. 모든 사람은 반드시 죽는다. 이 세상에 기대와 집착이 클수록 실망도 클 수밖에 없다. 인생의 깨달음을 얻고도 남을 만한 어느 원로 시조 시인이 한 선승께 죽음에 대한 두려움과 인생의 미련을 호소했다고 한다. 이에 선승께서는 뜻은 생각하지 않아도 좋으니 매일 큰소리로 《금강경》을 독송하라는 처방을 내리셨다. 마음의 집중 메커니즘을 선용한 선승 나름의 처방이었다. 얼마 뒤 선승은 시조시인의 부음을 듣는다. 문상을 가보니 상청 향불 아래 《금강경》이 놓여 있었다고 한다.

나이 60이 넘으면 수명의 유한성을 느끼기 시작한다. 7자가 붙으면 절감하게 된다. 한 친구가 장수의 묘안을 들려준 적이 있다. 일 년을 4년처럼 풍부하게 살기 위해 분기별로 송년회를 하고 있다는 것이다. 이에 나는 즉석에서 한 수 위의 해답을 천기누설 하듯 일러줬다. "한 달을 일 년처럼 살게. 일 년에 한 번 가던 극장, 음악회, 미술관을 매달 가게나. 일 년에 한 번 꼴로 읽던 책도 매달 한 권 이상 읽게나. 이렇게 살면 앞으로 10년을 120년이나 사는 셈이 되지 않겠나." 노후에 아직도 살아남은 욕망의 불씨에서 오는 부질없는 짓거리들이다. 삶이 커지면 죽음은 작아지고 삶이 작아지면 죽음은 커지는 법이다.

　이 세상 누구도 반드시 죽는다는 명제는 잔인하게 들린다. 하지만 실상이니 어쩌랴. 이 투명하고도 지적인 허무주의는 인생 최대의 질문인 동시에 해답이다. 유한한 인생을 어떻게 살 것인가? 이에 대한 답은 사람마다 천차만별일 것이다. 우리는 이따가의 일을 모르고 살아간다. 유한한 인생을 어떻게 살 것인지에 대한 해답의 공통분모는 지금 여기부터 잘 살아야 한다는 것이다. '바로 지금 여기가 인생이요, 다시 기약할 수 있는 훗날이 실은 없다[즉시현금 갱무시절卽時現今 更無時節]'.

　인생은 현재 진행형이 아닌 현재 완료형이다. 입멸을 앞둔 붓다의 최후 설법은 붓다의 첫 설법과 함께 불교의 진수를 보여준다. 다소 뜻밖일 수도 있는 유언이다. '나를 믿지 말고 나의 가르침을 믿으며(법등명法燈明), 어느 누구도 믿지 말며 자신을 믿으라(자등명自燈明)'.

　불교는 석가모니 부처를 믿는 우상 종교가 아니다. 붓다의 가르침을 본받아 붓다를 뛰어넘어 또 다른 새로운 부처로 태어나는 개성주의 종교다. 똑같이 생긴 사람이 없듯 똑같은 생각을 하는 사람도 없다. 붓다의 가르침을 공통분모로, 제각각의 불심을 분자로 하는 종교란 점이 불교의 진면목이다. 불교가 다신교인 것은 이 때문이다. 일상에서 즐거움이 극에 달할 때 '죽어도 좋다'는 말을 하곤 한다. 이는 완전 연소된 현재 완료형의 인생을 살았을 때 절로 나오는 탄성이다. 지금 살고 있는 이 계절을 내년에 살지 않아도 될 만큼 지금 여기를 잘 살아야 한다.

다만 현세에서의 어쩔 수 없는 절반의 패배자(실패자)를 위한 인공의 극락은 필요하다. 현세에서의 업보에 따라 다시 좋은 극락에서 태어나는 윤회가 이들에겐 희망의 등대기 때문이다. 또한 인과응보의 업보에 따른 윤회는 사회 질서의 확립과 유지를 위한 필요조건이기도 하다. 미래의 세계(극락)가 없는 불교였다면 신라를 지켜줬던 호국 불교는 존재하지 않았을 것이다. 꽃다운 목숨을 전장에서 아낌없이 떨군 화랑들의 산화散華*도 불가능했을 것이다.

그렇다 해도 윤회는 불교의 본질이 아니다. 윤회를 전제하면 불교는 종교가 되고, 무시하면 현재주의 생활 철학이 된다. 내일과 내년의 기약 없이 지금 여기에 철저하면 윤회는 거부되면서 지금 여기가 낙원이 될 수 있다. 속세(현세)色를 이상 세계空로 만드는 이런 가르침이 다름 아닌 색즉시공色卽是空이다. 윤회는 인생을 재수再修하는 삶이다. 재수의 삶을 사는 것은 재수[운]가 없어서가 아니다. 자기 책임이다.

눈과 귀와 영혼을 위한 미술과 음악과 문학은 우리의 삶을 풍요롭게 가꿔준다. 근대 중국 교육의 선각자로 채원배蔡元培(1868~1940)란 분이 있었다. 그는 '사람에게 생활 속에서 아름다움을 가르쳐 인간의 심성을 순화하는 교육을 통해 종교를 대체한다"는 말을 남겼다. 그러면서 엉뚱하게도 미육대종교설美育代宗教說을 주창했다. 마음은 우리 몸 가운데 가슴에 있다는 것이다.

지금은 마음이 머리에 있다는 게 정설로 인정되고 있다. 마음과

---

* 산화散華: 꽃다운 목숨이 전쟁터에서 죽는 것.

영혼을 담고 있는 머리는 몸의 최상단에 자리한다. 또한 0처럼 둥글고 좌표도 0과 같다. 사실 마음은 의마意馬, 심원心猿이라 해서 말과 원숭이에 비유되곤 한다. 수시로 이동하는 속성 때문이다. 마음자리의 본적 / 고향은 오묘하게도 0의 좌표에서처럼 양어깨의 한가운데에 놓인 머리에 자리한다.

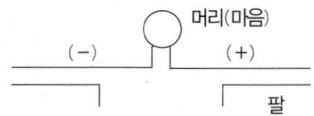

다른 기관은 어떨까? 미술과 음악을 담당하는 눈과 귀의 미감 기관은 코·입·성기보다 상위에 배치됐다. 코·입·성기는 식욕과 성욕을 책임지는 쾌감 기관에 속한다. 눈·귀·코의 한 가지 기능과 달리, 특히 입과 성기는 말하기와 먹기, 배설 기능 외에도 섹스라는 대욕大慾의 임무도 겸하고 있다. 눈과 귀처럼 성기가 둘이었다면 성직자와 도인의 존재는 불가능했으리라!

말하는 입이 하나인 걸 보면 도인과 말수는 관련이 있는 듯하다. 이 기관들이 하나라도 지금의 자리가 아니었다면 어찌됐을까? 이런 생각을 하면 폭소가 터져 나온다. 동시에 형이상하학에 따른 상하우열 배치의 신비에 조물주의 존재를 새삼 느낄 수 있다. 어떤 음식도 냄새만큼 맛있지 않다. 후각 기관이 미각 기관보다 상위에 있기 때문이 아닐까. 군밤과 불고기 굽는 냄새를 미각은 100퍼센트 표현하지 못한다.

사람의 오장육부 가운데 심장에만 마음 심心이 들어간다. 심장과 마음은 어떤 관계일까? 희로애락에 따라 사람의 심장 박동 수에는 변화가 생기게 마련이다. 그런데 깨달음을 얻은 성자와 도인은 외부의 어떠한 상황에서도 마음이 흔들리지 않는가 보다. 이는 초기 경전인 《숫타니파타》의 '소리에 놀라지 않는 사자처럼'이나 노장老莊의 '평상심시도平常心是道'란 표현에서도 잘 드러난다.

그런가 하면 로마의 베드로 성당 앞 광장에는 142분의 성인聖人 석상이 놓여 있다. 142란 숫자는 어디서 나왔을까? 사람의 1분간 정상적인 평균 맥박 수는 71번인데 이것의 2배 숫자가 142다. 동서양 모두 성인의 자격 기준을 마음의 장기인 심장의 정상 박동 수에서 찾았다는 뜻이다. 흥미로운 과학적 사실이 아닐 수 없다.

붓다의 입멸 후 제자들이 모인 까닭은?

붓다가 입멸하시자 통곡하는 제자들이 있었다. 반대로 잔소리꾼으로 깎아내려 폭언을 하는 사람도 있었다. 이런 무리로 인해 가섭은 옳지 않은 법이 정법으로 행세하는 날이 올지도 모른다고 우려했다. 그가 교법과 계율을 결집할 필요성을 느낀 것도 이 때문이었다. 이런 대작업은 뛰어난 제자가 없다면 불가능한 일이다.

3대 성인 공통점의 하나는 훌륭한 제자를 뒀다는 점이다. 앞서 말했듯 붓다의 제자로는 가섭과 사리불, 아난존자가 있다. 가섭 존자는 붓다의 법통을 전수받은 제자다. 의식주의 탐욕 없이 수행에만 전념한다고 해서 두타頭陀 제일로 불렸다. 사리불이 지혜 제일의 제자라면, 아난존자는 붓다의 가르침을 임종 때까지 가장 많이 들은 다문多聞 제일의 제자다. 이 가운데 아난존자는 붓다의 셋째 삼촌인 감로반 왕의 아들로 사촌동생이다. 아난阿難은 산스크리트어 ānanda의 음사이며 환희歡喜란 뜻이다. 붓다가 성도하시던 날 아난존자가 출생, 겹경사가 났다 해서 정반왕이 지은 이름이다.

반면 아난존자의 형인 제바달다提婆達多는 아난존자와 달리 붓다의 수행에 사사건건 훼방을 놨다. 승단을 물려달라는 터무니없는 요청을 거절당하자, 500여 명의 비구를 규합해 승단을 이탈해버렸다. 심지어 붓다를 살해하려다 실패한 적도 여러 번이었다. 형제가 정반대의 DNA를 타고난 셈이다.

대사를 앞둔 가섭에게 절망스런 일이 생겼다. 제1차 결집에 반드시 참여해야 할 아난존자가 500인 성인 대열에 낄 수 없게 된 것이다. 시자(비서)로서 붓다의 말씀을 가장 가까이에서 20여 년간 가장 많이 들은 아난존자가 아닌가. 이런 사람이 500인 제자 안에 못 들어간다는 건 불가사의한 일이었다. 많이 들어서 아는 지식과 몸으로 터득하는 깨달음은 다른 세계라는 걸까. 의문을 품었지만 하는 수 없이 일대 용단을 내린다. 가섭은 아난존자에게 단기간의 특별 과외(?)를 시켰고, 그 결과 아난존자는 극적으로 500인 성자 대열에 합류할 수 있었다.

우여곡절 끝에 제1차 결집이 왕사성 부근 비파라 산에 있는 칠엽굴에서 이뤄진다. 가섭은 의장이 되고 교법은 아난존자가 맡는다. 계율은 노예에 이발사 출신인 우바리優婆離가 담당한다. 이렇게 아난존자와 우바리 두 사람이 더블 MC를 맡아 진행하게 된다. 우바리는 계율에 엄격해 지계持戒 제일로 일컬어진다. 두 MC는 기억을 더듬어가며 선창을 시작한다. "나는 이렇게 들었다[여시아문如是我聞]. 어느 때 붓다께서는……."

이처럼 두 진행자가 번갈아가며 암송으로 선창하면 참석한 비구들은 두 사회자의 기억이 맞는지 확인한다. 잘못이 있으면 고치고 다시 모두 함께 합송을 한다. 이렇게 해서 석가모니 부처의 가르침과 계율은 훗날 경장經藏과 율장律藏으로 성립된다. 이 대역사代役事에서 아난존자와 우바리의 기억력에 의심을 품음직도 하다. 당시는 문자가 보편화되지 않아 말은 있으나 문자가 없던 유언무문有言無文 시대였다. 이런 시대에 두 사람은 누구보다 뛰어난 암기력을 가졌다고 한다. 지금도 미얀마에는 대장경을 처음부터 끝까지 외우는 신통력 있는 사람이 있다고 전해진다.

이렇게 해서 제1차 결집은 무사히 치러진다. 이어 제2차 결집이 붓다가 입멸한 뒤 100년경에 이뤄진다. 이때 700여 명의 비구들이 바이샬리의 파리가 동산에 모였다고 한다. 제3차 결집은 기원전 3세기에 아쇼카 왕의 주선으로 이뤄진다. 아육승가람에 1,000여 명의 비구들이 모여 경·율·논의 삼장을 정리했다고 전해진다. 그리고 제4차 결집에서는 2세기경 건타라 국 카니슈카 왕의 주선으로, 가슙마라에 500여 명의 비구들이 모여 경·율·논을 정리했다.

0이 없던 시절,
붓다의 속마음은 이심전심으로 전해지다

석가모니 부처는 자신의 깨달음 가운데 말로 표현할 수 없었던 없음의 있음 / 진공묘유 / 공즉시색 / 중도 사상을 이심전심으로 세 번에 걸쳐 전한다. 이들은 부처의 속마음이자 불교의 주요 교의다. 생전에 의식이 있을 때 두 번, 의식이 가물가물해진 임종 때 한 번 전하셨다.

첫 번째는 '다자탑전 분반좌多子塔前 分半坐'다. 다자탑 앞에서 설법하실 때 가섭 존자가 누더기 옷을 걸치고 뒤늦게 참석한다. 수행자들이 못마땅하게 여기는 걸 본 붓다는 오히려 앉았던 자리를 내어주며 가섭을 앉게 한다. 제자인 가섭을 스승인 자신과 동격으로 인정하신 것이다. 상하가 없는 평등사상인 대승 불교의 보살 정신을 몸소 실천한 사례라 하겠다.

대승 불교는 기원전후에 일어난 일대 개혁 운동이다. 대승大乘은 개혁파들이 스스로를 일컫는 말로, 전통적인 보수파들을 낮춰 소승小乘이라 했다. 대승 불교는 자신의 깨달음을 구하면서 남도 구제하는 보살의 수행법이다. '상구보리 하화중생上求菩提 下化衆生'.

두 번째는 유명한 '영산회상거염화靈山會上擧拈花'다. 영취산에서 설법하실 때 허공에서 꽃잎이 흩어져 내려왔다. 붓다는 한 송이 꽃을 들어 보인다. 수만 대중들은 무슨 영문인지 몰라 어리둥절해하는데 가섭 존자만이 빙그레 웃는다. 그러자 붓다는 "바른 법, 해탈의 오묘한 마음을 가섭에게 전한다"고 선언하신다. 이 장면이 널리 알려진 '염화미소 이심전심拈花微笑 以心傳心'의 고사다.

위의 장면을 일반 불자들은 어떻게 이해하고 받아들일 수 있겠는가. 이런 해괴(?)한 일화 탓에 불교에 거리감을 느끼는 사람이 많은 것이다. 나는 영산회상거염화를 나름의 불교 소양으로 풀어본다. '깨달음을 구한 사람 / 마음자리가 0에 있는 사람은 이 세상이 온통 꽃 같은 미술관이며 음악의 전당'. 이럴 때 행복의 샘은 무진장無盡藏 가슴에서 솟아오르지 않을까.

언젠가 전철로 한강을 건널 때 차창의 문 프레임이 Picture window*로 보인 적이 있다. 우리의 마음자리가 0 / 중도에 머물러 있기만 하면, 이 지구라는 낙원에 무진장 지천으로 피어 있는 꽃이 보일 것이다. 눈에 보이는 꽃花뿐만 아니라 마음의 눈으로 보이는 꽃 華도 보일 터이다. 병아리 아나운서 시절 법명이 무진장이란 스님과 대담 방송을 한 적이 있었다. 철없던 나는 법명이 이상스레 느껴져 방송 내내 웃는 결례를 했다. 얼마 전 인사동에 나갔다가 먼발치에서 참으로 오랜만에 스님을 뵀다. 손님과 함께 계셔서 인사를 못 드

---

* Picture window: 붙박이 전망 창.

려 아쉬운 마음이었다

붓다가 보이고 싶어 한 마지막 속마음은 '사라쌍수하 곽시쌍부娑羅雙樹下 槨示雙趺'다. 죽음의 시간이 다가온 석가모니 부처께서 아난존자에게 하명하신다. 쿠시나가라의 사라수 여덟 그루가 둘씩 마주서 있는 사이에 자리를 깔아달라고. 그런 다음 옆으로 누워 열반에 드신다. 기원전 480년 붓다의 나이 80세 때의 일이다. 45년이란 긴 세월 설법의 문이 마침내 내려지는 순간이다. 아난존자는 붓다의 몸을 관에 모셨다. 뒤늦게 도착한 가섭이 관 주위를 세 번 돌고 세 번 절을 했다. 그러자 붓다께서 관 속에서 두 발을 내밀어 보이셨다고 한다.

이 장면에서 붓다의 마지막 두 가지 메시지를 발견할 수 있다. 첫째 석가모니 부처처럼 깨달은 사람조차도 죽음은 피할 수 없으며 빈 몸으로 간다는 사실이다. 둘째 붓다께서 꺼져가는 희미한 의식 속에서도 깨달음의 정수인 중도를 나타내 보이고 싶어 하셨다는 사실이다. 이는 사라수 두 나무 사이 가운데 자리를 깔게 하신 데서 잘 드러난다.

붓다는 45년이란 긴 설법의 여정에서 한 번도 선의 참뜻을 명쾌하게 말씀으로 전하지 못한 채 입멸하셨다. 일찍이 35세에 모든 번뇌를 떨쳐버리고 득도하신 붓다에게도 선을 전하지 못했다는 고민이 평생 따라다녔는지도 모른다. 베일 속에 감춰진 선은 신비의 대상이 된다. 실용적인 생활 철학인 선은 까다롭게 전문화된 탓에 오늘날 산속 절집 선승들의 전유굴로 변질됐다. 이런 비정상적인 행태는 스승이 제자에게 선을 설명하지 못한 결과다. 이를 대표적으로 상징하는 것이 앞서 말한 덕산방德山棒*(덕산 선사의 몽둥이질)과 임제할臨濟喝**(임제의 고함 소리)이 아닐까 한다.

임제 선사가 임종할 때의 일화를 소개해본다. 임제는 붓다 이래 최고의 선승으로 추앙받고 있다. 임제 전에 임제 없고 임제 후에 임제 없다는 말이 있을 정도다. 열반에 들기 전 그가 머리맡에 앉아 있는 한 제자에게 불법의 교의에 대해 물었다. 그러자 제자가 대뜸 벽력같은 소리를 질렀다고 한다. 크게 실망한 선사는 "내 평생 너를 헛가르쳤구나"라는 한탄과 함께 숨을 거뒀다. 이 일화가 실화라면 인과응보의 업보일 것이고, 아니라면 임제할을 평소 못마땅하게 여긴 사람이 꾸며낸 이야기로 생각된다.

덕산 선사와 임제 선사의 기이한 언행을 미화하는 사람도 있다. 괴짜 짓 하는 사람을 깨달은 사람으로 착각하는 경우도 있기 때문이다. 하지만 조주 선사처럼 할아버지가 손자에게 다정스레 차근차근 가르치듯 해야지, 몽둥이를 휘두르고 고함 소리를 내는 건 마땅한 도리가 아니지 않을까.

'모든 것은 변한다. 나를 믿지 말고 나의 가르침을 등불로 삼아 법에 의지할 것이며(법등명法燈明/법귀의法歸依), 어느 누구도 믿지 말고 스스로를 등불로 삼아 자기에게 귀의하라(자등명自燈明/자귀의自歸依)'. 석가모니 부처가 전한 최후의 가르침이다. 공자 같은 성인도 '나이 70이 돼야 자기가 하고 싶은 대로 해도 법도에 어긋나지 않는

---

* 방棒: 말로 표현할 수 없는 깨달음의 경지를 선승들이 나타낼 때 주장자로 수행자를 후려치는 것.
** 할喝: 수행자를 꾸짖거나 호통칠 때 내는 큰 소리. 선승들의 표현이 과격한 것은 산 체험을 죽은 문자로 나타내기 때문.

대[종심소욕 불유구從心所欲 不踰*矩**]'고 했다. 예술에는 젊은 천재가 있으나 인생에는 천재가 없다. 80, 90을 살아도 모르는 게 인생이며 철들지 못한 채 가는 것 또한 인생이다. 80 평생 오로지 중도 인생이란 주제 하나만을 생각하며 살아온 석가모니 부처가 전하신 최후의 말씀은 오늘날 우리에게 커다란 믿음으로 다가온다.

---

* 유踰: 넘는다는 뜻.
** 구矩: 법도라는 뜻.

붓다의 속마음 선, 끝내 설명 불가로 입멸하시다

45년의 설법 여정에서 석가모니 부처가 행하신 설법의 핵심 주제는 무엇일까? 앞서 말했듯 허무虛無와 무상無常으로 일컬어지는 '공空' 사상이다. 공의 깨달음은 모든 사물과 존재 즉 '있음의 없음'의 말씀으로 표현될 수 있는 깨달음이었다. 또 하나의 깨달음이 있었으니 바로 '없음의 있음', '중도' / '선정'이었다. 이는 붓다께서 중생의 생활 철학으로 제시하신 것이다.

중도 / 선정은 몸과 마음이 0에 머물 때 느낄 수 있는 행복이다. 이 중도의 즐거움 / 기쁨은 수명이 짧은 쾌락의 시간과는 다른 절대의 시간이다. 요컨대 붓다 깨달음의 요체는 0의 발견이다. 이는 공사상과 중도 / 선정이란 쌍둥이 명제를 낳았다.

① • 두 극단의 세계[쾌락(태자 시절)(+) / 고통(고행 수도)(-)]를 떠난 제3의 세계인 중도 / 붓다의 심층(잠재의식)
   • 공즉시색空卽是色[극락 / 이상 세계空가 바로卽 여기(현실是色)]

○의 발견
- • 진공묘유眞空妙有
- • 없는 듯 있는 / 없음의 있음
② • 인간을 비롯한 모든 사물은 영원불멸할 수 없다는 제법무아製法無我
- • 있음의 없음

    붓다는 보리수 아래서 득도하신 뒤에도 일생을 번뇌 아닌 고민 속에서 살다 가셨을 것이다. 중도 / 없음의 있음의 깨달음에 대한 설명이 불가능했기 때문이었다. 오죽 여한이 남았으면 돌아가시는 순간에도 중도를 나타나 보이기 위해 사라수 두 나무 사이에 몸을 뉘게 하셨겠는가.

    석가모니 부처의 깨달음은 자신의 몸을 통한 체득 / 득도란 특징이 있다. 지식은 설명할 수 있으나 몸의 느낌은 표현할 수가 없다. 하물며 음식의 맛은 어떻게 설명할 수 있겠는가. 붓다가 깨달으신 때는 기원전 525년이었다. 석가모니 부처께서 잉태하신 0이란 개념은 꼭 1,000년이 지난 6세기 인도에서 탄생한다. 이렇게 0이 탄생한 지 1,600여 년이 지난 지금도 붓다의 주 깨달음인 중도 / 선을 0으로 설명하지 못하고 있다. 안타까운 현실이다. 수학에 0이 없던 시절, 석가모니 부처께서 가지셨을 깨달음에 대한 설명 불가의 고뇌를 짐작하고도 남는다.

    흔히 인생은 무상하다고 한다. 허무한 인생으로 통하는 제행무상은 정도의 차이는 있지만 누구나 느끼며 살고 있다. 이는 인생이 허무하고 무상하니 어떻게 살 것인가란 큰 질문으로 이어진다. 사람의 지혜의 능력[근기]에 따라 불자는 극락세계를 위한 불자와 지금 여기를 이상 세계로 삼는 불자로 나뉜다. 전자가 종교의 영역이라면 후자는 철학의 영역이다.

있음의 없음, 허무 / 무상만이 불교가 아니다. 불교의 참다운 본질은 없음의 있음, 중도의 세계에 있다. 지금 여기를 극락 / 이상 세계로 사는 불자야말로 참다운 불자라 할 수 있다. 하지만 0의 깨달음은 이들 불자에게 여전히 생활인의 철학이 돼주지 못하고 있다. 붓다의 0의 발견 / 사상이 신비에 싸인 암호처럼 치부되는 탓이다.

불립문자不立文字*, 교외별전教外別傳**, 언어도단言語道斷***, 무설선無說禪. 붓다의 참 진리는 이렇게 표현되곤 한다. 그 결과 붓다의 깨달음은 만나기 어렵다는 불법난망佛法難望이 돼버린다. 또한 0이라는 깨달음은 다른 유사 개념들로 파생되기도 한다. 즉 중도, 선, 공, 무, 염불, 원, 다라니陀羅尼 등으로 변주됐다. 이들은 다시 다음과 같은 낱말들로 이어졌다. 공허空虛, 공염불空念佛, 좌선坐禪, 허무虛無, 무상無常, 무아無我, 무념無念, 원각圓覺, 원적圓寂, 원통圓通, 원융圓融, 원만圓滿…….

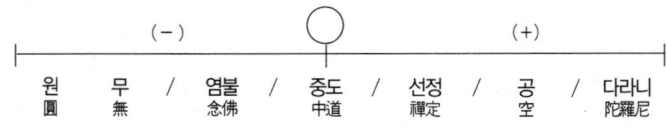

---

* 불립문자不立文字: 붓다가 체득한 진리는 문자로 표현되지 않으므로 문자에 집착하지 않는다는 뜻.
** 교외별전教外別傳: 붓다가 체득한 깨달음은 언어나 문자의 가르침으로 전달할 수 없으므로 마음에서 마음으로 전달한다는 뜻.
*** 언어도단言語道斷: 언어의 길이 끊어짐. 언어로 표현할 수 없다는 뜻.

그뿐만 아니라 석가모니 부처의 깨달음은 가섭 존자와 아난존자라는 두 채널을 통해서만 전달됐다. 이것이 앞서 말했듯 선문과 교문으로 이후 밀교密教와 현교顯教로 변형된다.

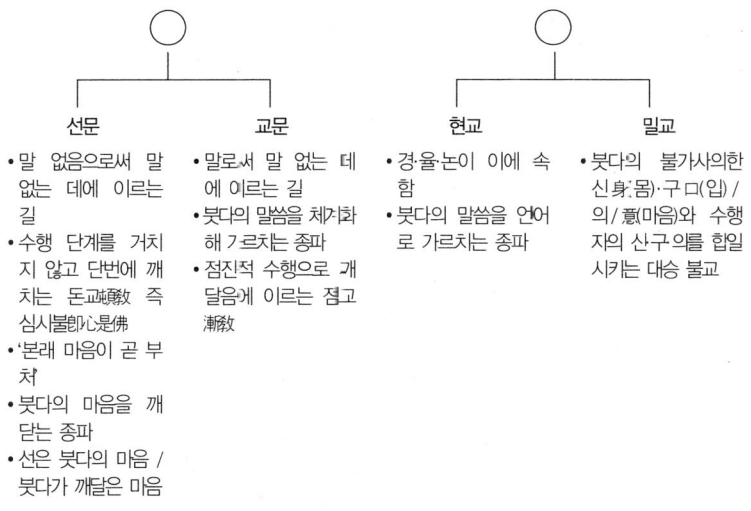

석가모니 부처의 입멸 후 수많은 조사와 선사들은 수수께끼의 깨달음을 찾아 끊임없는 탐구를 해왔다. 이제 문헌과 경전 그리고 종파와 불상에 나타난 그분들의 발자취를 더듬어보려 한다.

최초로 0이 나타나는 문헌 《선가귀감》

《선가귀감禪家龜鑑》은 사명四溟 대사의 스승인 서산西山 대사의 명저다. 최초로 0이 나타나는 보배와도 같은 저서기도 하다. 서산 대사께서 400여 년 전 제자들의 교육용으로 50여 권의 경론과 조사들의 어록을 추려 모아 엮었다. 이 책이 우리나라에 있다는 건 우리 불자들의 더없는 복이 아닐 수 없다.

내가 고서점에서 우연히 이 책을 구하게 된 건 오로지 역자가 유명하신 법정 스님이었기 때문이다. 이 책은 이 글을 쓰는 데도 큰 힘이 돼줬다. 법정 스님께서 출가하신 후의 첫 역서로 보이는 이 책에 나는 각별한 애정이 있다. 이 책을 통독한 뒤엔 왕성하던 식욕마저 떨어졌었다. 구리를 캐던 광부가 금을 발견한 횡재요 기쁨이었다고 나 할까. 원문을 조금 인용해본다.

有一物 於此 유일물 어차
從本以來 昭昭靈靈 종본이래 소소영영

不曾生 不曾滅 부증생 부증멸
名不得 狀不得 명부득 상부득

여기 한 물건이 있는데
본래부터 한없이 맑고 신령스러워
일찍 나지도 죽지도 않았다.
이름 지을 길 없고 모양 그릴 수도 없도다.

이 글에 대해 서산 대사는 알기 쉽도록 보충 설명을 해주셨다.

一物者 何物 일물자 하물   한 물건이란 무엇인가?
'O' 古人頌韻 'O' 고언송운   'O' 옛 어른은 이렇게 읊었다.
古佛未生前 고불미산전   옛 부처님이 나시기 전에
凝然一相圓 응연일상원   의젓한 둥그러미
釋迦猶未會 석가유ᄆ회   석가가 몰랐거니
迦葉豈能傳 가섭기능전   어찌 가섭이 전하랴.

이어지는 글은 6조 혜능 선사께서 당신의 법통을 이을 제자와 대중들을 시험하는 내용이다.

此一物之所以 不曾生 不曾滅 차일물지소이 부증생 부증감
名不得 狀不得也 명부득 상부득야

이것이 한 물건의 나겄도 죽지도 않으며

이름 지을 길 없고 모양 그릴 수도 없는 까닭이다.

六祖告衆云 육조고중운
吾有一物 오유일물
無名無字 무명무자
諸人還識否 제인환식부

육조 스님이 대중에게 물었다
나에게 한 물건이 있는데
이름도 없고 모양도 없다
너희들은 알겠느냐?

神會禪師 卽出曰 신회선사 즉출왈
諸佛之本源 제불지본원
神會之佛性 신회지불성
此所以爲 六祖之庶子也 차소이위 육조지서자야

신회 선사가 곧 대답하기를
모든 부처님의 근본이요
신회의 부처 성품입니다 했으니
이것이 육조의 서자가 된 연유다.

懷讓禪師 自嵩山來 회양선사 자숭산래
六祖問曰 什麽物 伊麽來 육조문왈 집마물 이마래

師罔措至八年 方自肯曰 사망조지팔년 방자긍왈
說似一物卽不中 설사일물즉부중
此所以爲 六祖之嫡子也 차소이위 육조지적자야

회양 선사 숭산으로부터 와서 뵙자
육조 스님 묻기를
"무슨 물건이 이렇게 왔는고?" 할 때
회양은 어쩔 줄 모르고 쩔쩔매다가
8년 만에 깨치고 나서 말하기를
"가령 한 물건이라 하여도 맞지 않습니다"라고 했으니
이것이 육조의 맏아들이 된 연유다.

한편 서산 대사께서는 운문체로 이렇게 노래하고 있다.

三敎聖人 從此句出 삼교성인 종차구출
誰是擧者 惜取尾毛 수시거자 석취미모

삼교의 성인들 모두 이 말에서 나왔네
뉘라서 말할 것인가 눈썹이 빠질라!

《선가귀감》의 특징은 하이라이트가 앞부분에 있다는 점이다. 즉시성卽時性 종교인 불교다워 다시금 반하게 된다. 처음 이 책을 읽었을 때 붓 뚜껑처럼 보여 그냥 지나쳐버린 동그라미(O)를 다시 발견

밥맛과 차 맛이야말로 인생의 맛! 145

했을 때의 희열이란! 이런 법열의 힘이 이 책의 집필에 원동력이 돼 준 것은 물론이다. 《선가귀감》의 역자이신 법정 스님께서는 좀 더 뜻을 선명하게 드러내고자 위와 같이 쉽게 풀이해주셨다.

0을 가리켜 일원상一圓相이라 한다. 삼조 승찬僧璨 대사(?~606)의 《신심명信心銘》에는 '허공같이 두렷*하여 모자랄 것도 남을 것도 없다[원동태허 무결무여圓同太虛 無缺無餘]'는 구절이 나온다. 흔히 0에 마음이니 성품이니 진리니 또는 도니 하며 억지로 이름을 붙이곤 한다. 하지만 어떤 이름으로도 맞지 않고 무슨 방법으로도 그 참 모양을 바로 그려 말할 수 없다. 0은 무한한 공간에 가득 차서 안과 밖이 없으며 무궁한 시간에 사뭇 뻗쳐 고금과 시공이 없다.

또한 크다·작다, 많다·적다, 높다·낮다 등의 시비를 할 수도 없다. 거짓이다·참이다, 망령되다·거룩하다 등의 차별을 붙일 길도 없다. 다만 어쩔 수 없이 한 '둥그러미'로 나타낸 것이 다름 아닌 0이다. 이를 좀 더 자세히 설명하고자 혜충 국사慧忠國師**(?~775. 6조 혜능의 제자)는 97가지 그림으로써 가르쳐 보이기도 했다. 그러나 아무리 애써도 그 전체를 올바로 가르치기란 불가능했다. 따라서 가르치려 할 때마다 '입을 열기 전에 벌써 그르쳤다[미개구착未開口錯]'고 한다.

깨쳐서 부처가 된다고 하지만 깨친 바가 있다면 부처가 될 수 없다. '석가여래도 몰랐고 모든 조사***들도 그 법을 전하거나 받지 못

---

* 두렷: 엉클어지거나 흐리지 않고 아주 분명함.
** 국사國師: 신라·고려·조선 시대 백성의 정신적 지도자로 임명된 승려의 가장 높은 지위.
*** 조사祖師: 한 종宗이나 파派를 처음 세운 승려.

한다'고 한 것도 이 때문이다. 불교의 구경究竟은 부처님을 믿으라는 데 있지 않다. 사람은 누구나 부처가 될 수 있고 부처보다 뛰어나야 한다.

'이 일원상一圓相의 이치를 분명히 알면 팔만대장경이나 모든 성인이 무슨 소용이 있겠는가[직거본분 불조 무공능直擧本分 佛祖 無功能]'. 이 구절을 법정께서는 다음과 같이 역주하셨다. "부처다 중생이다 하는 것은 꿈속에서나 하는 말이다. 누구나 본바탕은 본래부터 그대로 부처다. 그러므로 근본 깨달음本覺이라 하는데 일원상은 이것을 나타낸 것이다. 또한 서산 대사의 '본분을 바로 들어 보일 때'는 부처님이나 조사도 아무 소용이 없는 것을 말한다."

수학의 세계에 1~9까지의 숫자만 있고 0이 편입되기 이전 선사*와 조사들의 표현 불능 고민이 오죽했겠는가. 이미 말했듯 석가모니 부처께서 성도(기원전 525년)하신 지 1,000년이 지난 6세기 인도에서 숫자 0이 발견된다. 그러다 7세기에 입적한 3조 승찬 대사** 시대의 문헌에 기호 동그라미(0)가 출현한다. 이것이 0이 등장하는 최초 또는 적어도 초기의 기록임에 틀림없다.

불교가 0의 발상지 인도에서 불과 100년 사이에 중국으로 건너가 전파됐다는 사실은 신기한 일이다. 0의 둥그러미 형태에 석가모니 부처의 참 깨달음이 있다는 심증이 당시 몇몇 선사들에게 있었던 것 같다. 선문에서는 종사宗師***들이 종종 제자들을 인도하는 법을

---

* 선사禪師: 오랜 기간 참선만 닦은 수행승에 대한 존칭.
** 대사大師: 덕이 높은 승려에 대한 존칭.
*** 종사宗師: 한 종宗을 처음 세운 승려 또는 그 가르침을 계승해 전한 승려.

내릴 때, 주장자拄杖子* 막대기나 털이개(먼지떨이) 또는 손가락으로 허공이나 땅에 일원상을 그리곤 했다.

우리나라 원불교의 법신불인 일원상은 소태산小太山 박중빈朴重彬 대종사께서 이런 선사들의 표색表色(몸으로 나타내는 형상)에서 힌트를 얻어 창안한 것인지도 모른다. 어쨌든 유불선의 동양 사상이 0에 모두 집약돼 있다는 선언은 동양 사상 대통합의 새벽을 여는 대발견이라 하겠다.

내가 가장 넋을 잃고 매료됐던 글귀들을 다시 한 번 적어본다.

一物者 何物 일물자 하물 　　한 물건이란 무엇인가?
'0' 古人頌韻 '0' 고인송운 　　'0' 옛 어른은 이렇게 읊었다.
古佛未生前 고불미생전 　　옛 부처님이 나시기 전에
凝然一相圓 응연일상원 　　의젓한 둥그러미
釋迦猶未會 석가유미회 　　석가가 몰랐거니
迦葉豈能傳 가섭개능전 　　어찌 가섭이 전하랴.

위의 글귀에 새로운 뜻이 더 있을지도 모른다는 생각에 재야 한 학자인 추전秋田 김화수金禾洙 선생께 해석을 의뢰했다. 추전께서는 중풍으로 와병 중인데도 왼손 글씨로 정성스레 회답을 보내주셨다. 법정 스님의 번역과 대동소이했으나 다음의 어휘에선 차이가 있었다. '옛 부처님' → '과거세 벽지불'. '의젓한 둥그러미' → '응연히 둥

---

* 주장자拄杖子: 수행승들이 지니고 있는 지팡이.

근 것'. 벽지불은 스승 없이 홀로 깨달은 부처, 응연凝然은 움직이지 않는 부동의 진리가 응집돼 있다는 뜻이다. 아래는 위의 글귀에 대한 내 의견이다.

> 옛 부처님들 몰랐던 0
> 석가모니 부처님
> 보리수 아래에서 깨달았으니
> 그 법열 어떠하셨을까?
> 그러나 0이 없던 시절
> 0의 표현 불능 새로운 고뇌 되셨겠네
> 가섭에게 이심전심으로 전했다는 깨달음의 0
> 과연 가섭존자 붓다의 마음 읽었을까
> 대체 그 깨달음 무엇이뇨
> 후대에 전해지지 못하나니 답답하구나
> (필자 의역)

그런가 하면 다음의 글귀 역시 내 혼을 앗아갔다.

> 三敎聖人 從此句出 삼교성인 종차구출
> 誰是擧者 惜取尾毛 수시거자- 석취미모

> 삼교의 성인들 모두 이 말에서 나왔네
> 뉘라서 말할 터인가 눈썹이 빠질라!
> (법정 번역)

유·불·선의 성인 이 말에서 나왔네
누가 이를 들어 보여 설명할 것인가?
애석하도다. 미모尾毛 / 허상虛像만 취한 것이.
(추전 번역)

'석취미모惜取尾毛'(눈썹 빠지다)를 조사해봤다. 절집에서 전해 내려오는 말로, 부처님 말씀인 경전에 대해 함부로 해석하고 떠들면 벌을 받아 눈썹이 빠진다는 뜻이었다. 추전은 미모尾毛를 도인의 상징으로 산신령 같은 외모의 도인 가운데 사이비가 있다는 뜻으로 봤다. 이에 따라 미모를 허상虛像으로 풀이했다.

요컨대 석가모니 부처의 깨달음인 0에 공자와 노자의 진리 역시 응축돼 있음을 알 수 있다. 이런 단정적인 명제 앞에 나는 형용할 수 없는 도취감에 빠져 한동안 헤어나지 못했다. 붓다의 깨달음인 0이 어떻게 해서 노자의 도나 공자의 유학과 동위 개념이 될 수 있을까?

중국에서 깨진 도자기를 보물로 삼는 이유

　중국에서 불교가 쉽게 받아들여진 것은 무위자연無爲自然을 중심으로 하는 노장 사상의 풍토 덕분이다. 유교는 종교가 아니다. 내세가 없으면 종교가 될 수 없기 때문이다. 유교는 생활 윤리 철학이다. 공자를 믿으면 천국에 간다거나 《논어》를 읽으면 복을 받는다는 기복 문구가 단 한 줄이라도 있던가. 그랬다면 유교도 불교와 기독교처럼 대중화돼 오늘날과 같은 쇠락의 길은 걷지 않았을 것이다. 종교란 결국 작은 욕구는 버리는 대신 영생과 더 큰 욕망을 채워주기 위한 산물일지도 모른다.

　유교에서는 사람이 죽으면 그 영혼이 150년(5대) 살아 있다고 여겼다. 이는 죽음은 인정하되 인간으로서 바라는 최소한의 욕망이 아니었을까. 제사는 돌아가셨으되 살아 계신 혼령을 4대까지 직계 자손이 모시는 것이다. 5대조 윗분의 조상님들은 시제時祭*에서 흠모

---

* 시제時祭: 철마다 지내는 종묘의 제사.

의 정으로 기리고 있다. 화장火葬 문화의 풍습은 중국뿐 아니라 일본에도 존재한다. 여기서 현세 위주의 인생 경영을 엿볼 수 있다.

반면 불교는 생전엔 마음을 열심熱心히 연소하는 현재 완료형의 인생관이라면, 사후엔 몸을 불태워 없애는 철저한 철학이다. 나는 가끔 중국 봉건 사회 왕족과 귀족들의 생활상을 떠올리며 혼자 웃을 때가 있다. 이들은 매 순간 살아생전 마음껏 즐길 주색과 식도락의 궁리만 했던 것 같다. 이를 위해 백성들을 인의예지로 무장시킴으로써 사회 질서를 확립하려 한 것이 아니었을까. 즉 인의예지가 귀족들의 사치 생활에 대한 백성 반발 방지용의 방편처럼 느껴진다는 뜻이다. 인의예지와 비슷한 방편이 우리나라에서는 군사부일체君師父一體로 나타난다. 이는 부모님과 스승을 모시듯 임금을 모시라는 속뜻을 갖고 있다.

유교가 이른바 정통 철학이라면 노장은 재야 철학이다. 노장 철학은 당시 중국 고대 사회에서 성공하지 못한 수많은 절반의 패배자들의 위안처이자 도피처로, 종교의 역할을 겸하고 있었다. 하지만 무위의 노장사상만으론 사회 질서를 유지·확립하기란 불가능했다. 그뿐만 아니라 나라가 운영되기도 어려웠다. 이에 대한 반작용이자 대안으로 유위有爲의 인의예지를 이념으로 한 유교가 등장한 것이다.

사실 개인 차원에서도 자연에 순응하기만 하는 무골호인의 인간형은 사회에 적응하기 어렵다. 반면 운동을 생활화하는 사람은 대체로 자기의 천명을 다하고 있다. 오늘날 무위자연無爲自然적인 건강 철학을 따르는 것은 태만으로 노장의 부작용이라 할 것이다. 무위자연을 불위자연不爲自然으로 오해하는 사람들이 뜻밖에 많다. 무위란 불위不爲 / 하지 않음 / 게으르이 아닌 인위 / 작위 / 꾸밈의 없음의 뜻이다. 그리고 자연은 스스로 본연 / 본래대로 있음을 가리킨다. 한마디로 무위자연은 마음자리가 0에 있음을 의미한다.

개인 차원에서 인위의 유교 7분分, 무위의 노장 3분의 인생관이 이상적이다. 어느 시대나 성공 인이 있는 반면 패배자도 절반이 넘게 마련이다. 절반의 패배자들을 위한 위안처로 종교 역할을 해주던 노장이 쇠퇴하면서 공백이 생겼다. 때마침 불교가 이민을 오게 되어 이주자로서 자리를 잡았다. 불교가 배타적인 저항을 받지 않은 것은 이처럼 노장의 공백을 메워줬기 때문이다.

노장의 이념인 무위의 동의어는 다름 아닌 '도道'다. 도를 파자하면 수首(첫머리)+착辶(가다)이 된다(道=衜(首+行)). 즉 도란 현재 속세에서의 비본래 마음의 나(가아假我)가 본래 마음의 나 / 참마음의 나(진아眞我)를 찾아가는 일이다. '가아회귀진아假我回歸眞我'(필자의 졸시). 마음 안에는 여러 개의 나我가 있다. 그 가운데 내가 잘 아는 나가 있는가 하면 내가 잘 모르는 나도 있다. 이 가운데 본래 마음의 나 / 참마음의 나가 잘 모르는 나에 해당된다.

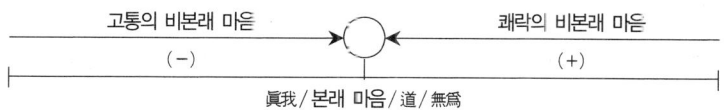

이렇게 해서 불교 이념인 0 / 공과 노장의 무위 / 도가 이질감 없이 자연스레 손을 잡게 된다. 이를테면 우리나라에서 토속 무속 신앙Shamanism이 중국에서 이민을 온 불교와 수월하게 동화한 것과 같다 하겠다. 역으로 이민자 격인 불교 역시 원주민 격인 민속 신앙을 배격하거나 무시할 수 없었다. 독자가 없는 책을 상상할 수 없듯 불교에겐 포교가 필요했기 때문이었다. 당시 이민을 온 불교로서는 새로운 종교에 낯설어하는 토속 신앙인들을 불자로 개종시켜야 할 절박감에 처해 있었을 것이다.

지금도 우리나라의 절 꼭대기에는 삼성각三聖閣·독성각獨聖閣(칠성각七星閣) 등 산신을 모신 건물인 작은 암자가 있다. 우리나라에 전래돼온 초기 토속 신앙을 불교가 포용했음을 보여주는 사례다. 이렇게 우리나라에 토속 신앙이 있었다면 일본에서는 신도神道란 재래 신앙이 있었다. 물론 한중일 전통 신앙에는 차이점도 존재한다. 중·일과 다르게 우리나라에는 산악신앙이 있었다. 중국의 명산인 태산과 일본의 상징인 후지 산에는 절이 없다. 반면 우리나라의 절은 명산대찰名山大刹이란 말이 있듯 거의 산 속에 자리해 있다.

한편 인도 불교는 중국에서 새로운 옷으로 갈아입고 격의格義* 불교로 태어난다. 이에 만족하지 않고 또 한 번 태어난 것이 바로 선종이다. 불교의 무차별심 정신은 노장 세계에서도 나타난다. 요즘도 중국 음식점의 그릇에 금이 가거나 깨진 것들이 유난히 많은 것을 볼 수 있다. 중국어의 '깨지다破, pou'와 '복福, fu'은 발음이 비슷하다. 이런 연유로 그릇이 깨진 만큼 정비례로 복이 온다면서 그릇의 깨짐이 긍정적으로 받아들여지고 있다. 깨진 도자기를 금으로 때워 무가보의 보물로 승화시키기도 한다.

이렇듯 중국 불교는 노장을 어머니로 불교를 아버지로 삼았다.

---

* 격의格義: 불교를 중국의 비슷한 사상에 적용시켜 이해하고 설명하는 해석법.

그 결과 그들 사이에 선이란 이름의 아들 종교가 태어났다. 부대사傅
大士(497~569. 양梁·진陳의 거사居士)는 선을 이렇게 예찬한다.

道冠 儒履 佛袈裟 도관 유리 불가사
會成 三家作 一家 회성 삼가작 일가

선은 도가道家의 관冠을 쓰고 유가儒家의 신발을 신고 불가佛家의 옷을
걸치니
세 집안이 모여 한 집안을 이뤘도다.

천주교가 우리나라에 들어오기 이전부터 서양의 신부들은 중국
에서 전교 활동을 활발히 했다. 그들은 중국의 전통적인 동양화와
불교를 취미로 삼곤 했다. 동양화의 대가로 활약한 분이 있는가 하
면 불교에 심취한 분도 있었다. 이 가운데 토머스 베리Thomas Berry는
선을 동양 사상의 최고봉이라고까지 예찬했다. 우리나라에서도 크
게 다르지 않다. 요즘도 신부님과 수녀님들이 산사를 찾아 차를 마
시면서 스님들과 두터운 교분을 나누는 것을 볼 수 있다.

밥맛과 차 맛이야말로 인생의 맛!

도에 가장 가까운 것은 다름 아닌 물이다. 이 책의 앞부분에서 그려 보인 음식 도표에서 물은 0의 좌표에 자리해 있다. 물은 모든 물질을 본래의 모습으로 돌아가도록 표백漂白 작용을 한다. 비와 물은 만물을 이롭게 한다. 물만 잘 마실 줄 알아도 현대인의 병을 3분의 1이나 예방할 수 있다고 한다. 물이 몸속의 노폐물을 배출시키는 역할을 하기 때문이다.

물은 모든 사람들이 싫어하는 낮은 곳으로만 흐른다. 또한 둥근 데서는 둥근 모양이, 모난 데서는 모가 난 모양이 된다. 물은 어떤 환경에서도 자기를 내세우지 않지만 본질이 변하는 법도 없다. '낙숫물이 돌을 뚫듯 부드러운 것이 단단한 것을 이기기도 한다[유능제강柔能制剛]'. 노장에서 '이 세상에서 가장 가치 있는 것은 물과 같다(상선약수上善若水)'고 한 것도 이 때문이다.

사람의 몸은 하나의 소우주다. 지구에 오대양 육대주가 있듯 몸에는 오장육부가 있다. 바다가 지구의 3분의 2를 차지하듯 인체도

70퍼센트가량이 물이다. 이는 건강과 물이 밀접한 관계가 있음을 보여준다. 의사들은 하루 2리터의 물을 마시라고 권장하고 있다. 물은 화학 공장인 몸의 구석구석 사정을 잘 아는 공장장이기 때문이다. 불교에서의 '지금 여기'와 비슷한 것으로 노장에서는 '거선지居善地'가 있다. 지상을 사람의 살 곳으로 제시하는 말이다. 사람이 살 만한 곳은 저 높은 하늘이 아니다. 불교에서나 노장에서나 잡스러운 것이 모여 있는 곳일지언정 땅이 좋다고 한다.

어느 해 성철 스님께서는 '아무리 눈을 크게 부릅뜨고 저 하늘을 올려다봐도 극락은 보이지 않는구나'란 법어를 남기셨다. 인공으로 설정된 극락이 불교의 궁극이 아님을 뚜렷이 밝힌 말씀이다. 그런가 하면 다도의 높은 경지에서 노니셨던 경봉 스님이 하루는 혼자 앉아 한가하게 차를 들고 계셨다. 이때 상좌가 살며시 방문을 열고 고개만 내밀면서 장난기 어린 말투로 "스님, 스님은 정말 극락이 있다고 생각하십니까?"라고 들었다. "예끼 이놈!" 경봉 스님의 답이다.

인위(작위)가 없는 무위와 도는 좌표 평면에서 불교의 선(웰빙) / 0과 같은 자리에 놓여 있다. 도가 통한 사람은 마음자리가 0에 자리 잡은 사람이다. 자연 자체인 도는 수행을 필요로 하지 않는다. 0의 상태기 때문이다. 그러니 물들지 않고 순수를 지키기만 하면 된다. 불자들이 산사를 찾는 것도 이 때문이다. 즉 속세에 있는 동안 마음의 눈에 쌓인 티끌과 먼지를 닦아내고 마음 바탕의 때를 표백하기 위함이다. 불자들의 하산 길이 즐겁고 행복한 것은 하얀 마음의 바탕에 산천초목이 그림으로 그려지기 때문이다.

도는 이처럼 특별한 마음이 아닌 바로 일상의 마음이다('평상심시도平常心是道'). 아무런 욕심의 작위(+)가 없는(0) 평상(일상)의 마음,

그리고 심신의 나쁜 상태(-)가 아닌 불교의 무사선. 이 모두 0의 행복과 다르지 않다.

등산할 때 힘들게 가야 하는 오르막도 있지만 저절로 내려가지는 내리막도 있다. 그런가 하면 산등성이를 걷는 편안한 길도 있다. 산등성마루(강岡)는 오르막(-)과 내리막(+)의 중도에 해당된다. 좋음(내리막)도 나쁨(오르막)도 아닌 평평한 평지를 걷는 편안한 평지보행의 즐거움이야말로 0의 행복 / 무사선 / 웰빙이다.

마찬가지로 인생에도 세 가지 마음의 길이 있다. 제1(+)의 길인 즐거운 길 / 좋아하는 길이 있다면 제2(-)의 길인 괴로운 길 / 싫어하는 길이 있다. 마지막으로 제3(0 / 중도)의 길인 크게 즐겁지도 괴롭지도 않은 즐거움의 길 / 크게 좋지도 싫지도 않은 좋음의 길이 있다. 제3세계인 이른바 중도 / 0의 세계는 제1(+)과 제2(-)의 세계에 비해 풍부해서 일상에서 자주 만날 수 있다. 평범하고 비자극적이어서 놓치기 쉬운, 붓다가 발견한 신세계의 행복이다. 즉 중도는 제1세계와 제2세계를 받아들이는 대 긍정의 세계다.

오르막의 마이너스(-)의 시간도 꼭 필요하다. 무의미한 시간이 아니라 중도의 제3세계인 0의 행복으로 가는 예비된 시간인 까닭이다. 산의 정상을 오르막(-)의 시간 없이 케이블카로 힘들이지 않고 올라간다면 어떻게 될까? 산마루 보행의 묘락妙樂을 맛볼 수 없을 것이다. 즐거움과 좋음에도 괴로움과 싫음이 섞여 있듯 오르막의 괴로움에도 즐거움이 섞여 있게 마련이다. 프로 야구 선수가 잡기 어려운 공의 수비를 쉽게 하는 것처럼, 전문 산악인에게 등산의 시간은 그 자체로 즐거움의 시간이 될 수 있다. 산전수전을 겪은 프로 인생은 싫음의 시간을 좋음의 시간으로 승화시킬 능력이 있다.

과학 종교인 불교의 교의는 모두 숫자로 표현돼 있다. 108번뇌는 어떻게 계산된 것일까? 먼저 안眼·이耳·비鼻·설舌·신身·의意(6)의 육감六感인 시각·청각·후각·미각·촉각 그리고 마음이 있다. 이것들이 각각 분별 작용을 일으키면 好(좋음), 惡(싫음), 좋지도 싫지도 않은 좋음(平)(3)과 苦(괴로움), 樂(즐거움), 괴롭지도 즐겁지도 않은 즐거움(捨)(3)(보통의 / 평범한 행복이라 버리기捨 쉽다) 등이 생겨난다. 이것들이 각각 과거, 현재, 미래(3)가 있으면서 108번뇌가 됐다(6×(3+3)×3=108).

아래의 그림 산 (B)에서 산등성마루의 평지를 걷는 平의 시간은 평범해서 놓치기 쉬운 행복이다. 산(그림 C)에서 사捨의 시간 역시 보통 / 0의 행복이라 버리기捨 쉽다. 중도 / 선 / 0의 교의가 사捨 / 평平으로 오묘하게 표현되는 것 역시 또 하나의 법열이라 하겠다.

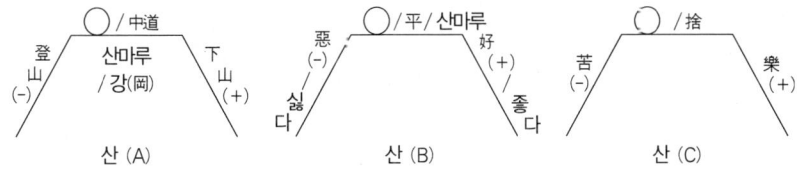

잠시 조주 스님의 일화를 소개하려 한다. 조주 스님이 자신을 뵈러 와 큰절을 올리는 스님을 후려치셨다. 매를 맞은 스님은 "절하는 것은 좋은 일인데 왜 때리십니까?"라고 물었다. 조주 스님의 대답은 이랬다. "호사불여무好事不如無 / 좋은 일만 알고 있는 것은 알고 있지 않으니만도 못하다"(필자 졸역). 이 세상에는 좋음의 제1세계뿐만 아니라 싫음의 제2세계, 좋음도 싫음도 아닌 좋음의 제3세계가 있다. 조주 스님은 좋음의 제1세계만 알고 있는 탓에 불교가 편협하게 오해받고 있는 현실을 나무라신 것이다.

이 책의 화두話頭인 0(+와 -의 중도)은 산등성마루(등산(-)과 하산(+)의 중도)인 강岡과 같은 개념이라 할 수 있다. 불교의 정수가 담긴 강岡(산등성마루 / 산마루)은 일상에서 잘 쓰이지 않는 일종의 벽자僻字다. 일본 지명에는 강岡이 들어간 지명이 무척 많다. '후쿠오카福岡', '시즈오카靜岡', '오카야마岡山' 등등. 일본의 불교가 생활 속에 뿌리 깊게 스며들어 있음을 보여주는 사례들이다. 이 가운데 시즈오카와 후쿠오카를 풀이해볼까 한다.

시즈오카靜岡는 조용한 산등성마루란 뜻이다. 고요한 마음으로 조용한 산등성마루를 걷는 즐거움. 고요함은 행복의 제1 조건이다. 소리의 조용함이 음악과 소음의 중도라면 마음의 고요함은 곧 0의 행복이다. 그런가 하면 후쿠오카는 붓다의 득도인 선열禪悅(중도 / 선의 법열)과 문자의 형태는 다르나 뜻은 같은 이형동의어異形同意語다. 강岡은 산등성마루 길 즉 중도의 평지 보행을, 복福은 행복을 뜻한다. 즉 후쿠오카는 괴로운(-) 등산도 즐거운(+) 하산도 아닌, 괴롭지도 즐겁지도 않은 즐거움(0 / 강岡)인 평지 보행의 행복을 나타낸다.

고령 사회답게 일본에서는 서화 작품의 낙관에도 90세 이상의 노작가의 이름이 눈에 많이 띈다. 언젠가 동경의 아사쿠사 골동 상가 거리에 간 적이 있었다. 초서라 알아볼 수 없는 두 글자로 된 소품의 낙관에 96세가 눈에 들어왔다. 고령의 노인이 생각하는 인생이 담긴 글일 것만 같았다. 주인에게 물으니 '무사無事'란 글씨라 한다. 맞은편에는 자그마한 두 송이의 동백꽃 그림이 걸려 있었다. 그 작품의 화제畵題 역시 '무사'였다. 무사하면 동백꽃 같은 마음이 된다는 것일까.

한중일의 예술에서 우리나라는 선線 / line, 중국은 양量 / volume, 일본은 색色 / color을 중시한다. 이런 점에서 화려한 붉은색 위주의 아사쿠사淺草는 가장 일본적인 관광 명소라 할 수 있다. 이 거리의 입구인 뇌문雷門을 들어서면 양쪽에 일직선으로 단층 상가가 쭉 늘어서 있다. 그 끝에는 아사쿠사 절淺草寺이 자리해 있다. 고색창연한 절의 명필 현판 '무외시無畏施'(남을 마음의 고통에서 벗어나게 해주는 보시)가 관광객의 눈길을 끈다. 도통道通한 고승처럼 의인화된 이 현판 앞에서 관광객들은 바로 지금 자신의 고민을 털어놓고 싶은 마음이 들 것만 같다.

喫飯喫茶人生 끽반-끽다인생
日常三昧之消息 일상삼매지소식
會得麽 茶 회득마* 차

밥 먹고 차 마시는 일이 인생이라네
이러한 밥맛 차 맛 같은 재미도
늘 곁에 있어주지 않는다네
파도가 거세다 잔잔하다 하듯이
일상의 그런 즐거움마저도

---

* 회득마會得麽: '알겠느냐?'라는 뜻.

보이다 안 보이다 한다네
알겠는가? 차의 위대함을.
(필자 의역)

　　이는 경봉 스님의 차 시로 불교의 참모습을 엿볼 수 있다. 인생에 큰 기대를 걸고 있는 사람은 이런 선시에서 큰 실망을 느낄지도 모른다. 그렇다 해도 더하지도 덜하지도 않은 우리네 인생의 참모습 아닐까. 일상생활에서 밥 먹고 차 마시는 일, 밥맛, 차 맛 같은 것이야말로 인생의 맛이다[항다반사恒茶飯事]. 인생은 특별한 날, 특별한 것에 있지 않고 일상의 일상적인 데 있다. 인생은 일상이다. 또한 권세가 있든 재물이 넉넉하든 간에 한 가지 근심걱정은 있게 마련이다. '家家戶戶都有一本 / 가가호호도유일본　難念的經 / 난념적경[집집마다 모두 해석이 쉽지 않은 경전 같은 한 권의 책을 갖고 있다]'.

　　불가의 항다반사와 같은 뜻인 '범사에 감사하라'는 기독교의 행복론이기도 하다. 이 지상에는 쾌락의 단맛 세계(+)와 고통의 쓴맛 세계(-)만 있지 않다. 단맛도 쓴맛도 아닌 제3의 신세계인 중도의 세계도 존재한다. 쾌락의 세계는 그 가치의 수명이 짧은 탓에 비아그라 같은 쾌락 연장의 신약이 개발됐다. 반면 밥맛과 차 맛은 물리지 않는다. 순수는 생명이 길기 때문이다. 밥맛과 차 맛 같은 붓다의 중도 / 0의 세계와 노장의 무위자연 세계는 절대 불변하는 대자유의 신세계다.

　　경봉鏡峰 스님께서 애송하시던 또 다른 차 시를 인용해본다.

山頭月掛雲門餠 산두월괘운문병

門外水流趙州茶 문외수류조주차
箇中何者眞三昧 개중하자진삼매
九月菊花九月開 구월국화구월개

산머리에 걸린 달은 운문 스님 좋아하시던 떡 모양 같고
문 밖에서 흐르는 물소리는 조주 스님 차 우리는 소리
달과 떡, 물소리와 차 우리는 소리 중 어느 것이 진삼매인가?
구월국화는 구월에만 핀다네
(필자 졸역)

운문 스님은 떡을 좋아하셨고 조주종심趙州從諗(778~897. 120세로 최장수 당나라 승려) 스님은 차를 즐기셨다. 둥근 달과 물소리를 들으니 두 스님이 생각났나 보다. 모든 자연은 완벽하게 본래대로 있을 때라야 가치가 있다. 달과 물소리에 군말을 보태는 것은 명화에 개칠改漆을 하거나 명곡을 편곡하는 것과 같다. 가을에 국화가 피듯 봄에는 개나리와 진달래가 핀다. 여름에는 나팔꽃과 채송화가, 겨울에는 매화와 동백이 핀다. 꽃들은 자기의 계절에만 핀다는 이 교의는 서양 사상에서 주관을 배제하고 있는 그대로 객관적으로 사물을 직시하는 즉물주의와 다르지 않다.

불자가 큰스님들에게 불교의 본질을 묻는 대표적인 화두로 '끽다거喫茶去'가 있다. 조주 스님이 쓴 말로, '사람이 곧 부처이므로 특별히 절에서 가르칠 것이 없다. 손님께서 이왕 절에 오셨으니 차나 한 잔 들고 가시라'는 뜻이다. 조주 스님께서는 또한 '뜰 앞의 잣나무'도 말씀하셨다. 잣나무는 덥든 춥든 자리를 옮기지 않고 늘 그 자리에서

잎에서 받은 태양빛과 뿌리에서 빨아들인 물로 자기 본래의 일(본분사本分事)인 탄소 동화 작용을 한다. 잣나무는 여름엔 절을 찾아온 불자들에게 그늘을 마련해주고 가을엔 열매를 준다. 즉 자리이타의 불교 정신을 온몸으로 실천하는 존재라 하겠다.

그런가 하면 운문 스님의 '마른 똥 막대기 / 간시궐乾屎橛'도 있다. 운문이 밭에 거름을 주려고 마른 똥 막대기로 똥통을 젓고 있을 때 받은 질문에 대한 답이다. 마른 똥 막대기가 없다면 어찌 거름이 될 똥을 저을 수 있겠는가. 어찌 보면 무생물인 막대기도 이타의 실행을 하는 셈이다. 불교는 이처럼 생활과 동떨어진 그 무엇이 아니다. 불교 정신에서 가장 중요한 시간은 바로 지금 여기고 가장 중요한 일은 지금 하고 있는 일이다.

고대 중국의 절집에서는 쿵푸의 스승이 제자들에게 한 가지 높은 기술인 고수高手를 안 가르치고 남겨뒀다고 한다. 마찬가지로 끽다거, 뜰 앞의 잣나무, 마른 똥 막대기 같은 불교의 교의가 신비화돼야 스님과 불자 간 상하 위계가 지켜졌을 것이다. 이를 통해 스님의 입장에서는 기득권을 유지할 수 있었다면 불자의 입장에서는 소원 성취를 극대화할 수 있었을 것이다. 이처럼 스님과 불자 모두 교의의 신비가 깨지기를 바라지 않은 탓에, 중도란 교의는 지금까지도 화석으로 남아 있을 뿐이다. 그리고 인간 붓다는 사람이기를 바랐던 자신의 뜻과 어긋나게, 불자들의 욕망에 의해 엉뚱하게도 태양신인 비로자나불이 되셨다.

신에 귀의하는 의타依他 종교인 기독교와 달리 불교는 어느 누구도 믿지 않고 자기에게 귀의하는 의자㐺自 종교다. 그렇기에 자신의 일에 최선을 다하지 않을 수 없다. 어떤 일이든 심지어 싫어하는 일이라도 집중을 하면 즐거워진다. 돌아가신 할아버지께서는 생전에 무신론자셨다. 약주에 거나하게 취하실 때면 주례가처럼 하시는 말씀이 있었다. "나는 불교를 믿지 않고 나를 믿어요. 나는 본심대로 살다 갑니다." 작고하신 뒤 비석을 세울 때, 묘비명으론 초라한 듯하지만 비석 측면에 생전의 말씀을 새겨드렸다. '종교 대신 본래의 당신만을 믿고 본심本心대로 본심을 지키며 살다 가신 분'이라고.

태극/0에서 음과 양이 생겨나다

　유학의 이념 가운데 하나인 인의예지는 사회 질서 확립을 위한 생활 지침 윤리다. 유학을 발전시켜 철학으로 끌어올리면서 성리학과 경전인 《주역》에서 꽃을 피웠다. 성리학의 근본은 '태극太極'이다. 태극이란 천지개벽 이전의 상태로 우주 만물의 근원이자 본체를 말한다.
　태太를 크다는 뜻으로 보면 유한의 개념이 된다. 이럴 경우 본래의 뜻과 어긋난다. 중국 송나라 철학자 주돈이(1017~1073)는 태극을 쉽게 이해하기 위해, 노장 사상에서 '무극無極은 태극과 같다[무극이태극無極而太極]'란 명제를 가져왔다. 이렇게 보면 태극의 본질은 The great ultimate보다는 The ultimate of non-being에 더 가깝다고 할 수 있다. 한마디로 태극(무극)은 0으로 여기서 음(-)과 양(+)이 생겨났다. 한편 '바라밀波羅密'은 무극으로 건너가다 / 무극에 다다르다[도무극到無極]로 깨달음의 저 언덕으로 간다는 뜻이다. 궁극의 이상 세계인 무극은 곧 0의 세계다.

주자는 이기론二氣論을 정립했다. 이기론에서는 지성을 타고난 성격과 소질 같은 본연지성本然之性, Born nature과 후천적인 교육에 의해 변할 수 있는 기질지성氣質之性, Material nature으로 나눈다. 주자는 본연지성에 대해 '모든 사람은 똑같은 소질을 갖고 태어날 수 없다[혹불능제或不能齊]'고 했다. 동서양의 모든 사람들은 99.99퍼센트 닮은 채로 태어난다. 남은 0.1퍼센트의 DNA가 각 개인을 소질과 성격 등에서 차별화한다. 즉 DNA 속에는 인간의 우주가 들어 있는 셈이다.

변하지 않는 본연지성은 0으로, 반면 후천적인 교육에 의해 다양하게 변할 수 있는 기질지성은 +/−로 볼 수 있다. 흔히 몸으로 타고나는 것을 소질이라 하고 마음으로 타고나는 것을 천품이라 한다. 운동이나 노래를 잘하는 것은 천품이 아닌 소질의 영역이다.

그렇다면 천품이란 무엇일까? 열 길 물속은 알아도 한 길 사람속은 모른다는 속담이 있다. 사람의 마음은 복잡한 메커니즘 탓에 좋고 나쁨의 변별이 어렵다. 소질 못지않게 천품을 잘 타고나는 것은 큰 행운이다. 필자는 관상학을 전적으로 무시하지 않는다. 재야 철학쯤으로 대접하는 편이다. 관상에서는 이렇게 말한다. '얼굴 잘생긴 것보다 몸매 좋은 것이 낫고, 몸매보다 마음 바탕 잘 타고난 것이 더 낫다[관상불여신상 신상불여심상觀相不如身相 身相不如心相]'.

요堯 임금 같은 성군 아래 상象이란 고약한 성질의 신하가 있었다. 또 어진 순舜 임금의 아버지였던 고수는 포악하기 그지없었다.

사람은 환경의 동물이란 말이 절대적 사실임을 부인하는 사례들이다. 종교와 거리가 멀고 살기가 힘겨운 사람이 본심을 지키며 살기도 한다. 반대로 독실한 신앙인으로 알려진 사람이 평생 남의 손가락질을 받으며 살아가기도 한다.

동네 앞산에서 산책을 마치고 내려올 때의 일이다. 한 어린아이가 뛰어가는 개를 가리키며 엄마에게 말했다. "엄마, 저 개 훈련시킨다고 진돗개 될까?" 나도 같은 생각이다. 개에게도 불성이 있다는 말이 있다. 내게는 그 말이 못된 사람에게 불성이 있느니 차라리 개에게 불성이 있다는 뜻으로 들린다.

기독교에서 7번씩 70번 용서하라는 말씀에는 수긍이 간다. 하지만 원수를 사랑하라는 말씀에는 전적으로 동의하기 어렵다. 나는 직업의 인연으로 정신분석의 창시자 프로이트보다 더 다양한 인간형을 접해본 행운아다. 때때로 강력범은 용서가 되면서도, 다람쥐의 겨우살이 먹이인 도토리를 주워가는 인격 불구자는 용서가 안 된다. 물가에서 한가로이 노니는 오리에게 돌을 던져 괴롭히는 인격 파탄자도 쉽게 용서가 안 된다.

성직자의 길에도 타고난 기질에 따라 서로 다른 소임이 부여된다. 천주교에서 수사가 신부와 다른 것은 육체노동으로 수도자의 길을 걷고 있다는 점이다. 불교에서 사찰의 사무나 운영에 종사하는 사판승事判僧이 수사와 비슷하다. 이와 달리 이판승理判僧이라고 해서 참선만 하는 선승禪僧도 있다. 학승學僧 역시 이판승이라 할 수 있다.

'이판사판'이란 말이 있다. 불교에서 유래한 것으로 어떤 일이 막다른 데에 이르러 어찌할 수 없게 된 상황을 뜻한다. 현실적으로 이판승과 사판승을 구별하기란 쉽지 않다. 조계종 총무원장을 지낸 지관智冠 스님은 원래 불교 대학자셨다. 성우性愚 스님은 선승이며 학승이셨지만 불교TV 회장으로 사판승 직을 수행하기도 했다. 그렇다 해도 선승을 절대 우위로 모시는 전통은 앞으로도 변함이 없을 것 같다.

생활체육 운동은 건강 유지에 도움이 되지만 그 시간 자체도 무척 즐겁다. 마찬가지로 선승의 참선도 견성한 깨달음을 보임保任(온전히 간직함)하는 데 그치지 않고, 0의 행복을 누리는 시간이 될 수 있다. 불교에서는 참선을 통해 오직 마음만 잘 쓰면 행복해질 수 있다고 한다. 이는 훗날의 천상 극락 이전에 이 지상이 이미 가음 극락임을 입증해준다. 한마디로 불교는 스스로 자신의 위대한 본성을 발견해 부처가 되는(견성성불見性成佛) 마음의 종교(심교)다. 불교는 앎이 아니라 느낌이다!

> 따슨 볕 등에 지고 유마경維摩經 읽노라면
> 어지럽게 나는 꽃이 글자를 가리운다.
> 구태여 꽃잎 밑에 있는 글자를 읽어 무삼하리오.

한편 《주역》에서는 이 세상을 '변역變易', '불역不易', '간이簡易' 등으로 해석하고 있다. 변역이 마음먹기에 따라 변할 수 있는 것(+ → -, - → +)이라면, 불역은 높은 하늘과 낮은 땅과 사계절처럼 바뀌지 않는 것이다. 즉 변역이 음(-)과 양(+)이라면 불역은 0이다. 그리고 간이는 간단하고 쉬운 것을 뜻한다. 우리나라 국기에서 태극 ☯은 0 안에 음양을 아우르고 있다. 이런 철학적인 의미를 담고 있는 국기는 세계 어느 국기에서도 찾아볼 수 없다. 한마디로 0은 유불선의 정수다.

　천주교에서는 둥근 모양의 밀떡인 성체를 하느님의 몸이라 한다. 미사의 하이라이트는 신자들이 성체를 받아 모시는 영성체다. 둥근 성체를 입에 넣어 받아 모시는 순간 신자의 마음은 0/무욕이 된다. 천당을 가려면 어린이의 마음(0의 마음)이 돼야 하기 때문이다. 이렇듯 0은 동양의 삼교三敎뿐 아니라 서양 기독교의 정신도 아우르는, 동서양 정신의 히말라야 봉이라 하겠다.

붓다의 손가락 모양이 둥근 까닭은?

앞서 말했듯 석가모니 부처의 깨달음에 있어 테마뮤즈은 바로 0이다. 0은 《원각경圓覺經》과 〈십우도尋牛圖〉에서는 원圓으로, 불상에서는 가락지 모양의 수인手印*으로 변주되고 있다.

《원각경》은 한국 불교의 기초 교재로 부처님의 호흡과도 같은 깨달음의 요체다. 하루는 문수文殊(지혜 으뜸의 제자) 보살이 붓다께 깨달음의 진수에 대해 여쭸다. 붓다의 말씀인즉슨 진리의 왕인 '대다라니문'이 있으니 '원각圓覺'이라 했다. '다라니'란 붓다 깨달음의 본질을 모두 갖고 있다는 '총지總持'를 뜻한다. '문'은 진리의 관문을 나타낸다. 그리고 원각경은 원(○)을 깨닫는다는 의미로 이름 자체에 진리가 있음을 짐작할 수 있다.

세상의 그 어떤 보배도 생멸이 다할 때가 온다. 그러나 《원각경》의 가르침은 평생 써도 진리의 재산[법보法寶]이므로 다함이 있

---

* 수인手印: 엄지와 검지로 둥글게 해서 석가모니 부처님이나 보살의 깨달음 또는 서원을 나타낸 여러 가지 손 모양.

밥맛과 차 맛이야말로 인생의 맛! 171

을 수 없다. 이 책 한 권을 이해하지 못해도 좋다. 다만 《원각경》의 다섯 가지 다른 이름만 들어도 중생들의 마음은 들뜰 것이다.

① '대방광원각다라니大方廣圓覺陀羅尼'. 커서 두루 하지 않은 곳이 없으므로 '대大'요, 방정하여 갖춰지지 않은 것이 없으므로 '방方'이요, 광대하여 활용되지 않는 일이 없으므로 '광廣'이다. '원각' 앞에 대大·방方·광廣으로 완벽하게 수식한 이것은 다섯 가지 이름 가운데 대표적인 명칭이라 할 수 있다.

② '수다라요의修陀羅了義'. '수다라'는 붓다의 말씀을, '요의'는 깨달음을 명료하게 드러냄을 뜻한다.

③ '비밀왕 삼매秘密王三昧'. '비밀왕'은 눈앞에 있는 듯하지만 찾으면 보이지 않고, 가까이 있는 듯하지만 어느새 멀어진다고 해서 붙은 이름이다. '비밀왕'은 곧 0이고 '삼매'는 행복으로, 《원각경》에 0의 행복이 들어 있다는 뜻이다.

④ '여래결정경계如來決定境界'. 석가모니 부처의 결정적인 깨달음의 경지가 있는 책이란 뜻이다.

⑤ '여래장 자성차별如來藏自性差別'. 위의 네 가지 이름과 다소 거리가 있어 흥미로운 이름이다. '여래장'은 부처가 될 그릇(씨앗)을, '자성'은 본래 타고난 본성을 뜻한다. 불성을 누구나 타고났다고 하면서도 예외를 둔 점이 재미있다. 즉 중생의 소질을 차별해 오성五性*으로 나눴다. 이 가운데 네 번째까지는 부처의 그릇을 갖고 태어

---

* 오성五性: 선천적으로 정해져 있는 중생의 소질을 다섯 가지로 차별한 것.
  ① 보살정성菩薩定性: 보살의 소질을 지닌 사람.
  ② 연각정성緣覺定性: 연각(스승 없이 홀로 수행해 깨달은 사람)의 소질을 지닌 사람.

났다고 한다. 반면 다섯째 무성無性은 청정한 성품으로 될 가능성이 전혀 없다는 뜻이다.

불교에서는 선천적으로 성문聲聞 · 연각緣覺 · 보살菩薩 가운데 어느 하나의 소질을 지니고 태어난다는 정성定性*을 인정하고 있다. 누구나 부처가 될 수 있다는 보편적 교의에서 벗어나는 예외는 왜 뒀을까? 초기 불교의 '한 사건'을 권선징악의 교육적인 차원에서 상징적으로 반영한 것이 아닐까 한다.

붓다의 셋째 삼촌인 감로반 왕은 두 아들을 두었다. 둘째 아들인 아난존자는 20여 년 동안 시자로 붓다의 수발을 들었다. 반면 같은 형제인 형 제바달다는 붓다의 포교 활동에 방해가 됐을 뿐 아니라 여러 번 붓다를 살해하려다 실패했다. '여래장 자성차별'이란 《원각경》의 다섯 번째 다른 이름은 아무나 부처가 될 수 없다는 차별상을 보여준다. 마치 제바달다를 응징하는 듯한 뉘앙스다. 이 차별성은 극락 유무의 융통성과 비슷한 점이 있다.

요즘은 개만 한 사람 만나기도 어려운 세상이 돼버렸다. 어느 개 사회에서 우두머리 개가 말썽꾸러기 졸개를 이렇게 나무랐다고 한다. "너는 어찌해서 하는 짓이 사람만도 못하냐?" 귀담아 들을 가치가 있는 말이다. 바다는 시냇물과 강물뿐 아니라 태양 · 달 · 구름 ·

---

③ 성문정성聲聞定性: 성문(붓다의 가르침을 듣고 깨달음을 구하는 사람)의 소질을 지닌 사람.
④ 부정성不定性: 보살·연각·성문 가운데 어떤 소질인지 정해지지 않은 사람.
⑤ 무성無性: 청정한 성품으로 될 가능성이 전혀 없는 사람.
* 정성定性: 선천적으로 보살·연각·성문 가운데 어느 하나의 소질을 지닌 사람.

갈매기 등을 있는 그대로 받아들인다. 이와 같은 일체의 무차별심이 진정한 불교인의 자세다. 나의 경우 사람에게만은 예외를 두고 있다. 나만의 색다른 불교관이다.

나와 비슷하게 공자도 모든 사람을 좋아하지 않았다. '훌륭한 사람과 어리석은 사람은 변하지 않는다[상지하우불이上知下愚不移]'. 착한 사람은 어떤 나쁜 환경에서도 나쁜 사람으로 변하지 않으며, 파렴치한(인격 불구자 · 인격 파탄자)은 좋은 환경에서도 좋은 사람으로 바뀌지 않는다는 뜻이다.

어느 고승 한 분이 내게 인간적인 속마음을 드러낸 적이 있다. 주지住持의 경지에 이르도록 평생 수도를 해도 여전히 함량 미달인 스님도 있다는 것이다. 절집에서는 '걸레는 빨아도 걸레'라 한다고 했다. 하기야 걸레를 빨아본들 행주가 될 순 없는 노릇이다. 나는 "호박에 줄긋는다고 수박이 되겠습니까?"라며 스님의 말씀을 받았다. '사람의 DNA 운운……'은 가까이 지내는 사람과 대화할 때 내가 종종 하는 말이다.

송나라의 곽암廓庵(성은 노魯이며 12세기 송나라 사람)이 그린 〈십우도〉는 견성에 이르는 과정을 열 단계로 간명하게 묘사하고 있다. 열 개의 원 안에 소를 찾아 나서는 과정이 그려진다. 일찍이 선가禪家에서는 마음 닦는 일을 소牛 찾는 일 / 심우尋牛 또는 소 먹이는 일 / 목우牧牛에 비유하곤 했다. 그런데 8번째 그림 '인우구망人牛俱忘'은 아무 것도 그려지지 않은 텅 빈 일원상一圓相이다.

재가불자였던 부대사는 '심왕명心王銘'에서 붓다가 깨달은 진리 가운데 하나인, 없는 듯 있는 진공묘유 / 중도 / 선, 없음의 있음 / 0

은 분명 있는데 모양을 알 수 없다며 안타까워했다. 즉 물속에 소금이 들어 있으나 볼 수 없고 물감 속에 아교가 녹아 있으나 볼 수 없듯, 그 무엇이 보이지 않는다는 것이다. 역대 선사들 가운데 중도/선을 부대사처럼 표현한 분이 있었던가. 부대사는 표현의 달인이다. 현대적으로는 이렇게 비유해볼 수 있지 않을까. 전파는 눈에 보이지 않지만 분명히 존재하기에, 우리는 일상생활에서 라디오나 TV 그리고 휴대전화를 사용할 수 있다고 말이다.

〈십우도〉에서는 '도를 배우려면 무심無心을 찾아야 한다. 무심해지면 도를 찾기 쉽다[학도방무심 무심도이심學道訪無心 無心道易尋]'고 했다. 여기서 도는 0이며, 심우尋牛(처음 마음/본래 마음)는 마음자리가 0으로 돌아가는 일과 다르지 않다. 불교는 이처럼 마음의 종교로 눈에 보이지 않는 마음을 탐구하는 심리학이다. 방대한 불경은 위대한 문학 작품과 같아서 은유법이 특징이다. 〈십우도〉는 견성見性으로 가는 길을 가시적으로 표현한 전무후무한 선화禪畵다. 다시 말하면 화두와 정면으로 대결, 이를 깨트리고 깨우치는 돈오頓悟의 과정을 그린 간화선화看話禪畵라 할 수 있다.

《원각경》과 〈십우도〉는 가장 잘 어울리는 한 쌍의 경전 원圓이다. 글자와 그림이 어우러졌다는 공통점 외에도 불교의 요체를 친근하게 보여준다는 점에서 그렇다. 〈십우도〉에서는 소가 주인공으로 나오는데 소는 본래 마음/선禪을 상징한다. 10개의 그림에 담긴 장면을 소개하면 아래와 같다.

① 소를 찾아나서(심우尋牛)

②그 발자국을 보고(견적見跡)

③소를 보게 되고(견우見牛)

④마침내 소를 붙잡아(득우得牛)

⑤소를 길들이고(목우牧牛)

⑥소를 타고 집으로 돌아간 다음(기우귀가騎牛歸家)

⑦집에 도착하자 소에 대한 생각은 다 잊어버리고(도가망우到家忘牛)

⑧드디어 사람도 소도 다함께 생각하지 않게 되는 상태에 이르고(인우구망人牛俱亡)

⑨본래 마음의 고향에 돌아왔다가(반본환원返本還源)

⑩세상 밖으로 나와 자유롭게 중생들을 교화하다(입전수수入廛垂手)

    10개의 그림 가운데 ⑧번째부터가 진수眞髓다. ⑧번째 그림은 텅 빈 백지의 공간이다. 화제畵題 인우구망人牛俱亡에서 인人은 열등劣等의 속인俗人을, 우牛는 우등優等의 성인聖人을 뜻한다. 이 그림은 우열이란 상대적인 대립을 의식하지 않는 이상형인 무위진인無位眞人의 경지를 보여준다. ⑧번째의 그림과 함께 ⑨번째의 그림 '반본환원返本還源'은 속세의 마음에서 본래 마음인 선의 자리로 돌아온 해탈의 경지를 나타낸다. 견성한 무위진인에게는 이 지구가 곧 천국이요 지상 미술관으로, 꽃과 바위와 물 같은 아름다운 자연이 그려져 있다.

    ⑩번째의 그림 '입전수수入廛垂手'에서 전廛은 가게 / 시장의 뜻으로 속세를 말한다. 즉 입전入廛은 속세로 들어간다는 뜻을 담고 있다. 그리고 수수垂手는 손을 내리다 / 무위의 뜻이다. 그런데 손을 내려놓고 쓰지 않으면 사회에서 중생을 도울 수 없다. 이런 연유로 수수垂手는 중생을 돕는다는 뜻으로 바뀌어 풀이되고 있다. 다만 생색을

내며 남을 도와주는 것이 아닌 표시가 나지 않는 무위無爲의 위爲를 뜻한다. 이렇게 볼 때 '화광동진和光同塵'과 입전수수入廛垂手는 동의어라고 할 수 있다. 둘 다 세속에 들어가 세상 사람들을 어리석은 중생 생활에서 벗어나게 함으로써 자연스럽게 해탈의 경지로 이끌어준다.

한편 신라의 원효 대사는 '처음 元+아침 曉'란 이름처럼 한국 사상의 첫 새벽의 지평을 열어주신 분이다. 〈십우도〉 가운데 소승 사상과 대승 사상을 각각 상징하는 것으로 ⑧ 인우구망과 ⑨ 반본환원, ⑩ 입전수수가 있다. 이들은 원효 사상의 정수인 '귀일심원歸一心源(마음의 고향 / 선禪으로 돌아온 다음)' / 해탈(소승)과 함께, '요익중생饒益衆生(중생들을 깨달음의 길로 인도하다)'(대승)의 사상과 일맥상통한다. 요컨대 불교 궁극의 길이자 이상은 나와 타인을 동등하게 사랑하는 자리이타다. 다시 말해 위로는 지혜의 완성을 이룬 다음 아래로는 아직 깨닫지 못한 중생들을 교화하는 상구보리上求菩提 하화중생下化衆生 정신이라 하겠다.

한편 심우는 많은 불자들이 당호堂號(재호齋號) 또는 법명으로 탐냈을 법한 문학적인 표현이다. 심우장尋牛莊은 만해 한용운의 당호로 알려져 있다. 독립 운동가인 한용운은 불교 혁신 운동을 부르짖은 저서 《불교유신론》과 더불어 시집 《님의 침묵》으로 유명하다. 그는 만년의 심우장에서 주옥같은 선시를 탄생시켰다.

앞서 0이 《원각경》과 〈십우도〉에서는 원圓으로, 불상에서는 가락지 모양의 수인手印으로 변주되고 있음을 말한 바 있다. 원만큼이나 중요한 것이 수인이다. 수인이란 석가모니 부처나 보살의 깨달음 또는 서원을 나타낸 여러 가지 손 모양을 말한다. 수인 하면 맨 먼저 엄지와 검지로 만든 동그라미 모양의 가락지가 연상된다. 동그라미 / 0에 붓다 깨달음의 비밀이 있다는 심증을 가졌던 불가에서 여러 모양의 수인 가운데 동그라미 수인을 만든 것은 아닐까.

붓다의 입멸(기원전 480년) 후 300~400년 사이를 무불상無佛像 시대라고 부른다. 이 무렵 석가모니 부처께서 첫 설법을 하시는 초전법륜의 그림에서는 가슴 중앙에 두 손으로 원 모양을 한 수인이 보인다. 한 손에 수레바퀴 모양을 한 것도 있다. 이런 둥근 형태에서 착상을 얻어 가락지 모양의 수인이 나오지 않았을까. 석가모니 부처께서 전생에 연등불燃燈佛*에게서 수기授記**를 받는 〈연등불수기본생도燃燈佛授記本生圖〉***란 조각 작품에서도 수인이 나타난다.

인도에서 숫자로서의 0이 발견된 때가 6세기임은 앞서 말한 바 있다. 위의 작품(2~3세기경)에 나타난 동그라미로서의 수인은 0의 발견보다 3~4세기 빠르다. 기호로서의 동그라미로는 이 작품이 최초 또는 적어도 초기임에 틀림없다. 기호는 보통 어떠한 뜻을 나타내는 데 쓰이는 부호를 가리킨다. 석가모니 부처의 성불을 예언했던 과거의 부처인 연등불 조각이 보여주는 동그라미 즉 수인의 출현은 어떤 의미가 있을까?

장차 인도에서 석가모니 부처 깨달음의 정수인 0이 탄생하는 필요충분조건의 배경으로 볼 수는 없을까. 수인의 동그라미는 선정 때

---

* 연등불燃燈佛: 아득한 과거에 출현해 석가모니 부처께 미래에 성불할 것이라고 예언했던 부처.
** 수기授記: 부처가 제자에게 미래에 성불할 것이라고 예언함.
*** 연등불수기본생도燃燈佛授記本生圖: 2~3세기경 인도에서 발굴된 조각 작품.

나타내는 손 모양의 정인定印*으로 수행자의 마음자리가 0에 있음을 뜻한다. 이는 우리나라의 경우 여러 절에서 찾아볼 수 있다. 실상사實相寺의 철조여래좌상, 장곡사의 금동약사여래좌상, 선원사의 철조여래좌상, 금산사의 석가모니 부처님 상 등등. 이 밖에 다른 절에서도 쉽게 찾아볼 수 있다.

필자가 중국에서 본 수인 가운데 특이한 것은 무창 귀원선사 석가모니 부처의 수인이었다. 두 손의 손가락 모두 원 모양을 띠고 있었다. 그런가 하면 일본 진언증眞言宗 대일여래상의 수인은 타원형 동그라미의 법계정인法界定印이다. 두 손을 펴서 왼손을 아래 겹치고 두 엄지손가락의 끝을 서로 맞댄 형상이다. 법계정인은 진리의 세계法界인 선정 / 0의 세계에 들 때 나타내는 손 모양定印을 말한다. 무릇 종교란 눈에 보이지 않는 그 무엇을 눈에 보이는 것처럼 믿는 마음의 발로가 아니겠는가 불자의 불심의 정도와 수준이 한결같을 순 없는 법이다. 불자 가운데 믿음이 약한 사람의 신앙심을 자극하고자 만들어진 것이 불상이 아닐까 한다.

알렉산더 대왕의 동방 원정 이후 그리스와 동양은 문화적으로 서로 영향을 주고받았다. 그 결과 헬레니즘 문화가 탄생했다. 또한 인도의 간다라 지역에서는 전통 양식과 그리스 요소가 짙은 간다라 미술이 꽃을 피웠다. 기원전 1세기경 불상이 등장하게 된 배경이다. 이는 비교적 빠른 시기인 석가모니 부처의 입멸 후 400여 년 만에 불상이 나타났음을 뜻한다. 비교해보면 중국의 선종에서는 3조 승

---

* 정인定印: 선정에 들 때 나타내는 손 모양.

찬 대사 때까지 사원조차 갖추지 못했다.

나는 우리나라와 인도, 중국 등의 불상을 두루 둘러봤다. 이 가운데 아직까지 경주 토함산 석굴암의 석가모니 본존불만 한 부처님 상을 본 적이 없다. 신라의 조각가가 인도에 가서 직접 보리수 아래 선정에 드신 붓다의 모습을 스케치해 그 이미지를 옮긴 조각 작품처럼 보일 정도다. 전체의 부드러운 선, 이완된 근육의 양감(볼륨), 미소를 머금은 얼굴은 사람의 긴장된 마음을 완전히 풀어놓는다. 긴장이란 무언가를 구하고자 하는 집착과 욕심의 산물이라면 긴장이 풀어진 상태는 바로 무심無心이다.

무심은 욕심(+)도 근심 걱정(−)도 없는 마음자리가 0에 있는 고요한 마음이다. 넋이 나간 바보 같은 멍텅구리의 마음이 아니라 좋음(+)과 나쁨(−)이 아닌 중도/0의 행복이다. 그리고 붓다의 미소는 0의 행복이 피어오르는 중도적인 웃음이다. 이런 점에서 무심은 현대인의 고질병인 스트레스와 반대되는 개념이라 하겠다.

반가사유상·석굴암 본존불의 미소는
해탈 순간 득의의 미소

 인도에서 동쪽으로 전래된 불상이 우리나라에서 비로소 완성미를 보여준 것이 있다. 바로 석굴암의 본존불이다. 이는 세계의 저명한 불교미술 사학자들의 일치된 견해다. 불국토 신라인들은 석굴암 석가모니 부처의 가지력加持力*으로 왜구의 침략을 막아주십사 빌었다고 한다. 토함산은 아침마다 동해의 둥근 해(O)를 맞이하며 부질없이 품었던[함含] 삼독三毒을 토吐해내는 아침 해(O)를 닮았다. 선 / 처음 마음 / O의 마음은 마음의 아침으로 아침 마음을 뜻한다. 토함산 자락에 자리한 석굴암 본존불은 신라인들의 살아 있는 이상형의 인간상이었으리라.
 경주의 국보 24호인 석굴암에 대해서는 뜻밖에도 실제 기록이 전혀 없다. 경덕 여왕 때의 재상이었던 김대성金大成이 부모를 위해 석굴암을 지었다는 설화가 《삼국유사》에 실려 있을 뿐이다. 이런

---

* 가지력加持力: 중생을 보호하는 석가모니 부처의 불가사의한 힘.

사실 부재의 암흑 상황에서 1900년대 초 일본인 건축 기사 요네다 미요지米田美代治가 석굴암 원도原圖를 복원해냈다. 애석하게도 그는 35세에 요절하고 말았다. 인도 붓다가야의 대각사大覺寺에는 성도成道를 기리는 기념 불상이 있다. 당의 승려였던 현장玄奘(602~664)의 《대당서역기大唐西域記》에는 대각사 불상의 수치가 기록돼 있다. 이것이 요네다가 밝혀낸 것과 완전히 일치한다고 한다.

불상의 자세는 석굴암과 마찬가지로 항마촉지인상降魔觸地印象이며 동쪽으로 향하고 있다. 신라인들은 나라 이름도 붓다가 득도하신 마갈타 국의 수도인 사위舍衛(왕사성王舍城의 전 이름)의 산스크리트어인 실라벌室羅筏에서 서라벌徐羅伐로 작명했다. 그만큼 붓다가 해탈하던 순간의 모습을 경주의 토함산에 재현하고 싶어 했다.

경주의 석굴암 본존불(석가모니불)과 함께 예술적으로 쌍벽을 이루는 불상이 바로 반가사유상半跏思惟像이다. 흔히 반가상 앞에 관음 또는 미륵의 명칭을 붙이곤 한다. 이는 오히려 불상의 본질을 파악하는 것을 어렵게 만든다. 이 작품의 정수는 신비한 미소와 독특한 좌상座像에 있다. 너털웃음과 냉소의 중도에 있는 반가사유상의 미소는 교양이 없는 사람은 흉내 낼 수 없는 웃음이다.

이 불상은 연화대 위에 걸터앉아 오른쪽 다리를 왼쪽 다리 위에 포개 얹은 채, 가볍게 숙인 얼굴을 오른손으로 괴고 명상하는 모습이다. 거의 모든 불상이 여래좌如來座라고 하는 가부좌跏趺坐(책상다리)인 데 비해, 반半 책상다리 격인 반가半跏 자세를 취하고 있다. 이 자세가 편안하다는 이유로 현대인들도 전철 등에서 쉽게 취하곤 한다. 또는 반가의 일종인 다리를 꼰 자세로 앉아 있기도 한다.

앞서 말했듯 붓다는 1차 고행 수도에서 고행 무익을 선언하며 고행을 중단했다. 그런 다음 수자타 처녀의 공양 보시에 힘입어 건강을 회복한 뒤 재수를 통해 득도했다. 2차 수행은 고행에서 해방된 상황에서의 명상 수도였다. 따라서 자세 역시 불편한 책상다리 / 가부좌로 일관되지 않고 자유스러웠을 것으로 보인다. 여기엔 제2의 수자타 처녀의 걸상 보시의 가능성도 있지 않았을까 한다. 뿐만 아니라 1차 때와는 판이한 분위기에서 반가좌(반 책상다리) 명상 수도를 했을 개연성도 없지 않다.

　야구 경기에서 정통파 투수가 한 경기에서 완투할 경우, 팔의 위치가 전반과 달리 후반엔 다소 내려오는 것이 상식이다. 편안한 자세를 취하기 위함이다. 마찬가지로 붓다가 치열한 상태가 아닌 평온한 몸과 마음의 명상 분위기에서 득도했다는 점에서, 붓다와 반가 자세의 결부는 지극히 자연스러운 일이다.

　반가사유상은 인도에서 2서기경 유래한 불상의 한 형식으로 6세기 중국에서 완성됐다. 이후 우리나라의 삼국 시대에 들어와 7세기경 신라에서 다시 정리돼 세련미를 꽃피웠다. 이 양식이 다시 일본으로 건너가 아스카飛鳥 시대 불상의 바탕이 됐다. 이런 이유로 우리나라의 국보 78호 금동반가사유상, 83호 금동반가사유상과 함께 일본의 국보 1호인 고류지廣隆寺의 목조 반가사유상은 동양 예술의 극치로 일컬어지고 있다. 칼 야스퍼스Karl Jaspers(1883~1969. 독일의 실존주의 철학자)에 따르면 반가사유상은 '인간 실존의 참된 평화의 모습'을 보여준다.

　2010년에 G20 세계정상회의가 우리나라에서 개최된 적이 있었다. 국립중앙박물관에서 마련된 첫날 만찬에서 세계 정상들에게 한국 문화의 정수가 소개됐다. 그 가운데 가장 큰 관심을 끈 작품이 반가사유상이었다고 한다. 78호는 불국사의 다보탑처럼 화려하고 장식적인 반면, 83호는 수수한 이미지의 석가탑과도 같다. 학계에서는 대체로 78호보다 83호에 진가의 무게를 두고 있다.

나는 국립중앙박물관에 여러 번 갔다. 세 번째로 갔을 때 78호는 해외 전시 중이어서 볼 수 없었다. 대신 83호를 처음으로 만날 수 있었다. 전시실에는 반가사유상 한 점만을 번갈아 모시는데 관객은 대부분 일본인들이었다. 자기 나라 국보 1호와 비교하며 감상하는 듯했고 심취한 나머지 깊은 명상에 잠긴 사람도 있었다.

우리나라에는 20여 점의 반가사유상이 있다. 이 가운데 상체의 자세가 앞으로 많이 숙여져 있어 마치 졸고 있는 듯한 작품도 있다. 사실 이는 반 책상다리 자세에서 취할 수 있는 자연스런 자세다. 그런데도 우리나라와 일본의 국보 반가사유상이 상체를 수직에 가깝게 세운 자세인 것은 붓다의 존재를 이상적으로 미화하기 위해서가 아닐까.

돈황敦皇의 275호인 막고굴莫高窟(莫=漠. 사막의 높은 곳에 있는 동굴이라는 뜻)에도 미륵보살상이 모셔져 있다. 이 불상의 다리 자세는 특이하게도 두 발목을 X 형으로 취하고 있다. 즉 생활 자세라 할 수 있다. 중도를 체득하셨던 붓다의 반가사유상의 자세가 가장 힘든 가부좌와 막고굴 불상의 생활 자세의 중도적 자세란 사실이 흥미롭다. 즉 반가사유상은 붓다가 고행을 중단한 뒤 득도하실 당시의 자세일 가능성이 크다.

근원近園 김용준(전 서울대 교수, 화가이자 수필가)은 반가사유상에 대해 이렇게 말했다. "곡선이 넘친 아름다운 육체에 조용히 혼자 웃는 삼매경의 얼굴, 설탕물처럼 달콤하지 않으나 언제 먹어도 맛있는 본래 무미無味의 흰 쌀밥 같은 자연의 맛." 반가사유상이 '흰 쌀밥 같은 자연의 맛'인 것은 이 책의 키워드인 밥맛과 일맥상통한다. 여기서 나는 또 한 번의 법열을 맛본다.

그런가 하면 최순우崔淳雨(조 국립박물관장, 1세대 고고학자) 선생은 국보 83호 반가사유상에 대해 "한국 문화재의 3대 걸작으로 무엇이라 형언할 수 없는 뼈저린 거룩함"이란 찬탄의 말을 남겼다. 한편 역사학자인 안병욱 교수는 이렇게 말한 바 있다. "78호는 곰 발바닥처럼 평발인데 83호는 엄지발가락을 살짝 비튼 가벼운 움직임이 있다. 얼굴에 손을 대고 명상하다가 법열에 들면서 입가에 미소가 감돌고 발가락은 살짝 움직이고 손가락은 뺨에서 막 떨어지려는 순간을 나타냈다."

다음은 김원룡 교수(아호는 삼불암三佛庵으로 전 서울대 고고학과 교수, 수필가이자 문인화가)가 반가사유상에 대해 한 말이다. "불가사의한 웃음이 바람처럼 스치고 지나간다. 입과 눈이 그대로 두면 무한히 커질 것 같고……. 영원한 적막을 깨뜨리는 것 같으면서 그것을 더 강조하고 있는 벌어진 오른발 엄지발가락의 동작과 묘사는 한마디로 신묘神妙……."

김원룡 교수의 짤막한 글은 반가사유상이 붓다의 해탈 불상임을 입증하는 동시에, 성도 순간의 표정을 완곡하고도 사실적으로 묘사하고 있다. 이런 미의식의 표현은 고고학자로서의 전문성과 수필가로서의 통찰력의 결과다. 나의 경우 반가사유상의 감상 포인트를 미소와 발가락의 표정에 두고 있다. 왼쪽 무릎 위에 올라간 오른발의 엄지발가락은 발등 쪽으로 완전히 뒤로 젖혀져 있다. 몸 전체의 이완된 분위기와 달리 이 발가락만큼은 대조적으로 긴장돼 있다는 뜻이다.

이 발가락의 표정은 마치 득도하는 순간 '아! 나의 깨달음의 궁극은 바로 중도다!'란 말과 함께 나올 법한 자연스러운 동작처럼 보인다. 이를 심리학에서는 '아! 반응response'이라고 부른다. 사람의 마음이 기쁘면 행복한 기분을 느끼게 만드는 화학 물질인 엔도르핀이 몸에서 분비된다. 이로 인해 또 다시 행복의 시간이 연장된다고 한다. 붓다의 반가사유상 얼굴을 보면 곧 입이 벌어지고 눈이 커질 것만 같은 표정이다. 희로애락을 초월한 신비한 이 미소를 나는 중도 / 0의 행복의 미소라고 부르고 싶다.

하지만 반가사유상은 지금까지도 전근대적인 시각으로 해석되고 있다. 싯다르타 태자가 출가하기 전 인간의 생로병사를 고민하며 명상하는 모습이란 것이다. 또는 사후에 돌아올 미래불인 미륵불이 중생을 구제하기 위해 생각에 잠긴 모습이라고도 한다. 이와 달리 나는 반가사유상의 미소를 해탈 순간 득의의 미소라고 감히 단정짓는다. 김원용 교수의 기상천외한 시각인 발가락 감상鑑賞에서 비롯된 착안이다.

모든 불상에서 부처님 발가락은 국보 78호처럼 한결같이 가지런한 모양이다. 반면 우리나라 국보 83호와 일본의 국보 1호인 반가사유상 두 작품에서만 엄지발가락이 벌어지면서 뒤로 젖혀져 있다. 물론 두 불상 간에는 차이도 존재한다. 엄지발가락의 긴장도에서 국보 83호는 다소 극단적이라면 일본 국보 1호는 젖혀진 각도가 완만한

편이다.

반가사유상의 조각가(작자 미상)가 의도한 특이한 엄지발가락의 의장意匠으로 미루어, 같은 장인의 작품일 가능성이 크다. 무명 장인이 수인이 없는 83호를 제작한 뒤 미흡한 점을 보완하고자 소재를 달리한 목재로 일본의 반가사유상을 만든 건 아니었을까. 이를 증명이라도 하듯 일본 국보 1호는 손가락으로 동그란 수인 모양을 취하고 있다. 동그라미(0) 수인은 붓다 깨달음의 모체가 아닌가!

이처럼 반가사유상의 조각가는 일본 국보 1호에서 붓다의 깨달음을 완벽하게 구현해 냈다. 일본의 목불상木佛像은 활엽수인 데 비해, 일본의 국보 1호인 목조 반가사유상은 침엽수인 한국 소나무의 적송인 점도 눈에 띈다. 이를 두고 한일 양국의 전문가들은 신라 장인의 작품이라는 의견을 보이기도 했다. 즉 두 작품의 재료가 신라의 영토였던 지금의 경북 봉화군 춘양면에서 자란 적송일 것으로 추측한 것이다. 훗날 일본에도 적송이 있다는 사실이 밝혀지면서 신라 장인설의 신빙성은 희박해지고 말았다.

나는 국보 83호에 없는 수인이 일본의 국보 1호에 있다는 사실을 강조하고 싶다. 이런 점에서 같은 신라의 장인이 보완 차원에서 훗날 다시 불상을 제작했을 가능성이 높다고 본다. 일본 국보 1호의 발가락 표현을 부드럽게 한 건 이미 수인의 의장으로 붓다의 깨달음을 보여줬기 때문은 아니었을까. 정리하면 우리나라의 국보 83호와 일본의 국보 1호 반가사유상은 같은 장인이 붓다의 득도 순간을 담은 것이라면, 우리나라의 국보 78호는 다른 장인이 만들어낸 득도 전 명상의 자세로 보고 싶다.

  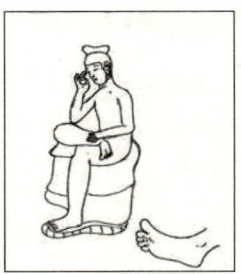

우리나라의 국보 83호 우리나라의 국보 78호 일본의 국보 1호

　반가사유상은 7세기경의 작품이며 석굴암은 8세기 중엽에 창건됐다. 반가사유상이 석굴암보다 먼저 나왔다는 뜻이다. 반가사유상에 만족하지 못한 신라인들이 불국토의 백성답게 훗날 석굴암이란 걸작을 낳은 건 아니었을까. 석굴암은 본존불을 비롯해 10대 제자 등 무려 40체의 불상을 배치해 조각과 건축을 구상構想, 구상화具象化한 Pantheon(반구형半球形 지붕의 건축)이다. 즉 반가사유상이 붓다의 성도 해탈을 형상화한 소품의 정화라면, 석굴암은 입체적이고 환상적인 석조 예술의 극치인 셈이다.

불교 · 총지종 · 진각종 · 원불교의 앞날이 밝은 이유

　현대인들은 복잡한 것을 싫어하고 단순한 것을 좋아한다. 이런 시각에서 보면 총지종總持宗·總指宗과 진각종眞覺宗, 원불교圓佛敎는 앞으로의 포교에 전망이 밝을 것으로 보인다. 특히 원불교는 선의 고리타분한 용어를 젊은이들도 쉽게 알 수 있는 용어로 리모델링했다. 행주좌와어묵동정行住坐臥語默動靜을 무처선무시선無處禪無時禪으로 바꾼 것이 그 예다.

　세 종교 모두 진리의 상징이 둥글다는 공통점을 갖고 있다. 총지종은 공 모양의 구상球相을, 진각종은 둥근 모양의 대일여래상을 그리고 원불교는 일원상을 법신불로 모시고 있다. 총지종은 이름만으로도 우리의 관심을 끈다. 총지總持·總指는 석가모니 부처님 깨달음의 본질 / 모든 것을 간직하고(가리키고) 있다는 뜻이다. 또한 원불교에서는 법신불인 일원상 / ○이 모든 사물의 본원으로서, 도든 부처와 성인의 심인心印*이자 사람의 본성이라 하고 있다.

　불교는 인간의 작은 걱정인 고민에서 큰 근심인 고뇌까지 치유

해주는 정신의학 종교라 할 수 있다. 법신불인 대일여래를 의학에 비유해보면 보신불報身佛인 약사여래는 의사에 해당된다. 그리고 화신불化身佛 / 응신불應身佛인 석가여래는 사람의 중세에 따라 다른 처방을 내리는 의술이라 하겠다. 그런데 사바세계의 주불로 석가모니 부처를 모신 것만으론 흡족하지 않았나 보다. 조금 욕심(?)을 내어 극락세계의 주불로 방편법신인 아미타불을 모셔놓고 있다.

과거에는 출가가 자연스러웠으나 지금은 그렇지 않다. 불가에서 원불교의 남자 교무와 총지종 남녀 성직자들의 결혼이 허용되는 건 불교의 전승 차원에서 이해할 필요가 있다. 21세기 한국 불교는 소수의 출가승을 스승으로 모시되, 다수의 재가불자도 깨달음에서만큼은 대등한 입장이 될 수 있다는 자신감을 가져야 한다. 또한 살아 있는 불교가 되기 위해서는 불교의 생활화와 함께 생활의 불교화를 적극 도모해야 한다.

이런 점에서 한국 불교의 해외 포교는 그 반응이 매우 고무적이다. 특히 원불교가 앞장서고 있다. 해외 교당이 57개로 세계 각 지역에 교무教務가 102명 파견돼 있다. 미국 동서부, 캐나다 밴쿠버, 남미, 유럽, 호주, 뉴질랜드, 러시아, 카자흐스탄, 아프리카, 동남아시아, 일본, 중국 등 다양하다. 그런가 하면 불교TV는 미국과 캐나다 전역, 멕시코 일부에 방송되고 있으며 세계 전 지역의 방송도 계획 중에 있다.

불교가 이미 기원전에 서양의 지중해 연안 그리고 그리스와 로

---

* 심인心印: 언어를 떠난 마음에서 마음으로 전해진 깨달음. 도장이 진실과 확실함을 나타내듯 깨달음도 그러해야 하므로 인印이라 함.

마에 전해졌다는 설이 있다. 하지만 본격적인 연구는 19세기 초부터 이뤄져 20세기에 뿌리를 내리기 시작했다. 실질이며 철두철미한 인생관을 가진 영국인들이 불교를 탐색하는 데는 100여 년의 세월이 걸렸다. 프랑스는 가톨릭 국가지만 국민 대다수가 종교적인 신앙을 갖고 있지 않다. 고색창연한 성당이 관광 명소의 역할을 할 뿐이다. 그런데도 제2차 세계대전을 전후해 불교 인구가 나타나기 시작했다는 건 기이한 사실이다. 사르트르의 실존주의 영향이었을까.

사르트르J-P. Sartre(1905~1980. 프랑스 파리 출생의 작가이자 사상가)는 2차 대전 이후 혜성처럼 나타난 실존주의와 동의어로 쓰일 정도로 대표적인 실존주의자였다. 사르트르 실존주의는 무신론적이고 행동 실천적이며 인도주의(휴머니즘)적이란 특징이 있다. 실존은 현실 존재現實存在를 뜻한다. 가령 굴건은 이것 대신 저것으로 바꿀 수 있지만 '나'라는 개인은 남이 대신할 수 없다. 물건은 상대적이지만 인간은 절대적인 까닭이다.

다시 말하면 실존이란 인간 본래의 자기란 뜻으로, 실존주의는 비본래의 자기에서 본래의 자기를 찾아가는 철학이다. 이처럼 인본주의와 행동 실천적 사상, 비본래적 자아에서 본래적 자아로의 회귀 사상 같은 실존주의 이념은 불교의 자비 정신과 적극적인 대승 정신, 가아假我에서 진아眞我로의 교의와 상통한다. 일찍이 서양의 많은 지성들은 불교의 이념을 문학과 철학에 모셔왔다. 사르트르의 연인이었던 시몬 드 보부아르S. de Beauvoir(1908~1986. 프랑스의 소설가이자 평론가)의 작품인 《사람은 모두가 죽는다》가 대표적인 예다.

한편 가톨릭 총본산인 교황청이 있는 바티칸 시는 로마에 자리해 있다. 이곳에 계신 신부와 수녀들도 불교에 지대한 관심을 갖고 있다고 한다. 인도의 산스크리트어를 서구에 알린 것도 신부였으며 유명한 경전을 옮기는 작업도 이들의 몫이었다. 현재 유럽의 여러 도시에는 수많은 수도원과 포교당, 선 센터, 불교 대학, 불교 방송이 자리 잡고 있다. 덕분에 불교 서적이 활발하게 출간돼 서구인들이 불교를 맛볼 수 있는 기회가 많아졌다.

이미 말했듯 기독교가 오직 하느님만을 믿는 일신교인 의타 종교라면 불교는 각자 자신의 불성을 믿는 다신교인 의자 종교다. 즉 '아심자유불 자불시진불我心自有佛 自佛是眞佛(내 마음속에 본래 부처님이 계시다네. 나의 부처는 석가모니 부처보다 귀하도다)'(필자 졸역).

이런 차이 때문인지는 모르겠으나, 과거 아시아 지역에서의 기독교 선교와 근현대 유럽에서의 불교 포교는 출발부터 근본적으로 달랐다. 기독교의 선교사들이 식민 정책의 후광에 힘입은 주입식 선교였다면 불교는 서양인들 스스로의 자각과 관심에 의해 꽃을 피웠다. 20세기까지는 유위有爲의 종교인 기독교의 세기였다면, 21세기에는 무위無爲의 종교인 불교가 동양 종교이기를 넘어 서양 종교에 동참하리라는 것이 종교학자들의 대체적인 견해다.

유위가 인공의 내세를 뜻한다면 무위는 무인위無人爲로 인간 본래의 불성 즉 자불自佛을 말한다. 기독교는 유일신 종교기에 배타적이며 권위주의적일 수밖에 없다. 인도주의를 앞세우는 기독교가 십자군 전쟁을 일으킨 이래, 현대 들어 종주국 미국이 이라크에서 비인도주의적인 행태를 보였다. 이런 모순성에 서구의 지식인들은 염증을 느끼고 있다. 반면 자비와 평화주의 불교로 인한 전쟁은 지구상에서 단 한 번도 일어난 적이 없다.

오늘날 서구인들의 불교 지향은 두 종교의 차별화에서 기인하는 반작용도 있으리라. 국내 기독교 신자의 불교 개종과 톹자 인구의 증가도 이런 맥락에서 이해할 수 있다. 그뿐만 아니라 서구인들의 불교 지향은 생명의 유한성에서 오는 불안과 허무를 초월해 본래의 자기를 찾아가는 실존적 자기 귀향 현상이기도 하다.

요즘 서양에서 불자들을 가리키는 재미있는 별칭이 있다. 메뚜기 불자Hopper Buddhist가 그것이다. 그동안 다니던 선원을 그만두고 이름이 알려진 유명한 선원으로 옮기는 불자를 가리킨다. 덕망 있는 선사의 불교 책을 읽고 귀의한 사람은 Bookstore Buddhist라고 부른다. 또는 밤늦게까지 스탠드 불빛 아래에서 공부한다 해서 Nightstand Buddhist라고도 한다. 불생불멸은 모든 현상이 인연에 따라 일시적으로 나타났다 사라지는 것일 뿐, 생기는 것도 소멸하는 것도 아니란 뜻이다.

불교계의 학승들은 불생불멸과 과학 세계에서의 물질 불멸의 법칙을 동일시한다. 이는 불교가 과학 종교임을 증명해준다. 같은 시간이라도 즐거우면 짧게 느껴지지만 괴로우면 길게 느껴진다. 절대적인 고락苦樂의 시간이란 없으며 상대적으로 존재할 뿐이다. 상대성원리로 유명한 아인슈타인은 일찍이 '미래의 종교는 불교'라고 단언한 바 있다. 이 말처럼 지금 불교의 시대가 다가오고 있는 중이다.

밀교, 형이하학으로 형이상학을 만나는 방법

앞서 말했듯 석가모니 부처의 말씀으로 드러낸 가르침을 현교라 한다. 현교의 반대는 밀교다. 나는 평소 밀교가 사이비 종교, 이상한 종교란 선입견이 있었다. 한참 뒤에야 이런 오해가 내 무지 때문임을 알게 됐다. 밀교 수행은 붓다의 불가사의한 세 가지 비밀의 깨달음과 수도자의 온몸 체험 수행을 통해 하나 됨을 추구한다. 세 가지 비밀이란 붓다께서 몸으로 체득하신 비밀인 신밀身密, 말씀의 비밀인 구밀口密, 마음의 비밀인 의밀意密을 가리킨다. 이 신·구·의의 비밀과 합일됨으로써 누구나 부처가 될 수 있는 즉신성불卽身成佛을 궁극으로 하는 종교가 밀교다. 요컨대 밀교는 붓다 깨달음의 비밀을 가르치는 종교인 셈이다.

붓다의 세 가지 비밀 가운데 신밀은 붓다 깨달음의 모체로 지금껏 어느 종파에서도 접근한 적이 없는 새로운 시각이다. 신밀이란 석가모니 부처께서 고행 무익을 선언하신 뒤 보리수 아래서 단맛(+)도 쓴맛(−)도 아닌, 구수하고 담백한 중도의 맛(0)인 밥맛을 통해 몸으로 느껴 체득한 깨달음을 말한다. 즉 붓다 깨달음의 본질에 가장 가까이 다가간 발견이라 할 수 있다. 밀교는 신밀 하나의 수행만으로도 선구적 입장에 서 있다.

앞서 말했듯 다라니陀羅尼는 산스크리트어 dharani의 음을 옮긴 말로, 총지總持(깨달음을 모두 간직했음) 또는 총지總指(깨달음을 가리킴)를 뜻한다. 절묘하게 번역된 용어들이 아닐 수 없다. 한자 축약의 기능을 새삼 느낄 수 있는 대목이다. 다라니는 붓다의 비밀스러운 말씀 즉 붓다의 가르침과 깨달음이 담겨 있는 신비스런 주문이다. 그 뜻이 깊고 미묘해 사유의 대상이 될 수 없다고 해서 산스크리트어를 번역하지 않고 소리대로 읽는다.

이 주문에는 불가사의한 힘이 있어서 외울 경우 모든 장애를 벗어나는 효험을 얻을 수 있다고 한다. 말하다 / spell은 마력이란 뜻으로 어의가 확대돼 쓰이고 있다. 이는 절대자와의 마음의 대화인 끊임없는 기도나 주문에 사람의 마음을 변화시키는 마력이 있음을 증명한다. 한마디로 말의 집중력이 마력이 된 것이다. 밀교가 사이비 또는 기복 신앙의 종교로 오해받는 것은 이 때문이다.

한편 만다라曼茶羅는 산스크리트어 Mandala의 음사다. Manda는 본질 / 정수를 뜻하며 la는 소유를 나타내는 접미사다. 만다라는 원圓(0)·단壇·윤輪·장場·회會·중衆 등 다양하게 번역된다. 또는 우주의 진리, 깨달음의 경지, 부처나 보살의 서원, 가르침의 세계 등을 상징적으로 묘사한 그림을 뜻하기도 한다. 더러는 깨달음(0)을 닦는 장소인 도량이나 한곳에 여러 부처나 보살을 모신 단壇을 뜻할 때도 있다. 종합하면 만다라는 결국 0을 가리키고 있다.

밀교의 상징은 '옴마니밧메훔'이다. '옴^{AUM}'은 A+U+M의 합성어다. A는 우주의 시작을, U는 지속을 그리고 M은 끝을 뜻한다. 즉 옴마니밧메훔은 우주의 탄생과 지속, 소멸의 뜻이 담긴 진언眞言*으로 연꽃 속의 보석으로 풀이된다. 연꽃이 지상 식물의 여왕이라면 보석은 광물 중의 왕으로 보배 가운데 으뜸이다. 즉 연꽃과 보석은 각각 식물과 광물 가운데 최고·최상의 미의 정화를 나타낸다.

옴마니밧메훔은 그 여섯 글자에 붓다의 참 깨달음이 있다 해서 육자심인六字心印**이라고도 부른다. 이것만 외우면 무궁무진한 뜻이 있어 모든 재난에서 벗어난다는 것이다. 또한 관세음보살의 자비에 의해 번뇌와 죄악이 소멸되고 많은 공덕을 얻는다고도 한다. 마치 무당이 푸닥거리를 하기 전에 손님 앞에서 상업적으로 늘어놓는 상투적인 말투 같기도 하다. 단조로워 싱겁게도 들리는 옴마니밧메훔이나 관세음보살의 반복적인 독송讀誦은 기복 신앙 이전에 그 자체로 행복에 이르기 위한 집중의 방편이다.

문맹 불교국인 티베트에서는 놋쇠로 만든 원통형의 마니차를 한 번 돌리면 경전을 한 번 읽는 것으로 쳐준다. 네팔과 티베트의 어디를 가도 눈에 들어오는 게 있다. 바로 초르텐(룽다)이다. 경전의 말씀이나 개인의 소원이 적힌 초르텐은 바람의 말이란 뜻을 지니고 있다. 여기에는 말씀이나 소원이 바람을 타고 널리 퍼져 나가기를 바라는 마음이 담겨 있다.

찬란한 오색(빨강/불·파랑/바다·노랑/땅·초록/산·하양/구

---

* 진언眞言: 석가모니 부처의 가르침이나 지혜를 나타내는 신비한 주문.
** 육자심인六字心印: 이심전심으로 전해지는, 여섯 글자로 된 붓다의 참 깨달음.

름)의 깃발인 초르텐은 멀리 만년설이 바라보이는 산마루턱이나 사원의 뜰에서 펄럭인다. 석기 시대처럼 초라한 주거지 집 앞에 놓여 있을 때는, 기차 역무원의 직업에 걸맞지 않은 금테 모자를 볼 때의 부조화의 비감에 젖게 한다. 어쩌면 그것은 이생의 삶을 마치고 외롭고 쓸쓸히 저 하늘로 올라가는 영혼들에게 마지막으로 흔들어주는 노스탤지어의 손수건인지도 모른다.

오색찬란한 초르텐과 마음의 꽃인 옴마니밧메훔. 이들을 통해 중생들은 따분한 생활에서 벗어나 현실의 괴로움을 극복하는 힘을 얻고자 한 것은 아닐까. 초르텐과 옴마니밧메훔은 중생의 바람(원願) 이 바람에 나부끼는 위안의 생활 예술품이자 염원의 주문이다.

더 큰 욕망과 숙명적으로 찾아오게 마련인 근심거리와 좌절감은 누구에게나 있을 것이다. 성공한 사람이라고 해서 없는 것이 아니며 실패한 사람에게만 있는 것도 아니다. 성공한 사람이든 실패한 사람이든 자신들의 번민을 해결해주는 그 무엇을 갈망하게 마련이다. 종교와 기복 신앙이 하나가 되고, 종교뿐 아니라 미신도 생명을 유지할 수 있었던 것은 이 때문이다. 종교에도 다소의 미신이 섞여 있다. 미신은 인간 사회에서 영원히 사라지지 않을 것이다. 미신의 기도 역시 인간에게 힘을 준다는 점에서 종교와 다를 바 없다.

기독교 가운데 가톨릭은 포용성이 넓은 편이다. 어느 가톨릭신학대학의 커리큘럼에는 무속 신앙이 들어 있다고 한다. 사람은 평소 큰소리치며 살고는 있지만, 종교가 아니어도 미신이든 우상이든 믿고 살 수밖에 없는 나약한 동물이다. 나의 경우 목욕탕의 옷장을 정할 때 자신도 모르게 3번, 7번 또는 8번을 고르는 습관이 있다. 8번을 좋아하는 건 일본의 상징인 후지 산과 관계있다. 후지 산의 산세는 八 자 모양으로 밑으로 내려올수록 넓어진다 해서 말광末廣(수에히로)이라 한다. 여기에는 대인 관계나 모든 형편이 용두사미의 반대가 돼라는 뜻이 담겨 있다. 중국인들이 八을 좋아하는 건 발복發福(복이 닥친다는 뜻)에서의 發과 八의 발음이 같기 때문이다.

그런가 하면 서울의 번화한 인사동 길거리와 일본 동경의 한복판에 있는 신주쿠新宿区 거리에서는 점占을 보는 젊은 남녀들을 쉽게 찾아볼 수 있다. 하물며 미국 역대 대통령의 영부인들(낸시 레이건·힐러리 클린턴·메리 토드 링컨)도 점성술사를 백악관으로 불러들였다고 한다. 또한 무신론자였던 영국의 철학자 버트런드 러셀Bertrand Russell(1872~1970. 1950년 노벨 문학상 수상)은 만년에 종교에 귀의했다. 대표적인 실존주의 철학자로 철저한 무신론자였던 카뮈Albert Camus(1913~1960. 1957년 노벨 문학상 수상) 역시 신문의 점占 보는 난欄을 즐겨 봤다고 전해진다.

산악인 엄홍길은 히말라야의 8,000m 이상 고봉 14좌를 완등한 선인이다. 또한 불교 신자기도 하다. 사람人이 산山과 하나가 되면 신선神仙이 되지만 계곡谷에 머무르면 속물俗物이 된다. 고산高山은 신과 다르지 않은 것으로 영원한 경외의 대상이다. 불교에서 등산이 아닌 입산이라 하는 이유다.

불자인 엄홍길이 산에서 반드시 지키는 두 가지가 있다. 하나는 아침마다 불공을 드리는 것이다. 다른 하나는 일행 중의 누구라도 아무 데서나 소변을 보면 불호령을 내리는 것이다. 혼자 있을 때도 조심하고 삼가라는 신독愼獨은 동양 정신의 표현이다. 서양에서도 이와 유사하게 보편적인 공중도덕관을 담은 글귀가 존재한다. '아무도 너를 보고 있지 않을 때 어떻게 처신하겠는가?(When no body is watching you who are you?)'가 그것이다.

　엄홍길 대장은 어느 분께 불공을 드렸을까? 석가모니 부처는 아니었을 것 같다. 관세음보살이나 아미타불이 아니었을까. 이들은 이름을 부르면 대비와 지혜로 중생을 어려움에서 벗어나게 해주는 분들이다. 즉 몸과 마음을 바쳐 믿고 의지하는 부처라 할 수 있다. 붓다는 존숭尊崇하되 의지의 인물은 아니며 생활 철학의 스승일 뿐이다. 불교는 이처럼 믿는 대상에 따라 종교도 되고 철학도 가능한 폭넓은 정신세계의 믿음이다.

　요즘 우리 사회를 보면 좋은 일을 한 사람에게 좋은 일만 찾아오지 않는 것을 종종 볼 수 있다. 나쁜 일을 하는 사람에게 나쁜 일이 찾아오지 않기도 한다. 하지만 결국엔 나쁜 사람들의 좋은 끝은 없으나 좋은 사람의 좋은 끝은 있게 마련이다. 가끔씩 인과응보를 하늘처럼 믿고 살았던 보통 사람들의 보통 사회가 그리워질 때가 있다. 종교와 미신이 혼동되기도 한다. 종교가 사람이 살아 있는 동안의 위안처인지 아니면 사후의 귀의처인지 아직은 잘 모르겠다. 이상하리만치 모르는 것들이 점점 많아져가는 요즘이다.

　밀교의 수행법 가운데 월륜관月輪觀이 있다. 법신불 또한 둥근 달 모양의 월륜이다. 석가모니 부처님 깨달음의 모체(본질)에 존재하는 심층 의식은 바로 0이다. 앞서 갈했듯 0의 깨달음은 구체적인 밥맛이란 대상을 통해 몸과 마음으로 체득한 득도란 특징이 있다.

　숫자로서의 0이 없던 시대에 붓다는 자신의 깨달음을 표현할 길이 없었다. 오늘날에도 지식은 말로 표현할 수 있으나 몸과 마음으로 느낀 것은 표현할 수 없다. 운동이나 목욕 후에 마시는 생맥주의 첫잔, 첫 모금의 맛을 어떻게 표현할 수 있겠는가. 온갖 과일들의 맛 하나하나 역시 어찌 설명할 수 있겠는가. 다른 사람들에게 축하를 받을 때의 그 기쁨은 또 어찌 표현할 수 있겠는가.

 석가모니 부처님 깨달음의 심층인 0이 밀교에서는 만다라 / 원, 월륜 등으로 변주되고 있다. 불교 궁극의 이념인 해탈(성불)은 어떤 느낌의 경지일까? 해탈이 정신적인 극치, 미감의 행복일 수 있다는 가정은 가능하다. 육체 쾌감의 극치가 섹스의 절정임은 당시 불자들도 생활 경험으로 알고 있었을 터이다. 이야말로 밀교의 신자들이 붓다 깨달음의 수수께끼를 섹스의 쾌감을 통해 유추해 풀고자 했던 이유가 아니었을까.

 밀교에서는 남녀 성교의 합환상合歡像이란 변태의 조각상이 존재한다. 이는 밀교가 정통 불교와 세상 사람들로부터 손가락질을 받는 연유가 되기도 한다. 이 에로틱한 합환상은 형이하학을 통해 형이상학의 이념을 만나고자 했던 희원의 산물이었다. 밀교에서는 이처럼 성교에 의한 육체의 쾌감과 종교 체험에 의한 마음의 미감을 일치시키고자 했다. 즉 성性(섹스)은 성聖에 도달하기 위한 다리의 역할을 한 셈이다. 합환상은 밀교에서 오랜 수수께끼였던 붓다의 깨달음을 풀고자 했던 진지한 진리 추구의 조각품이다. 요컨대 밀교는 석가모니 부처의 참 깨달음이 품은 비밀과 수수께끼를 풀고자 7세기 후반 탄생한 변이 종교라 하겠다.

인생의 3대 요소, 진리·성애·실리

　밀교의 합환상과 비슷한 해괴망측한 조각상들은 인도에서도 찾아볼 수 있다. 인도 중부의 고대 도시 카주라호 사원의 조각상이 그것이다. 이 사원은 찬드라 왕조의 최전성기인 10~12세기에 세워졌다. 조각은 고대 인도의 4세기 바챠야나가 지은 성애론서性愛論書 《카마수트라》의 내용을 사실적으로 새겨놓은 것이다.

　사암沙岩에 새겨진 조각상들은 관능적인 몸매와 성교하는 마이투나 합환상이다. 조각의 재료가 다소 무른 사암인 까닭에 작품은 극사실적으로 정교하기 그지없다. 반면 사원은 이런 작품의 내용과 사뭇 다른 분위기다. 신성한 사원에서 기도와 명상을 하는 듯한 거룩함이 느껴진다.

　인도는 고대로부터 이미 인생의 3대 요소가 정해져 있었다. 다르마(진리), 아르타(실리實利 / 재물, 장사), 카마(성애性愛)가 그것이다. 바챠야나는 특히 카마(성애) 교육의 중요성을 강조할 목적으로 《카마수트라》를 썼다고 한다.

이 책에서는 시 짓기와 춤에 대한 소양, 향수를 몸에 뿌리는 법 등 여자가 터득해야 할 64가지의 기예를 설명하고 있다. 남자는 순결을 업신여기는 여자를 멀리해야 한다는 가르침도 엿볼 수 있다. '포옹의 기술' 편에서는 "사랑에 불이 붙으면 그다음은 원칙도 순서도 없어져버리는 것"과 같은 직설적이고 솔직한 표현도 드러난다. 마지막 장에서는 "욕정은 사라지고 부부의 정만 남는다"는 도덕적인 결론을 내리고 있다.

그런가 하면 캄보디아 앙코르와트 사원의 벽면 조각상은 전쟁사를 사실적으로 새긴 서사시다. 당시 문맹이 태반이었던 캄보디아 국민들을 위해 책이 출판되듯 조성된 작품이라 한다. 이들 조각품의 재료 역시 모래로 이루어진 사암이다 보니 섬세하고 세밀하기 그지없다.

나는 피난 행렬 조각상의 군중들을 보던 중 갑자기 포복절도해 한동안 웃음을 멈출 수가 없었다. 웃음보를 터트리게 한 것은 어느 부부의 장면이었다. 남편은 닭을 안고 있고 아내는 술병을 들고 있다. 닭이 술병보다 무겁고 거추장스러워 바꿔 든 것 같다. 술과 관계가 없는 아내가 술병을 들고 있는 장면이 재미있었다.

그런데 남편이 안고 있던 닭이 갑자기 앞에 가는 어느 부인의 궁둥이를 쫀다. 갑자기 당한 일에 놀란 부인이 고개를 뒤로 휙 돌린 채 남편을 뚫어지게 쳐다보며 눈을 흘긴다. 봉변을 당한 부인과 대조적인 표정으로 술병을 들고 하염없이 걸어가는 술꾼 아내의 무심한 얼굴에 내 시선은 오랫동안 머물러 있었다.

우리나라에도 비슷한 일화가 있다. 조지훈 선생이 전해준 일화다. 술꾼의 아내가 6·25 피난 행 열차에서 잠시 내려 그 와중에도 술국을 데우고 있었다. 애주가셨던 조지훈 선생이 군침을 삼킨 채 그 근처를 기웃거리며 배회했다고 한다. 결국엔 인심이 후한 부부에게서 한잔 술을 얻어 자셨다는 일화를 수업 시간에 들려주시던 모습이 떠오른다.

인도 카주라호 사원의 합환상이나 캄보디아 앙코르와트 사원의 조각상들은 포교와 눈뱅인을 위한 책의 역할을 한 건 아니었을까. 훗날 밀교의 합환상 방편처럼, 당시 인도의 불자들에게도 붓다 깨달음의 정수를 이해시키는 하나의 방편으로 이런 조각들이 조성됐을 것만 같다.

0을 발견한 붓다는

위대한 사상가이자 수학자

히틀러가 卐을 나치 문장紋章으로 삼은 까닭은?

 사찰寺刹을 상징하는 '卍[만]'과 히틀러 나치의 문장紋章으로 알려진 '卐[HAKENKreuz]'. 비슷한 문양인 둘은 어떤 관계가 있을까? 卍은 풍차風車 또는 팔랑개비 모양을 뜻한다. 바람이 왼쪽에서 불 때 돌아가는 것을 左卍字(卍), 오른쪽에서 불 때 돌아가는 것을 右卍字(卐)라 한다. 즉 左卍字과 右卍字(卐)은 복수 표준어로 도는 방향만 다를 뿐 뜻은 같다. 卍의 사전적 해석은 이렇다. '옛날 인도에서 비슈누 신의 가슴에 자란 털의 모양을 나타냈다는 길상吉祥의 증표다. 즉 불보살의 가슴·손·발등에 나타나는 무늬로 사원의 표지로 쓰이고 있다.'
 卍 / 卐[SWASTiKA]는 고대 인도 아리안족 언어인 산스크리트어 가운데 행운과 길상을 뜻하는 svastica에서 유래했다. 회전 모양이 무한성과 윤회의 뜻을 담고 있다 해서 불교의 문장이 됐다. 특히 힌두교에서는 최고의 신 브라만의 부활을 뜻한다. 卍에서 중앙은 태양이며 역동적인 직각의 선은 뇌신雷神·우신雨神·화신火神 등을 뜻한

다. 그 결과 원시 인류의 존엄과 의지처의 대상이 될 수 있었다. 이처럼 다양한 좋은 뜻을 갖고 있는 卍는 고대에서 현대까지 문화의 상징으로 동서양 거의 모든 국가에서 사용돼왔다.

그런데 1920년 히틀러는 나치군 창당 당시 당의 깃발과 배지, 완장 등에 卐, SWASTiKA란 이름을 HAKeN Kreuz(HAKeㄱ(갈구리), Kreuz(십자))로 바꿔 사용했다. 이후 1945년 제2차 세계대전에서 패전하고 나서는 卐 사용이 독일에서는 법으로 금지됐다. 이처럼 卐이 악용된 기간이 25년에 불과한데도 사람들은 卍과 卐을 별개의 것으로 알고 있다.

卍 / 卐[SWAstica]는 어느 지역에서 언제부터 사용됐을까? 이것이 발견된 가장 오래된 유적지는 세계 최고最古 문명의 발상지였던 메소포타미아 민족의 수메르Sumer 지역, 유프라테스 / 티그리스 강 유역과 인더스 계곡이다. 그리스도의 상징으로서 지하 사원인 카타콤에도 많이 그려져 있다.

그리스에서는 제우스와 태양의 신 헬리오스의 상징으로, 로마에서는 주피터의 상징으로 쓰였다. 기원전 5세기에 만들어져 러시아에서 발견된 청동기 창에도 각인돼 있다. 트로리에서 발견된 토기에도 그려져 있다고 한다. 또한 유럽 교회의 지도권을 확립하는 데 이바지한 교황 레오Leo 1서의 유물인 황금 반지, 그리고 덴마크에서 발견된 고대 게르만 민족의 묘비에도 신앙적인 상징물로 사용됐다고 알려져 있다. 그뿐만 아니라 키프로스 섬에서 발굴된 청동기 시대의 장식물과 아일랜드 십자가, 아메리카 인디언들의 천막에서도 찾아볼 수 있다.

20세기로 넘어오면, 1900년 초 샌프란시스코 YMCA 유소년 농구단의 명칭으로 Swastica 농구단이 있었다. 이 무렵 캐나다 앨버트 주의 주도州都인 에드먼턴 지역의 여성 하키 팀도 卐을 심벌로 사용했다. 이렇듯 卐/卍은 오랜 세월 동서양 전 지역에서 존엄과 사랑의 상징이 돼왔음을 알 수 있다. 우리나라의 경우 백제 시대 석조 여래상 앞가슴에 卍 자가 음각陰刻된 불상이 있다. 오늘날에도 스님들의 법복을 비롯해 생활 공예품에서 흔히 볼 수 있다. 덧붙여 '완자창'이란 말은 卍/萬의 중국어 발음 '완'에서 비롯된 듯하다.

히틀러는 어떤 연유로 卐를 나치의 문장으로 사용했을까? 중앙아시아의 유목민인 아리안족이 기원전 2000년경부터 서서히 동쪽으로 이동, 기원전 1500년경에는 인도 서북부 지방까지 들어왔다. 이들은 찬란한 고대 인더스 문명을 창조한 토착 농경민을 전차戰車로 무장한 무력으로 몰아내고 그 땅의 주인이 됐다. 이후 아리안족이 선주민들에게 철기 기술을 전수함으로써 일찍이 철기 시대가 열렸다. 아리안인 자신들도 전통적인 유목 생활에서 탈피해 철제 쟁기로 주식인 밀과 보리를 경작하면서 농경 생활을 하기 시작했다. 바로 이 아리안족의 토템이 태양 숭배의 상징인 卐이라고 한다.

한편 집시Gypsy는 인도인인데 이집트에서 이주해 온 이집시안 Eygytian(이집트인)으로 잘못 인식돼 집시가 됐다. 아리안족 일부도 유럽으로 옮겨 살게 됐는데 히틀러는 이 아리안족의 후예였다. 그는 아리안족 혈통과 인종적 우월성을 과시하고자 卐를 나치의 문장으로 삼았다. 독일 국민들에게 히틀러 자신을 태양처럼 숭배하라는 암시의 의도가 있었던 듯하다. 실제로 히틀러는 연설할 때 태양을 도구(?)로 삼았다고 한다. 즉 햇빛을 45도 각도에서 조명으로 받거나 석양을 배경으로 해서 연설의 효과를 드높였다.

그런데 어째서 석가모니 부처께서는 태양 불이신 비로자나불이 되셨을까? 불교에서 실존하는 부처는 석가모니 부처 한 분뿐인데 왜 다른 많은 부처들이 계실까? 비로자나는 산스크리트어 Virocana에서 온 말이다. 석가모니 부처의 자비처럼 태양빛이 온 세상을 차별하지 않고 골고루 비춰준다 해서, 광명변조光明遍照 또는 태양이란 뜻을 갖고 있다.

석가모니 부처께서 현세의 주불이라면 내세來世 극락정토의 주불은 아미타불阿彌陀佛이다. 이 밖에도 석가모니불을 왼쪽에서 보좌하는 지혜의 문수文殊보살, 오른쪽에서 중생을 위해 서원誓願을 세우고 수행하는 보현普賢보살, 중생들의 온갖 괴로움을 자유자재로 벗어나게 해주는 가장 인기 있는 관세음觀世音보살, 중생의 질병을 치료해주는 약사여래藥師如來, 약사여래의 좌우 협시불脇侍佛인 일광日光보살과 월광月光보살, 지옥에서 중생을 제도하시는 지장地藏보살, 미래의 부처이신 미륵불彌勒佛 등이 있다.

한편 불교에는 삼신불三身佛이 존재한다. 첫째 법신불法身佛은 부처의 성품을 의인화한 상징 불로 비로자나불 또는 대일여래大日如來라고 한다. 둘째 보신불報身佛은 중생의 서원을 해결해주는 관세음보살·약사여래·지장보살 등을 말한다. 끝으로 화신불化身佛은 중생을 제도하고자 중생의 근기/수준에 따라 변화해 나타나시는 석가모니 부처를 말한다. 불교는 양날개로 움직이는 비행기와도 같다. 믿음의 비중을 내세보다 현세에 두면 철학이 되지만 현세보다 내세에 두면 종교가 된다. 유교가 종교가 될 수 없는 것은 내세가 없기 때문이다.

　해탈 가운데도 번뇌가 있고 번뇌 속에도 해탈이 있는 법이다. 마찬가지로 종교 가운데도 미신이 있고 미신 가운데도 종교가 있다. 이는 종교와 미신이 인류의 역사와 영원히 함께할 것임을 보여준다. 어쨌든 생존하셨던 부처님은 석가모니 부처 한 분뿐이다. 그 밖의 부처님들은 중생들을 교법敎法에 끌어들이기 위해 가설假設한 방편 불들로 인간의 욕망이 만들어낸 것이다. 방편 불을 모시는 불교를 방편 불교라 한다.

　구석기 채집 경제 시대와 고대 농경 사회에서는 의식주에 필요한 모든 생활용품인 야생의 곡물과 과실 등을 자연의 생산물에 의존했다. 당시 고대인들에게 태양은 절대적인 존엄의 존재로 다가왔을 것이다. 태양의 가치는 현대 사회에서도 변함이 없다. 고대인들에게 일출이 실존의 환희였다면, 현대인들에게는 일출과 석양이 형이상학적인 미감美感의 세계를 깨우쳐주고 있다. 특히 어둠에 대한 본능적 두려움과 한겨울 혹한을 밤새 견뎌낸 원시인들에게, 새벽녘 동녘에서 떠오르는 태양은 신神과 다르지 않았을 것이다. 이 세상의 모든 사물은 상호 의존성의 유기적 관계를 맺고 있다. 이를 가리켜 연기緣起 / 인연因緣이라고 부른다. 나는 가끔씩 인연人緣이란 신조어를 쓰곤 한다.

　음식의 예를 들어보겠다. 밥과 갖은 반찬 그리고 식기들이 이 자리에 오기까지 얼마나 많은 사람들의 손을 거쳤을까. 또한 나의 존재가 자리에 이런 모습으로 있기까지 부모님뿐만 아니라 얼마나 많은 사람들의 도움이 있었겠는가. 연기의 궁극은 생명의 원천인 곡물로 귀결된다. 즉 쌀과 밀은 '해님'의 작품으로 하늘같은 존재라 할 만

하다. 밥풀 한 알도 버리지 않았던 우리의 할머니와 어머니들은 밥을 곧 하늘과도 같은 존재로 여겼다. '백성들은 이처럼 먹는 것을 하늘로 여기며 살았다[民以食爲天]'.

금강산 일만 이천 봉의 최고봉이 비로봉毘盧峰이듯 삼라만상 최고의 가치는 태양이다. 동서양 어느 시대 어느 민족이든 문화와 문명의 궁극은 태양으로 귀결된다. 이집트 문명의 태양 숭배, 마야 / 잉카 제국의 태양 신전, 중국의 석기 시대 유물 가운데 돌에 해를 새긴 석조 상과 일본의 일장기 등이 대표적인 예다.

비로자나불은 연기緣起의 시원인 태양을 의인화 / 신격화한 것이다. 비로자나불에 대한 신앙은 7세기 이후 모든 불교 국가에서 유행했다. 한중일 3국의 대표적인 비로자나불을 살펴보면, 우리나라 최고의 불상은 경남 산청 내원사內院寺의 석조 비로자나좌상(보물 1021호. 766년에 세워졌고 현재 국보로 추진 중에 있음)이다. 중국의 경우 낙양洛陽 용문龍門 석굴의 비로자나좌불(675년 세워졌고 좌고 17.14cm)을 들 수 있다. 중국 역사상 유일무이한 여성 황제 측천무후則天武后가 일 년간 화장품 비용을 보시布施해 조성했다는 일화가 있다.

일본 최고의 불상은 나라奈良 도다이지東大寺의 비로자나 대불이다. 노사나불盧舍那佛은 비로자나불의 약칭이다. 그런데 법신불이신 비로자나불을 노사나불로 부를 때 보신불이라고 한다. 이런 처사는 어느 불교 국가에서든 불교 발전의 저해 요인이 될 뿐이다. 석가모니 부처께서 열반하실 때 시자인 아난존자에게 남기신 유언은 법등명法燈明 / 법귀의法歸依였다. 즉 앞으로 나라는 사람을 믿지 말고 45년간 설說한 법(진리)을 믿으며 등불로 삼으란 말씀이었다.

불교는 이처럼 석가모니라는 부처를 믿는 종교가 아니라 붓다의 말씀을 믿는 종교다. 그런데도 대부분의 중생 불자들은 석가모니 부처의 뜻과는 달리, 붓다를 우주 만물을 창조하신 태양신이신 비로자나불로 승화시키고 싶어 한다. 자신의 기원祈願과 부처께서 중생에게 베풀어주시는 가피력을 높이기 위함이다. '오! 태양이신 비로자나불이시여(O! Sole mio)!'

나는 지금껏 여러 사찰들을 봐왔다. 그 가운데 본존불本尊佛과 협시불 배치가 가장 인상적이었던 사찰은 구례 화엄사의 각황전覺皇殿(국보 67호)이었다. 각황전은 조선 숙종께서 하사하신 이름이라고 한다. 본존불인 비로자나불을 중심으로 왼쪽에는 석가모니불, 오른쪽에는 다보불多寶佛이 있다. 각황覺皇은 깨달으신 황제란 뜻으로 중국의 시황제始皇帝나 로마 대제국의 통치자처럼 왕을 초월하는 칭호다. 숙종께서 각왕覺王이 아닌 각황覺皇으로 명명하신 뜻을 살려 부처들을 현대 사회의 조직에 대입해봤다. 아래는 각황이신 비로자나불을 정점으로 그려본 그림이다.

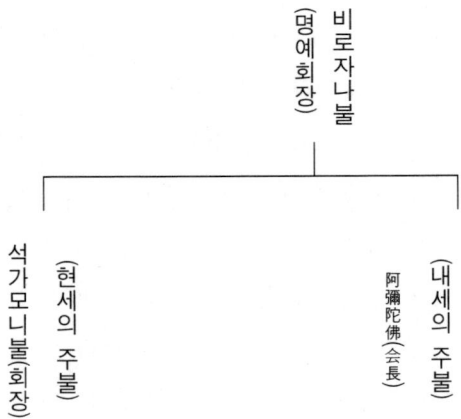

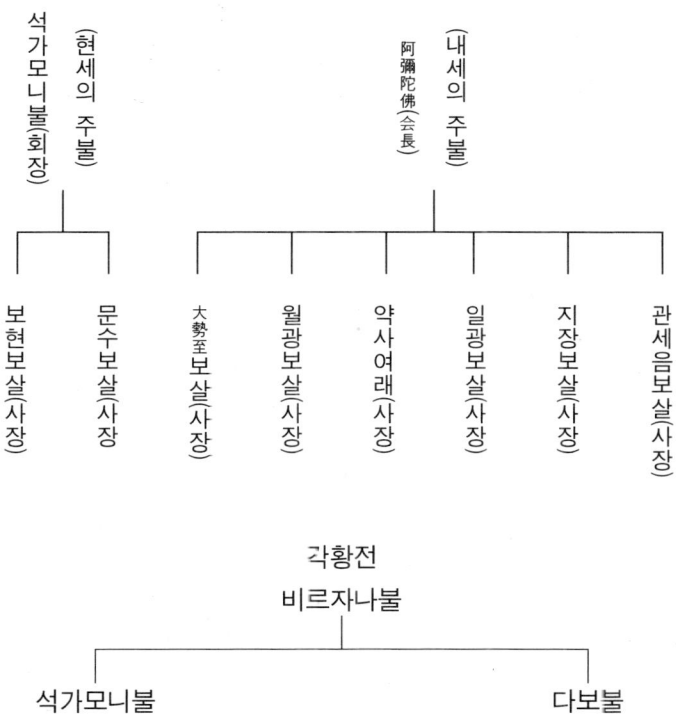

　불교의 삼신불三身佛인 법신불/보신불/화신불을 천주교의 삼위일체(성부/하느님·성자/예수·성령)에 견줘 설명해보겠다. 천주교의 삼위일체는 상하의 위계 개념이 아니다. 성부와 성자와 성령은 다르면서 같고 같으면서 다르다. 물이 액체이면서 기체와 고체도 될 수 있으나 본질은 같은 것과 마찬가지다. 즉 하위 개념처럼 느껴지는 성령인 신부님이 미사 드릴 때와 고해성사 때만큼은 성부이신 하느님이 된다. 마찬가지로 각황전의 본존불이신 비로자나불과 협시불이신 석가모니불과 다보불은 같은 위계의 부처님이라 할 수 있다.

각황전의 본존불과 협시불을 떠올릴 때면, 한낮 태양이 중천에 떠 있는 경주 불국사의 대웅전 뜰 양옆에서 대칭미를 보여주는 석가탑釋迦塔과 다보탑多寶塔이 생각난다. 두 탑은 삼라만상에서 서로 다른 두 가지 성질을 상징한다. 이 세상에는 곡선의 미뿐만 아니라 직선의 미도 있듯, 단맛뿐만 아니라 쓴맛·짠맛·신맛·구수한 맛도 있다. 다보탑이 미녀 / 화려한 청자 / 색채화 / 오곡밥맛 / 단 홍차 맛 / 귀족적이라면, 석가탑은 미남 / 소박 단아한 백자 / 수묵화 / 흰쌀밥맛 / 쓰면서 구수한 녹차 맛 / 서민적이다.

  불교에서는 이처럼 내세의 극락도 있지만 현세의 지구라는 천국에 마음 극락이 존재한다. 마음 하나만 무사無事하면 무진장無盡藏으로 행복이 널려 있다. 그러므로 언제 어디서나 지금 여기가 보금寶今자리(필자의 신조어)인 것이다.

불교는 종교와 철학 두 날개의 비행기

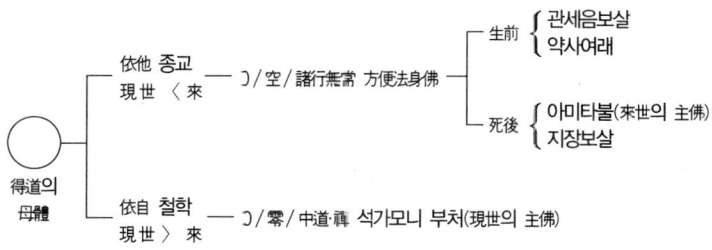

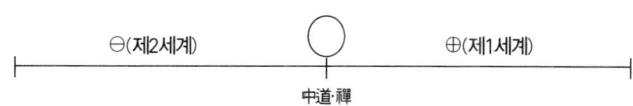

불교는 종교와 철학의 양면성을 갖추고 있어 인간의 욕망을 완벽하게 해결해줄 수 있다. 이런 점에서 21세기 세계인의 종교로 필요충분조건을 갖추고 있다 하겠다. 불교는 현재< 미래(종교), 현재 > 미래(철학) 등 부등호의 방향에 따라 종교와 생활인의 철학으로 분화된다. 즉 관음보살·약사여래·아미타불 같은 법신불을 신앙의 대상으로 믿으면 종교가 되지만, 석가모니 부처의 말씀을 믿으면 생활 철학이 된다. 우리나라에는 뜻밖에도 내세에 대한 신앙을 기원하는 속담이 존재하지 않는다. 반대로 개똥밭에 굴러도 이승이 좋다는 속담이 있을 뿐이다. 널리 알려진 이 속담에서 우리 조상들의 현세에 대한 애착을 엿볼 수 있다.

인간에게 종교가 절실한 것은 마음의 평화를 가져다주는 생전의 안식처와 사후의 귀의처가 필요하기 때문이다. 일상을 살아가다 보면 문득문득 허무를 느끼곤 한다. 선천적으로 사색인이었던 카필라국의 싯다르타 태자는 출가와 동시에 성도의 두 명제인 제행무상諸行無常과 중도/선을 탐구하셨다. 이 가운데 제행무상은 보통 사람도 느낄 수 있는 것이다. 해탈은 집착의 단호한 단절이다. 유정有情한 인간에게는 가족과 절연한 것 자체가 해탈이 될 수 있다. 즉 싯다르타 태자의 출가는 몸이 궁전을 떠난 가출家出이 아닌 마음의 출가出家였다. 그러므로 싯다르타 태자가 보리수 아래에서 득도하신 것은 중도/선뿐이라 할 수 있다.

성도하신 뒤 초전법륜初轉法輪의 교의가 고苦·집集·멸滅·도道의 사성제였음은 이미 말한 바 있다. 사성제를 불교계와 학계에서는 한 흐름의 교의로 해석하고 있다. 내 생각은 좀 다르다. 이미 말했듯 고·집·멸이 번뇌의 근본 원인을 뿌리째 없애는 제1의 수행 단계라면, 생활인에게 행복의 본질을 제시해주는 중도/선은 제2단계로서 별도의 주개념으로 보고 있다. 붓다의 첫 설법 주제가 중도였던 것도 이 때문이다.

그런데 붓다의 성도 후 2,600년이 지난 오늘날까지 깨달음의 본질인 중도/선은 말로 설명할 수 없는 언어도단의 교의로 치부되고 있다. 이야말로 언어도단이라 할 것이다. 중도/선이라는 불교의 생활 철학이 보편화될 때에야, 우리나라 불교의 숙제인 노인 불자 위주의 불교에서 탈피해 젊은 불자의 참여를 기대할 수 있지 않을까.

다시 말하지만 불교는 붓다란 인물을 믿는 종교가 아니다. 석가모니 부처께서 입멸하실 때 남기신 유언처럼, 진리의 말씀에 귀의하는 법귀의法歸依면서 이 세상에서 붓다를 비롯한 어느 누구도 믿지 않고 본래 자기로 돌아가는 자귀의自歸依의 의자 철학이다. 그런데도 중도/선이 여전히 신비의 베일에 싸여 있는 탓에 불자들은 불교를 생활 철학으로 느끼지 못하고 있다. 즉 자연 현실고現實苦를 해결하고자 방편 법신불에만 의지하는 것이 현실이다. 하지만 이 역시 우리네 인생살이의 인지상정이 아닐까.

우리나라 불교를 생각할 때면 학창 시절 교수님의 말씀이 떠오른다. 대학교 어느 수업 시간 즈전에 교수님께서 불쑥 "여러분, 신이 계시다고 생각하십니까?"라고 굴으셨다. 잠시 침묵이 흐른 뒤 이렇게 자답하셨다. "신이 계시다고 생각하는 사람의 삶은 행복하겠죠."

사람은 누구나 울면서 태어난다. 즉 무언가를 믿고 의지하고 싶어 하는 생래적으로 나약한 동물이다. 인류에게는 일찍이 기개 사회인 부족 또는 씨족 사회 때부터 태양과 달 같은 자연물이나 동식물을 신성시하는 토템 신앙이 있었다. 이는 21세기에 와서도 그다지 변하지 않았다.

살아생전에 크고 작은 괴로움을 덜어주고 없애주는 관세음보살이 오늘날 최고의 인기 불이다. 견見이 육안으로 사물을 보는 것이라면 관觀은 마음의 눈으로 세상을 통찰하는 것이다. 관세음보살은 중생이 갖가지 괴로움을 당할 때 그의 이름을 부르면 자유자재로 그 고통에서 벗어나게 해주는 보살로 알려져 있다. 이런 연유로 관자재觀自在(觀自由自在의 축약)보살이라고도 부른다.

약사여래도 관세음보살 못지않은 인기 불이다. 사람은 자신이 살고 있는 집을 수리하며 살듯 몸이라는 집에서 사는 육체도 고치며 산다. 중생의 몸을 치료해주는 약사여래도 반드시 계셔야 할 부처님이다. 아미타불은 어떤가. 우리 인간은 사후의 세계를 필연적으로 맞이해야만 한다. 내세에는 괴로움도 없고 즐거움만 있다는 극락정토極樂淨土의 주불이신 아미타불(무량수無量壽·무량광無量光)의 품에 안기고 싶은 것이 중생의 마음이다.

그런데 죽고 난 뒤 극락왕생이 반드시 보장되지는 않는다. 지장보살은 사찰의 명부전冥府殿에 본존불로 모시고 있는 부처다. 즉 모든 중생이 구원을 받을 때까지 자신은 부처가 되지 않겠다는 큰 서원을 세운 살신성불殺身成佛의 부처다. 죽은 사람이 지옥에 떨어지면 지장보살만이 그를 극락왕생하게 만들 수 있다. 그러므로 백성들의 사후를 책임지는 희망의 최후 보루라 할 수 있다. 그뿐만 아니라 지장보살은 사별한 가족의 고통을 달래주는 역할도 한다. 지장 신앙이 오늘날까지 오랜 생명을 유지하는 이유다.

반면 중도/선은 화석처럼 사장된 나머지 일부 고승들의 전유물로만 향유되고 있을 뿐이다. 중도/선은 추상적인 교의가 아니라 밥맛을 통해 붓다란 한 인간이 구체적으로 체득한 행복론이다. 그런만큼 더 큰 가치가 있다. 싯다르타는 한 나라의 태자라는 특이한 신

분으로 태어나셨다. 더욱이 사색적인 천품을 지닌 덕분에, 태자와 고행이란 두 극단적인 생활을 격은 뒤 중도 / 선이란 명제를 발견할 수 있었다.

중도 / 선은 태자 시절 단맛(+)의 제1세계와 6년간 고행 수도에서의 쓴맛(-)의 제2세계를 거친 연후에 도달한, 조화와 균형을 이룬 평정심의 제3의 신세계이다. 이는 동서양인 모두가 무리하지 않고 합리적으로 받아들일 수 있는 행복의 황금률이라 하겠다. 중도 / 선은 없던 무엇을 발명한 것이 아니라 반대로 있던 사실을 발견한 것이다. 이런 점에서 인간이 도달할 수 있는 행복론인 셈이다.

대승 불교는 기원전후 무렵에 등장했다. 붓다의 입멸 후 양지陽地편의 상위 기득권 불자들은 자신들이 확보한 지위를 유지할 목적으로 차별주의 불교를 전파했다. 소승의 이상적인 인간상인 아라한(줄여서 나한)은 붓다의 하위 개념이었다. 따라서 평생 수도를 해도 부처가 될 수 없었다. 이런 차별주의와 권위주의에 맞서 아라한에 대응한 새로운 인간상이 다름 아닌 대승의 보살이었다. 대승은 철저한 평등주의로 누구나 부처가 될 수 있다는 종교 개혁과도 같았다. 하지만 오늘날 한국 불교에서 보살은 졸집 부엌에서 밥을 짓고 큰스님의 시중을 드는 여신도를 가리키는 것으로 전락했다. 그러므로 현 한국 불교는 겉으론 대승을 표방하고 있으나 실상은 소승 불교라 하겠다.

불교는 두 날개로 날아가는 비행기에 비유할 수 있다. 종교가 하나의 날개라면 철학은 또 다른 날개다. 이렇게 두 날개가 달려 있을 때라야 우리나라 불교가 세계 곳곳으로 포교 비행을 할 수 있지 않을까.

0을 발견한 붓다는 위대한 사상가이자 수학자

　인류의 사상사에서 석가모니 부처의 0 / 공空 사상은 새로운 지평을 열었다. 0이 같은 지역인 인도에서 재발견되면서 수학사에 대혁명이 일어난다. 사상으로서의 0 / 공과 수학으로서의 0은 그저 우연히 인도에서 발견된 것일까? 석가모니 부처가 득도하신 시기는 기원전 525년경이다. 이후 0 / 공 사상이 인도인들의 사유 세계를 지배한 결과 0이란 개념이 잉태된 것으로 보인다. 그렇게 잠재돼 있다가 1,000년 뒤인 6세기에 나타난 것은 공 사상 덕분이라는 것이 수학사의 정설이다.

　1~9까지의 숫자만 있던 수학에 0이 편입되면서 근대 수학은 활짝 꽃을 피우며 대 혁명기를 맞이한다. 0의 발견자는 무명인으로 알려져 있다. 이 무명인은 석가모니 부처를 사숙私淑했는지도 모를 일이다. 예컨대 서예에서 무명씨의 붓 윗부분을 스승인 붓다가 잡아줘 글씨를 완성하는 것과 같다고 하겠다. 0의 발견자가 무명인인 것은 어찌 보면 당연한 일이다. 이는 진정한 발견자가 1,000년 전 같은 인

도의 석가모니 부처임을 입증하는 게 아닐까.

인간 사회에서도 한 조직에 다른 것이 끼어들면 반발이나 저항을 받게 마련이다. 1에서 9까지만 있던 수학의 세계에 0이 편입될 때도 다르지 않았다. 고정 관념에 매여 있던 기존의 학자들 때문이었다. 이 무렵의 일화를 얘기하려는 건 0이란 수의 개념에 대한 석가모니 부처의 천재성을 짐작해보기 위함이다. 그때까지 수학자들은 실제로 값이 있는 실수인 양수(+)만 다뤄왔다. 0보다 작은 음수(-)를 이해하기가 불가능했기 때문이었다. (-3)+2=-1. 2+(-2)=0. 이런 식의 벡터Vector(방향 량方ㅁ量)를 국민들에게 납득시키기 어려워 실생활의 예를 들었다고 한다.

이화여대 수학과 이 종희 교수와 일행이 되어 해외여행을 떠난 적이 있었다. 그는 돌아오는 비행기 옆 좌석에서 이런 얘기를 들려줬다. 예를 들어 1,000만 원의 빚을 진 사람이 500만 원을 갚으면 500만 원의 빚이 남는다. 여기에 다시 500만 원을 갚으면 0이 된다. 이런 식으로 일반 사람들의 이해를 도왔다는 것이다. 석가모니 부처께서 성도/중도/0을 발견한 것은 기원전 525년의 일이었다. 반면 인도에서 0이 발견된 것은 먼 훗날인 6세기의 일이었다. 석가모니 부처께서 1,000년 뒤의 전문 수학자들도 쩔쩔매는 0의 개념을 심층의식으로 파악하셨다는 사실이 그저 놀라울 뿐이다.

석가모니 부처께서 득도/중도/0을 발견하신 뒤로 인도 사회에 0이 잉태되면서 보편화되기 시작했다. 공/0 사상으로 모든 존재의 실상實相이란 철학이 가능해졌다. 이런 풍토에서 수학자들은 0을 숫자로 취급할 수 있다는 자신감과 용기가 생겼을 것이다. 앞서 말했듯 0의 발견자가 무명인이란 점이 흥미롭다. 이런 사실은 석가모니 부처께서 0의 창안자임을 입증해준다. 입으로 전해져 내려오는 민요가 후대 작곡가에 의해 편곡되는 예가 더러 있다. 마찬가지로 6세기 인도의 수학자들은 0의 발견을 위한 편곡자의 역할을 했을 뿐이다.

　이렇듯 수학사에서 가장 위대한 발견인 0은 불교적 세계관으로 인해 가능했다. 0은 다른 숫자가 감히 뺄 수도 나눌 수도 없다. 아무리 큰 숫자도 0에 곱하기만 하면 없어지고 만다. 이런 연유로 0은 수학의 세계에 뒤늦게 편입됐으면서도 천상천하 유아독존天上天下 唯我獨尊적인 숫자의 왕이 될 수 있었다. 요컨대 석가모니 부처께서는 위대한 사상가이자 수학자였던 셈이다.

수학자 피타고라스는 철학자 붓다 구루스

독일의 실존주의 철학자 칼 야스퍼스는 기원전 6세기를 전후한 4세기 동안을 인류 혁명의 추축樞軸 시대라고 불렀다. 이대는 인류 문화의 발전 단계로 보면 석기 시대, 청동기 시대에 이은 철기 시대에 속한다. 철기 시대는 바로 현대로 넘어오는 시기로 철 생산에 따른 대량 살상 무기가 등장했다. 나라마다 철기 시대가 도태한 때가 다르다. 가장 빠른 기원전 13세기 메소포타미아를 시작으로 인도는 기원전 10세기, 중국은 기원전 4세기에 철기 시대를 맞이했다. 그리고 이 시기에 범 인류를 위한 보편적인 사상이 꽃을 피우게 된다.

구체적으로 살펴보면 중국에서는 공자를 중심으로 제자백가가 출현했다. 이스라엘에서는 유태교의 수많은 예언자가 등장했는데 이중엔 예수 그리스도도 있었다. 3대 성인 가운데 공자와 붓다는 기원전 6세기 인물이라면 예수 그리스도는 1세기 인물이다. 추축 시대의 진리가 지금도 진리란 사실은 고대와 현대가 철학적으론 같은 시대임을 말해준다.

오늘날 문명 시대의 현대인들이 아득한 그 옛날 기원전후 사람의 말씀으로 살고 있음은 참으로 아이러니하다. 그런데도 현대인들은 기원전 시대를 원시 시대라고 착각하곤 한다. 절대 그렇지 않다. 이를테면 기원전 6세기에 아령dumbbell이 등장한 사실을 볼 때 체육 생활이 이미 과학화됐음을 짐작할 수 있다.

고대 사회는 학문의 미분화 시대로 석가모니 부처뿐만 아니라 철학자가 곧 수학자였다. 서양 철학의 시조로 알려진 탈레스Thales of Miletus(기원전 640경~546경)도 수학자였다. 플라톤Platon(기원전 428경~348경)은 그의 아카데미 입구에 '기하학을 모르는 사람은 들어오지 말 것'이란 글귀를 써 붙였다. 그런가 하면 그리스 문화권에서는 종교적 법열의 경지로 이끄는 영혼의 정화법으로서 하프란 악기가 존중을 받았다. 하프는 피아노의 어머니로 알려진 악기다.

기독교가 오늘날 세계적인 종교로 교세를 넓힐 수 있었던 것은 다름 아닌 성가聖歌의 영향이다. 초기의 종교 박해 때부터 그레고리안(무반주 성가)이 불리면서 신앙의 불꽃이 촛불처럼 이어졌다. 오래 전 공개 방송을 진행했을 때의 일이다. 고교 합창단이 〈생명의 양식〉과 〈이상〉이란 곡을 합창으로 불렀다. 곡이 끝나자마자 나는 이렇게 말했다. "이 합창곡을 듣고 있는 동안 시청자들께는 하느님과 천사가 보이셨을 것입니다."

석가모니 부처보다 20여 년 전에 태어난 피타고라스Pythagoras(기원전 582경~497경)도 수학자 겸 철학자였다. philosophy(철학)는 philo(사랑)+sophy(지혜)의 복합어다. 지혜의 사랑이 철학이란 뜻이다. 단어 앞에 붙는 접두사 phil/philo는 사랑하다는 뜻으로 음악에서 philharmonic은 음악 애호가란 의미가 된다. 산스크리트어에는 '붓다 구루스'란 표현이 있다. 영적인 스승 붓다란 뜻이라고 한다. 피타고라스는 쌀을 좋아해 가지고 있던 콩을 쌀과 물물 교환했다는 얘기가 전해온다. 붓다와 피타고라스 같은 당시의 철인들에게는 쌀이 일상의 양식을 뛰어넘어 철학의 대상이 되지 않았을까. 이런 점에서 수학자 피타고라스를 철학자 붓다 구루스라 부르고 싶다.

오늘날 인도를 일면만 보고 빈민층의 나라로 착각하기 쉽다. 그러나 인도인들은 미국 실리콘 밸리의 IT 사업에서 주축으로 활약하고 있으며 핵무기까지 보유하고 있다. 우리나라의 한국과학기술연구원KIST도 인도에서 그 모델을 따왔다. 석가모니 부처께서 태어난 카필라 국은 농업 국가다. 세금으로 곡식을 거두어들이는 건 농업국가의 중요 업무라 할 수 있다. 붓다는 출가 전 장차 왕이 될 뻔한 나라의 태자로서 수학적인 지식을 갖춰야만 했을 것이다. 석가모니 부처의 일생을 그린 〈불소행찬佛所行讚〉을 보면, 고타마 싯다르타가 최고의 교육을 받았으며 높은 지성과 비상한 셈 능력이 있었음이 드러난다.

특히 산수에 능했던 싯다르타에게 또래 친구들은 경쟁 상대가 되지 못했다. 당시 산수의 대가였던 아르주나Arjuna(인도 서사시 《마하바라타Mahabharata》(브라타 왕즈의 대서사시)에 나오는 영웅인 다섯 판다바 형제 중 하나)도 태자와 실력을 겨룰 수 없었다고 한다. 대체로 성인의 어린 시절은 과장, 미화되는 것이 일반적이다. 그렇다 해도 붓다의 특출난 수학 실력을 터무니없는 허구로 보고 싶진 않다. 붓다의 타고난 수학적 소질로 인해, 깨달음의 정수인 0의 개념이 불교 철학의 심층 의식으로 자리할 수 있었을 것으로 생각되기 때문이다.

동그라미, 태양빛과 달빛의 시공간

사물의 형태는 매우 다양하다. 그런데 0은 어째서 동그라미 모양일까? 태양과 달은 0 모양을 하고 있다. 둥근 태양은 낮엔 밝은 빛을 안겨주고 겨울엔 따뜻함을 전해준다. 열매 같은 먹을거리도 만들어준다. 그리고 둥근 달은 밤에 태양을 대신해 어둠을 밝혀주는 역할을 한다. 고대 원시인들에게 둥근 태양과 달은 오늘날의 신과 같은 절대 숭배의 대상이었다. 온종일 빛을 주던 태양이 서산 너머로 질 무렵이 되면 원시인들은 얼마나 불안했을까. 해가 넘어가자마자 동산에서 밤을 밝히고자 떠오르는 달은 또 얼마나 고마운 존재였을까.

무더운 한여름 낮에 미뤄뒀던 농사일은 열기가 식은 밤 달빛 아래에서 할 수도 있다. 하지만 칠흑같이 캄캄한 밤이 되면, 멀리서 들려오는 짐승들의 울음소리로 한숨도 못 자고 공포의 밤을 보내야 한다. 이들에게 새벽녘 지평선 위로 떠오르는 휘황찬란한 둥근 태양은 얼마나 반가웠으며 믿음직스러웠을까. 그러니 태양을 원시인들이 의지할 수 있는 유일한 대상으로 숭배한 것은 당연한 결과였다. 최근 중국에서 기원전 6세기경의 석조 상이 발견됐다고 한다. 이는 석기 시대 사람들이 돌에 해를 새겨 태양을 숭배했음을 보여준다.

잉카 제국에는 태양의 신전뿐 아니라 달의 신전도 모셔져 있다. 달빛을 사람의 눈으로 감지할 수 없는 날이 존재한다. 한 달 가운데 3일 정도 안 보이다가 다시 나타난다는 것이다. 예수님의 3일 후 부활 역시 달빛에서 유래했다는 것이 많은 신학자들의 견해다. 이렇듯 고대인들에게 태양빛과 달빛의 시간은 그들의 생활을 지배한 최고의 가치였다. 지금도 일 년 중 양력 12월 25일 전후로 동지冬至란 절기가 있다. 동지 다음날부터 해가 노루 꼬리만큼 길어진다는 속담이 있듯, 우리 선조들이 햇빛과 햇볕을 얼마나 귀히 여겼는지를 짐작할 수 있다.

예수 그리스도의 탄생일은 아무도 모른다는 것이 정설이다. 그렇다면 왜 12월 25일로 정해졌을까? 태양빛이 길어지기 시작하는 평균 시기를 기점으로 삼았기 때문이다. 즉 이때를 태양의 탄생으로 여겼다는 얘기다. 여기서 서양 역시 태양의 빛을 최고의 가치로 삼았음을 알 수 있다.

그런가 하면 석가모니 부처의 고향인 카필라 국에 살았던 샤카족은 태양의 후예라고 불렸다고 한다. 이 역시 빛의 숭배에서 연유했을 것이다. 여기서 궁금증이 하나 생겨난다. 수학의 숫자 0에서 9까지 열 개의 기호 가운데 뒤늦게 편입된 동그라미 0에게만 어째서 절대 위력의 기능이 부여됐을까? 원시 사회에서 동그라미 모양은 절대 신성의 화신이었다. 이런 고대 인도 사회의 통념에서 절대 권능의 상징인 동그라미가 숫자 0의 모양으로 결정됐을 거라는 해석이 가능해진다.

동그라미 얘기가 나온 김에 잠시 내 얘기를 해보려 한다. 나의 평생 천직은 야구 중계방송이다. 주위 사람들은 3시간 넘는 중계가 힘들지 않느냐고 묻곤 한다. 나는 아직껏 중노동이라 생각한 적이 없다. 신변에 힘든 일이 있을 때 중계방송은 오히려 괴로운 일을 없애는 약 처방이 돼준다. 방송을 마치고 나면 기분 좋은 피로와 함께 무념의 행복에 젖어든다.

내게 있어 중계방송은 집중의 시간이다. 야구 경기뿐 아니라 모든 중계방송은 대본이 없는 드라마다. 아나운서인 나는 연출가 겸 연기자가 되어 순간순간의 드라마를 시청자들에게 생생하게 전달한다. 원고가 없는 방송일지라도 클로징 멘트를 위해 해설자 이름을 적어놓는 것이 불문율이다. 사실 나는 장시간 함께 옆에 앉아 있던 해설자 이름이 떠오르지 않아 쩔쩔맨 적이 한두 번이 아니다. 경기 상황에 100퍼센트 집중한 까닭이다. 내게 있어 집중=행복이다. 이는 야구 중계를 통해 몸으로 배운 철학적인 수확이다.

앞서 말했듯 집중은 마음자리가 0에 있는 중심을 가리킨다. 마음의 본질은 고요함이다. 사람은 언제나 마음이 고요하면 행복해질 수 있다. 마음자리의 0은 절대 정적靜寂을 뜻한다. 가령 여행이 즐거운 것은 새로운 사물에 대한 호기심으로 인해 마음자리가 0에 머무르는 집중集中 메커니즘 때문이다. 기도 / 염불의 시간이 행복한 것도 이 때문이다. 과연 불교는 행복 심리 철학이라 할 만하다.

한편 둥근 야구공의 실밥은 108바늘이다. 이 108바늘의 야구공이 하는 일(중계)을 통해 나는 108번뇌를 씻어낼 수 있었다. 야구장은 내 평생 휴양지였다. 내가 둥근 야구장과 야구공을 떠나지 못하듯, 우리는 삶에서 평생 둥근 것을 떠나 살 수 없는 모양이다. 둥근 지구 위에서 낮에는 둥근 태양을, 밤에는 둥근 달을 보며 살아간다.

마조도일馬祖道一(709~788. 중국 당나라 승려로 6조 혜능, 남악회양에 이어 중국 선종 제8대 조사) 선사는 불교의 세계를 '소중현대小中現大(작은 것으로 큰 것을 표현함)'로 노래하셨다. 마애불磨崖佛의 '일면불日面佛 월면불月面佛(해님의 대낮은 금金 세계! 달님의 달밤은 은銀 세계!)'(필자 의역). 이처럼 낮(+)과 밤(-) 두 세계를 동등하게 바라보는 것이 불교의 세계관이다. 일본 교토京都에는 금각사金閣寺와 은각사銀閣寺가 있다. 이들은 불교 본질의 상징적 건물로 사물의 우열을 가리지 않는 무차별심의 경지를 보여준다. 둥근 지구에서 둥근 해와 둥근 달을 보며 밥맛, 차 맛 같은 0의 맛을 보며 살다가 0으로 돌아가는 것. 이야말로 우리의 인생길이 아니겠는가.

0, 무상의 상징이자 절대 권능의 존재

고대 인도에서 석가모니 부처님 깨달음의 모체인 사성제는 숫자 4로 나타났다. 이후 불교의 모든 교의는 수數로 표현돼왔다. 이는 붓다의 깨달음이 수학에 근거해 있다는 사실을 입증해준다. 불교에서 수학과 관련된 용어는 무척 많다. 일련탁생一蓮托生, 불이문不二門, 삼법인三法印, 삼보三寶, 사성제, 사고四苦, 오온五蘊, 오백 나한五百羅漢, 육바라밀六波羅密, 칠불七佛, 팔정도八正道, 팔고八苦, 백팔 번뇌百八煩惱, 구품九品, 십대 제자十大弟子, 시방十方, 시왕十王, 삼십삼천三十三天, 십육 나한十六羅漢, 육도윤회六道輪回, 팔만사천법문八萬四千法文 등등.

한편 불교에는 인간의 상상력이 미치지 못할 만큼 큰 수인 겁劫(천지개벽에서 다음 천지개벽까지)과 아승기(10^{51})가 존재한다. 조兆나 경京보다 훨씬 큰 최대치의 수인 불가사의不可思議도 있다. 반대로 수유須庾(48분)와 찰나刹那(0.013초) 같은 지극히 작은 수도 있다. 이런 극단적인 시간의 대비는 '지금'이란 귀중한 시간을 깨닫게 하기 위한 방편이 아니었을까.

불교는 과학적이고 이성적인 요소가 많은 종교다. 즉 추상화가 아닌 사실화 같은 종교다. 훌륭한 수학자인 김용운 교수는 불교를 이렇게 수학적으로 풀이하고 있다. 팔만사천법문은 복잡하고 많을 것 같지만, 한마디로 말하면 마음 즉 '다즉일多卽一'이다. '다多'를 2, '즉卽'을 =로 하면 2=1의 방정식이 생긴다. 이 식의 양변에서 똑같이 1을 빼면 2-1=1-1 즉 1=0이다. 1을 존재로 보면 존재는 곧 0이 된다. 이것이 김용운 교수가 해석한 수학적인 불교의 세계다.

나의 불교관을 소개해보면 이렇다. 0은 나눌 수도 뺄 수도 없다. 또한 어떠한 큰 수도 0에 곱하면 단번에 0으로 만들 수 있다. 즉 0이 절대의 수(수의 왕)란 뜻이다. 0의 곱하기는 마음이 곧 부처라는 즉 심시불卽心是佛의 돈오 정신과 닿아 있다. 더하거나 빼거나 나눌 수도 없는 0은 곧 불교의 본질인 마음이다. 그러니 어떠한 권력가나 거대 재벌의 회장도 언젠가는 죽는다는 제행무상의 법문 앞에서 어찌 당당할 수 있겠는가. 무상無常(0)은 잠시나마 인간을 겸허하게 만든다.

절대의 위력을 가진 숫자 0의 무화無化 작용은 공(0)의 가르침을 잘 드러내준다. 0에 절대 권능이 부여된 것은 붓다가 0을 창안할 당시의 교의를 따른 것으로 생각된다. 불교에 심취한 기업인 가운데 무심無心(0), 무욕無慾(0)의 불자로서 사회에 거액을 기부하는 모습을 흔히 볼 수 있다. 이 또한 허무虛無(0)의 반작용으로 0의 위력이라 하겠다.

학문적인 업적에 비해 저명하지 않은 학자가 있듯 제자에 비해 덜 알려진 스승이 있다. 남악회양南嶽懷讓(677~744)이 그런 분이다. 그의 스승은 6조 혜능이며 임제는 한참 아래 손자뻘 제자에 해당된다.

신라의 본여本如 선사가 직계 제자라고 하니 더욱 친근감이 느껴진다. 혜능의 법통을 이어받은 그는 다음의 선시 한 편으로도 후대에 추앙받을 만하다. 나는 전철을 탈 때면 염불 대신 이 작품을 마음속으로 음미하곤 한다.

> 心地含諸種 遇澤悉皆萌 심지함제종 우택실개맹
> 三昧華無相 何壞復何成 삼매화무상 하괴부하성
>
> 마음 밭에는 갖가지 행복의 씨앗 들어 있다네
> 우연히 좋은 인연(스승, 벗) 만나면
> 모든 종자가 싹을 틔운다네
> 행복의 모양 없으니
> 어찌 부술(빼기 / (-)) 수도
> 이룰(더하기 / (+)) 수도 있겠는가.
> (필자 졸역)

화花는 육안으로 보이는 꽃이라면 화華는 심안으로 보이는 행복의 꽃이다. 행복의 꽃 / 0의 행복은 0의 본질처럼 뺄 수도 더할 수도 없다. 그러니 도둑맞을 염려가 없다. 또 다른 작품을 소개해본다.

> 得之本有 득지본유   얻었다 한들 본래 있었던 것을
> 失之本無 실지본무   잃었다 한들 본래 없었던 것을
> (필자 졸역)

마음자리가 좌표 평면 0에만 있으면 언제 어디서나 천하를 얻은 듯한 환희의 세계에 들 수 있다. 염불은 한시도 가만있지 않는 마음을 좌표 평면 0에 매어놓는 행위다. 즉 지금今 마음心 / 속세 마음과 본래 마음 / 처음 마음의 만남이면서 몸과 마음의 하나 됨이다.

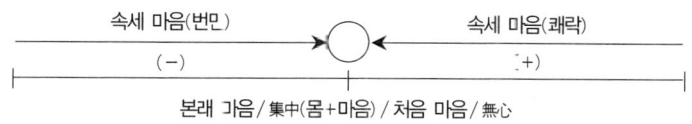

삼매는 집중이며 집중은 곧 행복이다. 남녀가 만났을 때 즐거운 것은 본능적인 집중 때문이다. 삼매화三昧華는 집중의 행복이다. 이 지상에서 누구나 행복할 순 있으나 아무나 행복할 순 없다. 삼매화는 하얀 바탕의 마음에 그려지는 행복의 꽃인 까닭이다. 흔히 슬픔을 나누면 반半이 되고 기쁨을 나누면 배倍가 된다고 한다. 재물과 달리 마음은 나눌 때 오히려 많아진다. 마음은 수학의 원리로도 설명할 수 있다. 수학에서 $\frac{1}{0.1}=10$, $\frac{1}{0.01}=100$, …… $\frac{1}{0}=$무한대를 나타낸다. 분자는 분모에 의해 나뉘는 것으로 즉 분모에게 자신을 나눠주는 셈이다.

성경의 마태복음에는 이런 구절이 나온다. "여기 있는 형제 중에 가장 작은 이들 가운데 한 사람에게 해주는 것이 바로 내게 해주는 것이다." 대승 불교의 육바라밀六波羅密(보시 · 지계 · 인욕 · 정진 · 선정 · 지혜) 가운데 요지는 보시布施다. 뭐니 뭐니 해도 가장 큰 보시는 재물 보시가 아니라 일상에서 쉽게 실천할 수 있는 부드러운 말씨와 미소를 베푸는 보시다. 남에게 무엇인가를 베풀면 행복의 메아리가 돌아와 내가 더 행복해진다. 여기서 불교와 기독교의 교리가 정상에서 만나는 것을 확인할 수 있다.

기적은 이미 이 지상에서 일어나고 있다. 흙 위에서 물과 햇빛, 공기로만 만들어지는 신묘한 꽃이야말로 기적이다. 어느 시대 어느 왕비와 공주의 의상이 이토록 아름다우랴. 그런데도 나 같은 평범한 중생은 이런 분명한 기적을 지나쳐 흘려보내고 만다. 내남없이 현대인들은 행복 불감증 환자들이다.

0은 어떠한 큰 숫자일지라도 곱하기를 통해 일시에 0 / 무無로 만들어버린다. 반대로 모든 수를 받아들이기도 한다. 있음의 없음이란 0의 현묘玄妙함 때문이다. 투명하고 순수한 물은 0의 상징이다. 숫자 0처럼 물은 모든 사물을 있는 그대로 받아들인다. 하늘의 달은 지상의 모든 물 위에 비친다. 출렁이는 바다와 강, 잔잔한 호수, 흙탕물 웅덩이, 산사의 표주박에 담긴 물 위에 달은 선녀仙女처럼 안긴다. 달이 행복이라면 물은 마음이다. 우리 마음이 명경지수明鏡止水일 때 온 세상은 미술관이자 음악의 전당이 된다.

불교 계율이 밟足에 비유되는 이유

성직자 세계에 아무나 들어갈 수 없는 것은 계율과 교리(서약) 지키기의 어려움 때문일지도 모른다. 성직자는 하늘이 낸 사람들이다. 천주교에서는 신부에게 결혼은 금하고 있으나 술·담배는 허용한다. 교회의 목사는 술·담배는 할 수 없으나 결혼 생활은 가능하다. 그러나 스님에게는 어느 것 하나도 허용되지 않는다. 그야말로 잔혹하리만치 엄격한 계율을 지켜야 한다. 게다가 모든 사람들이 한참 단잠에 빠져 있을 시간인 새벽 3시에 일어나야 한다. 나 같은 사람은 이 한 가지로도 출가의 엄두를 낼 수가 없다.

스님들이 유일하게 즐길 수 있는 게 있다. 바로 밥 위주의 소찬素饌 공양이다. 스님들의 공양은 2,600여 년 전 석가모니 부처의 공양 메뉴와 거의 달라지지 않았다. 그런데도 스님들의 얼굴은 한결같이 맑고 투명하며 달빛처럼 평온하다. 초췌한 얼굴을 한 스님의 모습을 본 적이 없다. 채식으로도 영양 관리에 전혀 이상이 없으며, 몸매에 신경 쓰지 않아도 된다는 채식주의 전문 식품 업체의 광고 모델이 연상될 정도다.

수행의 세 가지 요체는 계율을 실천하는 '계戒', 마음자리를 0에 두는 집중의 '정定', 진리를 주시하는 '혜慧'다. 앞서 말했듯 등산할 때 케이블카로 정상에 오르면 산등성이를 걷는 능선 보행의 맛과 하산의 즐거움을 알지 못한다. 하지만 험한 오르막의 산행을 하면 정상에서의 물맛과 공기와 바람은 무미無味의 선미가 된다. 깨달음의 세계에 도달하려는 방편인 계율을 발[족足]에 비유해 계족戒足이라 한다. 발에 비유되는 것은 불교가 몸을 앞세우는 실천 종교기 때문이다. 계율은 깨달음의 지름길이다. 즉 평지 보행平地步行의 묘락妙樂을 위한 사전事前 수행이 아닐까.

산스크리트어 Paramita의 음사인 바라밀은 도피안到彼岸 즉 깨달음의 저 언덕으로 간다는 뜻이다. 과연 수도자들이 다다르고자 하는 그 이상의 세계란 어떤 곳일까? 앞서 말했듯 세상에는 단맛(+)과 쓴맛(−)뿐만 아니라 밥맛 · 물맛 · 차 맛 같은 제3세계(0)의 맛도 있다. 이 제3의 신세계는 지극히 평범해 저절로 발견되지 않는다. 쓴맛을 맛본 후에라야 본연의 맛을 비로소 발견할 수 있다는 뜻이다.

쓴맛(−)과 단맛(+) 두 극단의 세계를 떠난 제3의 신세계인 중도 / 0은 붓다 득도의 궁극이다. 이것은 석가모니 부처께서 인류에게 제시하신 생활 철학이다. 불교는 생활 철학이자 느낌의 행복이다. 지식이 생존의 수단이라면 느낌은 곧 생활이다. 스님보다 불교 지식이 많은 불교학자가 스님보다 행복하지 않을 수 있는 이유다. 불교의 계율은 밥맛과 차 맛 같은 항다반사의 일상이 곧 극락임을 일깨워준다.

불교 이념이 담긴 지명, 러크나우

인도에는 러크나우Luck now란 지명이 있다. 불교의 이념을 닮은 듯한 지명이다. 누구든 지금 살아 있다는 사실 하나만으로도 행운으로 알고 살라는 뜻일까. 이 세상에서 가장 나쁜 일이 죽는 것이라면 가장 좋은 일은 살아 있다는 사실이다. 지금 여기를 헛되이 낭비하지 말고 잘 써야 하는 이유다. 그럼에도 너무 쉬운 말이다 보니 우리는 쉽게 지나치며 살아간다. 참다운 진리는 진리 같지 않아 보이는 까닭이다. '무리지지리無理之至理(이치 같지 않은 듯한데 지극한 이치가 있다)'.

신비한 히말라야 설산을 하루 보고 죽는 것이 좋을까 아니면 속세에서 고생하더라도 오래 사는 것이 좋을까? 죽은 정승보다 살아 있는 머슴이 낫다는 속담은 이 땅에 살아 있는 것 자체가 곧 행운임을 말해준다. 러크나우는 인도의 서사시 주인공 락씨만을 기리기 위해 붙여진 지명으로, 'Lakh Nou'를 영국인들이 'Luck now'로 부른 데서 유래했다. 이는 마치 펩시콜라 → 백사가락百事可樂, 코카콜라

→ 가구가락可口可樂, 클럽 → 구락부俱樂部 등과 같은 조어 방식이랄 수 있다.

영국이 인도를 식민지로 수월하게 통치할 수 있었던 것은 불교의 종교관 덕택이었다. 지금의 행과 불행은 전생의 업보에서 오고, 현세를 잘 살면 극락왕생할 수 있다는 것이 불교의 종교관이다. 인도인들은 지금도 No problem(문제없다)의 생활관이 몸에 배어 있다. 하지만 오늘날 인도에는 불교의 자취만 남아 있을 뿐이다. 그 자리에 인도의 토착 신앙이던 힌두교가 들어갔다. 힌두는 인도란 뜻으로 힌두교는 인도교라 하겠다.

힌두교는 창조의 브라흐만 신과 유지의 비슈누 신, 파괴의 시바 신이 주신이다. 현재 현실에 불만족하는 인도의 하층 계급은 파괴의 신 시바에게 기대를 걸고 살아간다. 반면 상류층은 현재의 부귀영화를 지켜주는 유지의 신 비슈누 신을 믿는다. 절을 상징하는 만卍 자는 비슈누 가슴의 꼬불꼬불한 털 모양에서 유래했다는 설이 있지만 확실하지는 않다.

불교는 왜 발상지 인도에서 오랫동안 뿌리를 내리지 못했을까? 인도의 토착 신앙인 힌두교의 영향 외에 인도의 열대성 기후를 드는 학자도 있다. 석가모니 부처의 탄생지는 북부 인도 즉 지금의 네팔이다. 이 지역에는 우리나라의 가을과 겨울에 해당되는 계절이 있어서 시든 나뭇잎이나 낙엽을 볼 수 있다. 즉 낙엽을 보면서 허무를 느낄 수 있다는 뜻이다. 이와 달리 인도의 다른 지역에서는 감상에 젖게 하는 계절이 존재하지 않는다.

불교 이념을 그대로 담고 있는 지명 러크나우. 식민지 지배자였던 영국인들이 조금의 저항도 없이 순종한 착한 인도인들에게 강자의 입장에서 내려준 하사품 같은 지명은 아니었을까. 내게는 '자치 능력 없는 너희 인도인들의 삶은 대영제국의 영광스런 보호 아래서 '지금 행운'으로 살고 있다'는 뜻으로 들린다. 모든 사물은 사실보다 언제나 진실이 중요하다. 신화는 사실 아닌 진실이다. 위의 러크나우에 관한 내용은 사실보다도 진실에 무게를 두고 풀이해본 나만의 견해다.

덕德을 베풀면 득得이 되어 돌아온다

　선악의 행위에는 그 과보가 반드시 돌아온다는 인과응보의 법칙이 법처럼 여겨지던 시절이 있었다. 가끔은 그런 순수했던 시절이 그리워지곤 한다. 영리한 현대인들 가운데는 이 법칙을 미신쯤으로 치부하는 사람도 있다. 나쁜 사람이 성공하는 경우를 흔히 볼 수 있기 때문이다. 좋은 끝은 있으나 나쁜 끝은 없다는 옛날 우리 어머니들의 심법心法*처럼, 나쁜 사람의 성공은 언제까지나 이어지지 않는다. 좋은 사람은 좋은 마음을 가진 사람, 나쁜 사람은 나쁜 마음을 가진 사람이란 말도 있다. 이 말이 초등학생들도 비웃을 정도로 우습게 들리는 현실이다.
　한때 이상구 박사(제칠일 안식교인)의 건강 신드롬이 우리 사회를 떠들썩하게 한 적이 있었다. 그의 건강 철학은 착한 마음 갖기와 채식으로 요약된다. 그는 좋은 마음을 가진 사람에겐 건강을 지켜주는

---

* 심법心法: 마음을 쓰는 법.

엔도르핀이 나오는 반면, 나쁜 마음을 가진 사람에겐 건강을 파괴하는 아드레날린이 나온다고 했다. 그동안 인과응보에 회의를 품고 살아온 착한 사람에게는 복음과도 같은 말이다. 이상구 박사의 건강 강의는 현대에 맞는 전형적인 선교(포교)의 모델이었다. 착한 일을 권장하고 악한 일을 경계하는 인과응보의 당위성을 과학으로 증명해준 것이다.

대학을 다닐 때의 일이다. 어느 학우가 개학날 등교하자마자 '사랑은 받는 것이 아니라 주는 것입니다'란 시구절을 여학생들 앞에서 자랑삼아 읊조리며 다닌 적이 있었다. 이처럼 가진 것이 넉넉하지 않음에도 남에게 베풀기를 좋아하는 사람이 있다. 누군가에게 무언가를 준다는 게 즐거움이 될 수 있다. 남에게 베풀면 훗날 좋은 일이 돌아오는 것이 아니라 지금 당장 돌아온다. '덕德'을 베푸는 일이 곧 '득得'이 되는 셈이다.

하지만 바람결에 날아다니던 풀씨가 어쩌다 열매를 맺거나 꽃을 피우듯, 자비는 메아리가 되어 되돌아온다. 현세에서 어렵게 사는 것은 전생의 업보 때문이란 말을 흔히 한다. 이 말은 21세기에 걸맞은 불가의 법문이 아니다. 선악 행위의 결과인 인과응보는 과학의 법칙이다. 다만 예외가 있을 순 있다. 착한 마음씨를 가진 사람이 중증 장애인 자식을 둔 극단적인 불행을 전생의 업보라고 한다면, 너무 잔인하지 않을까. 이런 현세의 착한 패배자들을 위해 내세의 극락은 반드시 있어야 한다.

행복의 본질(재료)은 마음이다. 하얀 종이여야 그림이 그려지듯 하얀 바탕의 마음은 행복의 입문 조건이다. 누구나 행복할 수 있으나 아무나 행복할 수는 없다. 그렇다면 착한 패배자들은 현세에서 최소한의 행복을 보장받고 있는 셈이다. 천주교인으로서 벌을 받을 소리인지는 모르겠으나 나는 하느님의 실체에 대해선 회의적이다. 그래도 하느님의 존재는 믿고 싶다. 재가불자로서도 석가모니 부처를 믿은 적은 없다. 다만 붓다의 가르침을 믿고 따를 뿐이다.

붓다의 45년간 설법의 주제는 한결같이 '마음'으로, 처음 마음(본래 마음)이야말로 언제나 행복의 고향이란 것이었다. 이 주제를 불자의 지혜의 능력과 상황에 따라 다양하게 표현한 가르침이 바로 팔만사천법문八萬四千法門이다. 과연 붓다는 임기응변의 달인이셨다. 오늘날 석가모니 부처께서 설법을 하신다면 어떤 법문을 표현하실까? 석가모니 부처라면 복잡한 것을 싫어하고 단순한 것을 좋아하는 현대인의 심리를 파악하셨을 터이다. 또한 우리의 일상에서 쉬운 말 가운데 참다운 말이 있듯 단순한 표현이 많지 않을까 생각된다.

보시는 남에게 재물이나 가르침을 베푸는 일이다. 현대인들이 돈 안 들이고 실천하기 쉬운 보시가 있다. 바로 무재보시無財布施로 말 보시(언사보시言辭布施)와 얼굴 보시(안보시顔布施)를 가리킨다. 어떤 사람은 말소리만 듣고 얼굴만 봐도 즐거워지고 같이 있고 싶어진다. 나는 집을 나설 때마다 전철이나 공공장소에서 불쾌한 일을 보더라도 절대 화내지 않으리라 다짐한다. 일종의 부동심 무장不動心武裝 외출인 셈이다. 하지만 부동심 해탈의 귀가는 드문 편이다. 나도 모르게 눈꼴사나운 상황을 견디지 못하고 고함을 지른 적이 적지 않다. 아내는 그러다 언젠가는 큰 봉변을 당한다며 걱정이다.

기쁨과 불쾌함, 즐거움과 언짢음 등은 작은 일에서 비롯된다. 작은 불편이 많은 사회는 불행한 사회이다. 지금 우리 사회는 사람에

의한 불편의 도가 한계를 넘었다. 지식과 지위의 고하, 부의 유무를 막론하고 하향 평준화됐다. 구식 표현으로는 공중도덕이 땅에 떨어졌다고 하겠다. 지금은 아예 땅속으로 꺼져버렸으니 우선 땅 위로 파서 올려야 할 판이다.

농경 사회가 서로 잘 아는 사람끼리의 사회라면 산업 사회는 모르는 사람들 간의 관계로 이뤄진다. 우리는 제도적인 교육 없이 농경 사회의 질서 의식에서 산업화·정보화 사회로 진입했다. 가까운 사람끼리의 친밀도가 지나쳐 음식점에서 음식 값을 지불할 때 팔의 탈골 사고가 생겨날 정도다. 반대로 타인과의 관계에서는 두 마디의 대화만으로도 곧장 싸움이 벌어지곤 한다. 세계 정신사에서 계몽주의 시대는 이미 지나갔는데 우리나라는 여전히 계몽 사회에 머물러 있다. 이런 점에서 선진국 지표인 GDP(국내 총생산)에 Ppersonality를 추가해야 한다는 게 내 생각이다. 국민의 인격 총화도 GDP의 중요한 부분이 돼야 한다는 뜻이다.

'무엇이든 남에게 대접을 받고자 하는 대로 너희도 남을 대접하라'(마태복음 7장 12절). 이는 성경의 말씀 가운데 유일하게 황금률이라고 불린다. 내가 싫어하는 일은 남에게도 하지 말란 뜻이다. 일찍이 교회를 통한 이 황금률의 말씀이 오늘날 서양 사회 질서의 바탕이 됐다. 동양에서도 《논어》 위령공' 편에 같은 의미의 가르침이 나온다. '자기가 원하지 않는 것은 남에게 하지 말아야 한다[기소불욕 물시어인己所不欲勿施於人]'가 그것이다.

석가모니 부처께서 조계종 초청 특별 법회에서 설법을 하신다면 말씀 끝에 이런 법문을 빼놓지 않으실 것만 같다. "한민족은 대대로 먹고 살기만 어려웠던 게 아니라 계급에도 굶주린 민족입니다. 그래서 공명심으로 무리한 보시를 하는 분들이 많습니다. 큰돈을 내는 거액 기부나 연보捐補*는 공명심이 숨어 있어 오히려 수월할지도 모릅니다. 하지만 지금 우리 사회에서 필요한 것은 재물보시보다는 말보시나 얼굴 보시 같은 무재보시입니다."

  남을 불편하게 하지 않는다(소극적인 자세)
  남을 편안하게 해준다(적극적인 자세)

 이야말로 21세기 국제 사회에서 한국인이 갖춰야 할 교양 덕목이 아닐까.

---

* 연보捐補: 자기 재물을 내어 남을 도와주는 것.

깨달음 없는 중생은 짐승과 같다

불교를 믿는 불자가 가장 먼저 해야 할 일은 중생의 삶에서 헤어 나오는 것이다. 중생이란 아무런 생각 없는 멍한 상태를 끝없이 되풀이하는 존재다. 또는 번뇌에 얽매여 가치 없는 일에 홀린 나머지 정신을 못 차린 사람을 가리키기도 한다. 어원을 보면 중생衆生은 《월인석보月印釋譜》에서 생물(동물·식물·미생물)의 총칭으로 쓰였다. 세월이 지나면서 그 의미가 축소되고 전의轉意된 결과 짐승과 깨닫지 못한 구제의 대상이란 뜻으로 바뀌었다.

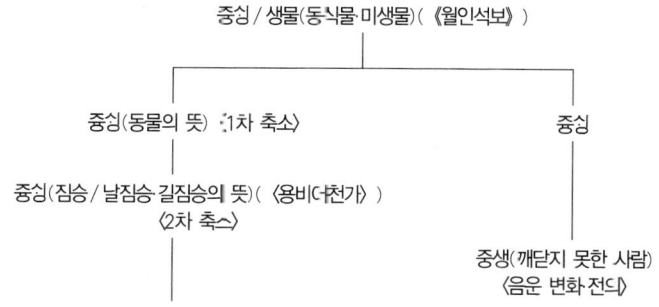

즘생 〈음운 변화〉
|
짐승〈짐승의 뜻〉〈음운 변화〉

오늘날의 가치관에서 중생은 어떻게 해석해야 할까? 옛날 불교계에도 진보적 성향의 선사들이 있었다. 일찍이 기원전후 무렵 불교 개혁이 일어났다. 개혁파들은 스스로를 일컬어 대승이라 했고 전통의 보수파들을 낮춰 소승이라 했다. 넓은 뜻으로 융통성 있게 해석한다는 인근석隣近釋의 일례다. 이는 산스크리트어의 합성어를 해석할 때 인근석을 도입했음을 보여준다. 나도 중생의 의미를 인근석에 따라 풀이해보려 한다. 사람의 생활양식은 그 사람의 세계관과 인생관에 따라 3단계로 나뉜다.

제1단계인 욕구는 명품과 고급 음식 그리고 호화 저택에서 살고자 하는 의식주 생활에 있다. 제2단계인 욕망은 자기를 많은 사람에게 알리고 싶은 신분 상승에 있다. 마지막 제3단계는 문학과 음악, 미술 등의 예술을 가까이하는 이른바 철학이 있는 생활이다. 이 가운데 중생은 제1단계와 제2단계의 생활 가운데 있다고 해석한다. 반면 제3단계의 생활인을 나는 개인 문화가 있는 사람이라고 부른다. 나라에는 나름의 문화가 있고 가정의 가풍이 그 집안의 문화라면, 마땅히 개인에게도 문화가 있어야 한다. 개인 문화는 한 사람에게서 명예와 부를 뺀, 자연인으로서 갖추고 있는 그 무엇들을 말한다.

Japan의 어원은 옻漆과 관련이 있다. 우아하고 귀족적인 칠기漆器는 일본의 대표적인 전통 문화다. 명품의 목기에서 옻칠이 벗겨지면 초라한 그릇으로 변해버린다. 하지만 바탕의 목질木質이 명목名木일 때는 벗겨진 칠기라도 또 다른 세계의 멋을 보여준다. 명색名色이란 사람을 비롯한 모든 사물의 이름 앞에 장식적인 색깔이 칠해진다는 뜻이다. 청자 빛깔의 하늘, 에메랄드빛의 카리브 해, 장관 ○○○, 장군 ○○○, 탤런트 ○○○, 가수 ○○○ 등 사람의 이름 앞에 장식된 색깔이 지워지면 본명탈색本名脫色이 된다. 이때 남는 이름이 한 사람의 개인 문화가 되는 것이다.

요즘 우리의 일상 대화에서는 부동산, 아파트, 땅 투기, 신도시 개발 등이 빠지지 않는다. 심지어는 산행의 하산 길이나 집을 떠난 해외 여행지에서도 흔히 들을 수 있다. 이제는 우리 국민들의 애용 낱말이 돼버린 느낌이다. 이런 위세 있는 말에 밀려 철학이란 단어는 들어본 지 오래다.

철학이란 말에 점치는 '철학관'을 떠올리는 사람도 있을 것이다. "철학이 밥 먹여줘?"란 말을 면전에서 하면, 골이 빈 사람으로 보일까 봐 겉으로 내뱉지 못하는 사람도 있다. 이런 인생관을 가진 사람들을 현대판 중생이라 하고 싶다. 사실 철학은 모든 복잡이 여과된 지적인 단순 지혜로서 밥 먹여주는 것 이상의 평생 큰 스승이다.

서양에서는 어떤 학문을 전공했더라도 석사는 모두 M·A(Master of Art)라고 부른다. 예술을 학문의 공통분모로 본다는 뜻이다. 내가 아는 의사들 가운데는 아마추어의 경지를 뛰어넘은 성악가나 연주가들이 있다. 평생 취미로 모아 즐기던 문화재급 골동품을 나라에 기증한 법조인 친구도 있다. 국내외 여행에서 스케치한 풍물을 집에 돌아와 완성시키는 일명 일요화가인 과학자·사업가도 빼놓을 수 없다.

박사 학위는 어떨까? 학문 분야와 관계없이 박사 학위를 취득하면 철학 박사(Doctor of Philosophy)가 된다. 모든 종교는 철학 위에서 군림하고 있다. 아이러니하게도 하위 개념인 문학이 종교의 숙제를 풀려고 접근하기도 한다. 우리가 강 위의 다리를 걸어갈 때 두 발이 땅에 닿는 폭은 1미터 정도 된다. 그런데도 마음놓고 걸을 수 있는 것은 필요 없는 것처럼 보이는 나머지 넓은 바닥 덕분이다. 이처럼 실제로 쓰이지 않는 여유의 면적을 교양이라 할 수 있겠다.

현대인 가운데는 의외로 교양이 없는 사람들이 많다. 머리에 과잉 저장된 잡동사니 지식과 정보를 주체하지 못해 입으로 쏟아내는 모터 마우스 Motor mouth(수다쟁이)가 얼마나 많은가. 사람은 누구나 같은 용량의 기억 창고를 갖고 있다. 중요한 것은 저장 내용이 무엇인가 하는 것이다.

현대인들은 누구나 바쁘다. 바쁘다는 건 어찌 보면 능력이기에 이를 과시하고자 더 바쁜 체하기도 한다. 반면 바쁜데도 여유를 보이며 한가한 양 처신하는 편안한 사람도 있다. 오버 숄더 더 토크 Over shoulder the talk는 현대판 중생의 상징이다. 앞사람과 대화하면서도 어깨 너머를 힐끗거리는 것을 가리키는 표현이다. 사회적으로 성공한 저명인사들의 칵테일파티에서 앞사람과 잔을 부딪치는 동시에, 시선은 마주선 사람의 어깨를 타고 넘어가 뒷사람을 향하는 이들이 있다. 몸과 마음이 분리된 사람이라 하겠다.

어떤 사람이 친구에게 최근에 생긴 고민을 털어놓는다. 이때 두 가지의 반응이 나온다. 우선 듣는 척하다 말을 자르면서 "그건 그렇고……"라며 입을 여는 사람이 있다. 남의 얘기를 귀담아 듣지 않는 사람이다. 그런가 하면 고민의 하소연이 채 끝나기도 전에 조금도 깊이 생각하지 않고 "그럴 걸" 식의 무성의하게 응대하는 사람도 있다. 둘 다 건성 인생을 사는 현대판 중생들이다. 음미하지 않는 삶은 음식을 맛으로가 아닌 활력소로 먹어치운 뒤, 곧바로 연소시켜버리는 중생의 삶일 뿐이다.

동물은 쾌감은 있으나 미감은 없다. 마찬가지로 동물 같은 사람은 쾌감만 있지 미감은 없다. 온몸에 털이 난 짐승이든 머리에 털을 가진 사람이든 깨달음이 없는 중생의 삶은 짐승과 다를 바 없다. 미감의 향유를 위해서는 전제 조건이 있다. '그림을 그리려면 먼저 화가는 하얀 바탕의 마음을 가져야 한다[회사후소繪事後素]'. 공자의 말씀이다. 물건에도 진짜를 모방한 모조품이 있듯 행복에도 모조 행복이 있다. 누구나 행복할 수는 있어도 아무나 행복할 수는 없다. 신문지에 그림을 그릴 수 없듯 마음 바탕이 순백일 때 행복의 그림도 가능한 것이다.

색깔의 0은 흰색이다. '낙樂'을 파자하면 백白+요幺+나무木가 된다. 즉 낙樂은 흰 바탕의 마음인 백白과 일상의 작은 것들인 요幺, 그리고 꽃과 열매와 그늘을 베풀어주는 이타성과 함께 응달(-)과 양지(+)의 입지 조건을 가리지 않고 주어진 환경에서 최선을 다하는 적응성을 갖춘 나무木로 이뤄져 있다. 이 세 개의 획劃에 행복의 덕목이 함축돼 있다.

그림은 마음의 그리움을 눈으로 볼 수 있는 작업이다. 그리움이 없는 사람은 그림을 그리기 어렵다. 팔만대장경八萬大藏經은 석가모니 부처의 마음이다. 목판본 팔만대장경은 글씨가 양각이라 빨래판으로 안성맞춤이다. 즉 마음의 때를 없애주는 마음의 빨래판이라 할 수 있겠다. 그리고 일반 경전은 마음의 때를 씻어주는 휴지休紙라고 할 수 있다. 휴지休止 즉 마음 멎음이 해탈 아닌가!

해탈한 상태의 네 가지 특성으로 상常·락樂·아我·정淨이 있다. 해탈을 하면 변하지 않는 마음 상, 평온한 즐거움 낙, 본래 마음을 갖춘 아, 깨끗한 마음 정을 갖추게 된다고 한다. 나는 상·락·아·정을 '늘 즐거울 수 있다. 내 마음이 깨끗하면'으로 풀이한다. 흰 바탕의 마음이라야 그림을 그릴 수 있다는 회사후소繪事後素와 같은 뜻으로 볼 수도 있겠다. 이렇듯 마음자리가 0에 있으면 행복해질 수 있다.

유교에서 성인군자의 조건은 갓난아기의 마음 / 적자지심赤子之心이다. 기독교에서 천국행을 보장하는 것 역시 어린아이의 마음이다. 그리고 불교의 중도/선은 본심本心 / 진면목眞面目으로의 회귀다. 이렇듯 세 개의 종교 모두 행복의 주소는 마음의 고향에 있다. 야구의 타자 가운데 투수의 공을 잡아당겨 칠 뿐 밀어 치지 못하는 선수Pull Hitter가 있다. 이를 '반쪽' 야구 선수라고 한다. 마찬가지로 쾌감 세계 일변도의 미감 불감증 인생은 '반쪽' 인생이라 하겠다.

반쪽 인생은 의외로 많다. 풍부한 지식과 넘치는 정보의 노예가 된 사람이 있는가 하면, 세상사 모두 아는 체하다 보니 정작 진짜를 모르는 사람도 있다. 나는 이들을 가리켜 똑똑한 바보, 줄여서 '똑바'라고 부른다. 같은 국어를 쓰는데도 말귀가 통하지 않는 경우가 간혹 있다. 이들과 대화하는 것은 외국인과 대화하는 것보다 더 불편하다. 아니 불편을 넘어 불행하기까지 하다.

마음 터놓고 얘기를 나눌 수 있는 친구의 존재가 소중함을 보여주는 중국의 한시가 있다. '주봉지기천배소酒逢知己千杯少 화부투기반구다話不投機半句多(술은 뜻 맞는 친구와 만나면 천 잔도 적지만 말은 통하지 않는 사람과는 반 마디도 많다)'(필자 졸역). 여기서 投機는 投合과 같은 말이다. 개인 문화가 없는 사람, 교양 부재의 인간, 건성 인생, 반쪽 인생, 똑똑한 바보…… 이들이야말로 현대판 중생이 아니겠는가. 중생 생활은 또 다른 짐승 생활이나 진배없다. 예컨대 건성 인생은 음악의 문외한이 음악을 흘려듣듯 인생을 낭비하는 사람이다.

효봉曉峰 큰스님(법정의 은사)의 가르침이 떠오른다. '생불생사불사生不生死不死(살았어도 죽은 것 같은 삶도 있고 죽었어도 살아 있는 듯한 인생도 있느니라)'. 작은 욕심 때문에 인생의 본질을 놓치고 사는 사람들이 적지 않다. '축록자불견산逐鹿者不見山(사슴 쫓느라 정신 빼앗긴 사냥꾼 명산 구경도 못하는구나)'. 이에 맞춰 나도 새로운 속담 하나 지어본다. '금강산 사냥꾼 같은 인생' 또는 '알프스 사냥꾼 같은 인생'.

우리나라의 일류 대학은 세계무대에서 객관적인 인정을 받지 못한다. 왜일까? 우리나라가 교육열에 비해 아이비리그* 출신 같은 인재를 배출하지 못하는 것은 지식 위주의 편향적인 교육 때문이다. 현대판 중생을 낳을 수밖에 없는 이유다. 참교육의 이념은 진선미를 추구하는 동시에 감상 능력을 키워주는 데 있다. 'Education is to appreciate the good in the world!' 여기서 'the good'은 진선미로 해석 가능하다. 이런 의미에서 최근 대학에서 논의되는 인문학 고사 위기는 인과응보의 업이라 하겠다. 아이비리그의 대명사인 하버드 대학을 우리나라 대학이 쫓아가려면 아직도 요원하다.

더러운 물에 살면서도 물들지 않고 깨끗함을 지키는 연꽃은 이

---

* 아이비리그: 미국 북동부에 있는 8개 명문 대학(예일·코넬·컬럼비아·다트머스·하버드·브라운·펜실베이니아·프린스턴). 학교 건물의 넝쿨 때문에 붙여진 이름.

상적인 불자를 상징한다. '연꽃이 진흙을 떠난 적이 없듯, 누구나 중생 속에서 살게 마련이다[처염상정處染常淨]'.

靜中工夫 鬧中工夫 정중공부 요중공부
조용한 곳에서 고요한 마음을 갖는 공부는 쉬우나
시끄러운 세속에서 조용한 마음을 갖는 공부는 어렵다.
(필자 의역)

大隱隱於市 대은은어시
참다운 은자는 숨어사는 자가 아니라
중생과 더불어 사는 자이니라.
(필자 졸역)

和光同塵 화광동진
붓다와 보살이 중생을 제도하기 위해 속인과 섞여 행동하다.
(필자 졸역)

이런 불교의 이념과 같은 맥락의 글이 《논어》에서도 보인다.

同而不和 和而不同 동이불화 화이부동
소인은 함께 있어도 어울려 화합하지 않고
대인은 소인과도 어울리나 닮지는 않는다.
(필자 졸역)

사회 조직에는 언제나 옥 같은 사람과 돌 같은 사람이 섞여 있게 마련이다. 이해관계 위주로 사는 영리한 소인배는 조직에서 화합하려 하지 않는다. 반면 대인은 소인과 어울리며 화합하지만 속물이 되지는 않는다. 화이부동和而不同하는 사람은 처염상정處染常淨의 연꽃 같은 인간형이다. 예컨대 절의 수행자보다 속세의 수행자가 더 나을 수도 있다. 중생·소인·속물은 욕심에서 비롯된 인간상들이다. 내남없이 속물의 기운은 누구나 갖고 있다. 이 땅은 모든 사람들이 모든 사람을 욕하며 사는 곳이다.

토인비(1889~1975. 영국의 역사가)는 이렇게 말했다. "모순과 부조리의 역사는 나선형 소라의 몸통처럼 작은 원으로 반복되면서 상승 발전하기도 하지만, 영원히 없어지지 않고 점으로 남기도 한다." 어느 시대 어느 사회에서나 무욕인無慾人과 물욕인物慾人이 있게 마련이다. 마찬가지로 한 개인의 마음속에도 무욕과 물욕이 공존한다. 무욕과 물욕의 대결에서는 어느 한쪽이 우세한 적이 없다. 둘 사이의 대립은 언제나 무승부로 끝이 났으며 이들의 연장전은 영원히 이어질 것이다.

탐·진·치貪瞋痴란 삼독三毒의 뿌리인 대욕大慾의 갈아渴愛에 대해, 현대의 지성 가운데 염세주의자 쇼펜하우어A. Schopenhauer(1788~1860. 독일의 염세주의 철학자)는 붓다처럼 부정적 입장이었다. 반면 버나드 쇼G. Bernard Shaw(1856~1950. 1925년 노벨 문학상을 받은 아일랜드의 극작가이자 문학 비평가)와 베르그송Henri Bergson(1859~1941. 1927년 노벨 문학상을 받은 프랑스의 철학자)은 갈애를 생명력으로 보고 긍정적 입장을 취했다. 서구의 일각에서는 불교 교의가 민주주의 사회의 종교론 취약점이 있다고 보고 있다. 바로 무욕無慾 때문이리라.

무욕은 인간을 무기력하게 만들어 개인뿐 아니라 사회 발전에 방해 요소로 작용한다. 그런가 하면 무절제의 욕망은 개인과 사회 모두를 파멸로 이끌지만, 절제된 욕망은 문명과 문화 세계를 이루는 원동력이 된다.

예를 들어보겠다. 한 여자와의 결혼 조건이 확실한 직업을 갖는 것이라면 그 청년은 취직 공부에 몰두할 것이다. 뉴욕의 엠파이어스테이트 빌딩, 대운하 건설 같은 신기원을 이룩한 발명의 배후 역시 사랑하는 여인의 환심을 사려는 염원이 있었다고 한다. 특히 엠파이어스테이트 빌딩은 1930에서 1931년까지 1년 만에 완공됐다고 하니 사랑의 힘이 새삼 놀라울 뿐이다. 또한 건축의 완성미로 일컬어지는 인도의 묘 타지마할도 무굴 제국의 황제 샤자한이 애비愛妃였던 뭄타지마할을 사후에도 잊지 못해 축조한 것이다.

현대 스포츠 역시 인간의 본성인 야성野性을 승화시킨 체육 문화가 아닌가. 불교의 무소유는 이처럼 디오게네스적인 극단적 무욕을 뜻하지 않는다. 대욕과 무욕의 중도는 소욕이다. 소욕이야말로 나도 이롭고 타인과 사회에도 기여할 수 있는 자리이타自利利他와 소욕지족少慾知足의 자연스러운 행복관일 것이다.

권선징악의 인과응보 교의는 국가적 차원에서는 사회 질서의 안정을, 개인의 차원에서는 미래에 극락이란 이상향의 꿈을 가져다준다. 불교의 순기능이라 할 수 있다. 반면 폐해가 없진 않다. 큰 절을 짓는 불사佛事로 나라 살림이 어려워지거나, 젊은이들의 출가로 농경사회에서 농사지을 일꾼이 없어진다는 점이 그렇다.

《유마경維摩經》에서 붓다는 십대 제자와 보살들에게 유마 거사의 병문안을 가도록 권한다. 제자들은 지난날 재가불자인 유마 거사에게서 자존심 상하는 훈계를 받은 경험을 말씀드리며 문병을 거절한다. 유일하게 문수보살만이 붓다의 청을 받아들여 문병을 가 유마 거사의 설법을 듣는다.

출가승의 자존심을 건드리는 이 경전을 떠올릴 때면, 나는 재가불자도 성불할 수 있다는 희망의 메시지를 주는 출가 방지용(?) 경전이 아닌가 생각하곤 한다. 경전의 주인공 유마힐維摩詰은 당시엔 인기가 무척 많았을 것 같다. 문인화의 시조인 당나라의 왕유王維는 자신의 호를 마힐摩詰로 해서 왕마힐王摩詰이라 썼다.

왕유는 시에도 능해서, 송나라의 소동파는 왕유의 작품을 평하기를 '시 가운데 그림이 있고 그림 가운데는 시가 있다詩中有畵 畵中有詩'고 했다. 같은 당나라의 승려였던 회해懷海(749~814)의 '하루 일하지 않으면 하루 밥을 먹지 않는다一日不作 一日不食'는 선농일여禪農一如 정신 역시 불교의 역기능을 순화하려는 의도가 아니었을까. 다시 말해 스님들이 하는 일도 없이 놀고먹는다는 무위도식無爲徒食의 사회통념을 불식시키기 위한 방편이었을지도 모른다.

멋과 맛을 느끼다 가는 게 인생

　Life is feeling. 맛과 멋을 느끼다 가는 게 우리네 인생이다. 젊은 천둥벌거숭이 시절 내가 아나운서 수필집에서 건방을 떨며 썼던 글귀다. 그런데 지금 생각해봐도 아주 터무니없는 말은 아닐 성싶다. 인생은 맛과 멋의 느낌으로 살아야 한다. 맛에는 미각뿐 아니라 목욕이나 산책처럼 온몸으로 느낄 수 있는 맛도 있다. 이를 쾌감이라 부른다. 쾌감이 몸으로 느끼는 맛이라면 미감은 마음으로 느끼는 멋이다. 쾌감의 극치가 성교의 절정이라면 미감의 극치는 해탈이다.
　맹자의 제자인 고자告子는 인생의 즐거움을 먹는 것과 섹스로 봤다[식색성야食色性也]. 《예기》에서도 '음식과 남녀에는 사람의 큰 욕망이 있다[음식남녀 인지대욕존언飮食男女 人之大欲存焉]'고 했다. 세상을 엄격하게 사는 청교도주의자나 계율주의자들에게는 당치도 않은 망발(?)일지 모른다. 이른 새벽 유난히 차림새가 남루한 한 노숙자가 길거리 자판기에서 커피를 뽑아 마신다. 순간 입가에 흐뭇한 미소가 퍼진다. 절박한 상황에서도 입에 무슨 음식이라도 들어오면 즐거움이 되는 모양이다. 울던 아이에게 먹을 것을 주면 울음을 그치는 것과 같은 이치다.

　타인과 식사 약속을 하는 것은 즐거운 시간을 함께 갖자는 뜻이다. 60년대와 70년대의 외식은 신분 상승을 확인하는 수단이면서 영양을 보충하는 시간이기도 했다 음식을 대접받을 때 상대의 마음을 편하게 해주려고 '아무 음식이나 가리지 않고 잘 먹는다'고 말하곤 한다. 평소 식성이 좋아 모든 음식을 골고루 좋아하는 사람이 있을 순 있다. 하지만 그렇지 않다면 식치食痴에 불과하다. 식치란 표현은 아직 사전의 표제어로 나와 있지 않지만, 음치와 마찬가지로 문화 장애인임에 틀림없다. 식치와 반대로 독선적인 입맛 때문에 음식에 까다로운 사람들이 있다. 이들을 식도락가(미식가)라고 부르긴 어렵다.
　남녀평등 이전 시대에는 연인 사이에서 육체의 선을 넘었을 때 '여자를 먹었다'는 차별적인 표현이 유행하기도 했다. 음식이 한낱 에너지원에 지나지 않은 가난한 시절도 있었지만, 이제는 음식을 통해 인생을 느끼며 즐기는 시대가 됐다. 알약 한 알로 한 끼나 하루 세 끼니 식사를 해결할 수 있다고 가정해보자. 그렇다 해도 누가 이 방법을 선택하겠는가. 먹는 즐거움이야말로 인생 절반의 행복이다. 음식의 맛을 섹스의 맛과 동일시하는 사람은 식도락가다. 사람이 나이를 먹으면 음식의 맛을 섹스의 맛보다 우위에 두게 된다. 더 늙어서는 먹는 재미로 살게 된다.
　음식 문화가 한 나라의 문화를 나타내는 척도라면 가정의 문화는 그 집안의 음식 가풍으로 짐작할 수 있다. 마찬가지로 개인 문화는 개인의 음식 관으로 판단할 수 있다. 일본 북해도 관광지에는 '홋카이도를 먹자'란 문구가 쓰여 있는 대형 간판이 있다. 홋카이도의 고유 음식을 통해 홋카이도를 느껴보란 뜻이다. 언젠가 국제박람회에서 동양을 대표한 중국 술 마오타이茅台酒가 금상을 수상한 적이 있었다. 서양을 대표한 프랑스의 술 코냑과 우열을 가리기 어려워 금상을 동시 수상한 것이다.

부처님 말씀은 언제나 사람들의 어두운 마음을 환하게 밝혀주신다. 그런데 낮 12시가 되면 배가 고파져 마음의 상태가 어두워진다. 이때 먹는 것이 바로 점심點心이다. 점심은 몸에 음식을 넣어줘서 꺼져가는 마음의 불을 밝혀주는 점화심點火心이다. 여기서 법정 스님이 평소 생사生死는 물론 식사食事도 대사大事임을 강조하신 뜻을 짐작할 수 있다.

추사 김정희는 우리나라 최초의 프로 서예가다. 추사 이전에는 선비의 여기餘技로서의 글씨가 있었을 뿐이다. 서울 과천에서 71세로 작고할 무렵 추사는 마지막 절필이 될 시를 제자에게 보낸다. 인생을 달관한 대련對聯* 시에는 행복 이원론이 오롯이 담겨 있다.

大烹豆腐瓜薑菜 대팽두부과강채
高會夫妻兒女孫 고회부처아녀손

좋은 반찬은 두부 오이 생강나물
훌륭한 모임은 부부 아들딸 손자

---

* 대련對聯: 상대되는 뜻을 나타낸 말로 대對를 맞춘 시의 형태.

여기에 부연해 추사는 '이것이 촌 늙은이의 제일가는 즐거움'이라고 했다. 그 역시 음식의 맛을 행복에 포함시킨 것이다. 또한 참다운 맛을 두부와 나물 같은 담백한 0의 맛 / 선미鮮味에 뒀다. 음식에는 진하고 단 직선적인 맛과 순수하고 쓴 곡선적인 맛이 존재한다. '참다운 맛은 다만 담백할 뿐이다[진미지담眞味只淡]'.

0의 맛은 맛의 황금률이다. 불교의 궁극은 해탈 이후에 있다. 번뇌의 세계에서 떨쳐 나오는 데서 그쳐서는 안 되며 해탈 이후의 인생을 '멋있게, 맛있게' 살아야 한다. 해탈을 향香처럼 즐기라고 해탈향이란 말도 있다. 이렇듯 진리는 깨닫는 데 그치는 것이 아니라 온몸으로 즐기는 것이다. 진리는 부채처럼 실용적으로 쓸 줄 알아야 한다.

불자는 과거 선사나 고승들이 이미 지나갔던 길을 따라가서는 안 된다. 불자의 길은 모방된 길이 아니라 창조된 자신만의 길이다. 불자는 산 정상에 오를 때처럼 자신만의 코스가 있어야 한다. 그런데 한편으로는 한 기차를 함께 타고 가는 동승자가 될 때도 있다. 혼자 타고 가면 소승이 되지만 함께 타고 가면 대승이 된다. 인도의 켄트 기차역 구내의 미니 서점에서 보았던 책들이 불현듯 떠오른다. 《Development manetic personality》, 《Having my say》, 《Hey busy man!》, 《Meet yourself》. '매력 있는 개성미 개발', '내 생각이 담긴 내 말 갖기', '므엇이 그리 바쁜가. 딱한 사람 같으니!', '여보게! 제발 신神을 만나기 전에 본래 자기부터 좀 만나보게' 등의 뜻으로 읽히는 제목들이다.

아름다운 꽃을 보면 즐겁다. 아름다움과 즐거움은 비슷한 표현이다. 맛의 미학味學은 멋의 미학美學과 다르지 않다. 그러니 한정된 시간을 살아가는 우리는 땅의 생활을 멋있고 그리고 맛있게 마음껏 향유해야 하지 않겠는가. 장수한 사람이라도 음미하지 않은 인생을 살았다면 단명한 삶과도 같다. 이런 관점에서 보면 단명한 천재 예술가들은 역으로 장수한 인생이 될 수 있다. 비나 눈이 오는 특별한 날이 아니어도 무심결에 일상에서 기억이 떠오르거나 기억하고 싶은 과거가 있는가? 그때를 지금 여기에 불러들여 현재를 풍요롭게 만들 수 있는 사람이야말로 장수한 인생이다.

인생은 오늘의 영원한 반복

90세 된 노인은 "내 나이 80만 됐어도…"라며 한탄한다. 80세 된 노인은 "70만 됐어도…"라며 욕심을 낸다. 생명에 대한 애착은 끝이 없다는 뜻이다. 나는 이런 상상을 해본다. 절대자가 한 번 더 기회를 줄 테니 인생을 다시 살아볼 의향이 있느냐고 묻는다면, 나는 이렇게 반문할 것 같다. "같은 코스입니까 아니면 다른 코스입니까?"

만약 같은 코스라면 선뜻 대답을 하지 못하고 머뭇거릴 것 같다. 지금껏 살아오면서 주어온 힘겹고 괴로웠던 일들을 다시 한 번 참고 견디기가 힘들 것 같아서다. 나는 나 자신이 복잡한 인생을 살아왔다고 생각한다. 《삼국지》가 내 역경의 삶에 비하면 오히려 맹물처럼 느껴질 정도다. 그동안 크게 좋았던 일과 크게 나빴던 일은 모두 사람에게서 비롯됐다. 나쁜 사람을 좋은 사람으로, 좋은 사람을 나쁜 사람으로 잘못 보기도 했다. 사람을 제대로 볼 수 있는 안목을 갖추기란 이토록 어려운 일이다.

태조 이성계도 다르지 않았다. 그는 개국의 일등공신 무학 대사에게 이런 농담을 했다. "스님의 얼굴은 돼지처럼 생겼습니다." 그러자 대사는 "태조께서는 사람처럼 보입니다. 돼지 눈에는 돼지만 보이는 법입니다"라고 답했다고 한다. 과연 현답이 아닐 수 없다. 누구나 돈이나 명예를 지녀야만 행복하다고 믿고 있다. 돈과 명예가 행복의 기본 공식이 된 세상에서, 좋아하는 사람을 마음속에 간직하고 사는 사람들이야말로 진정 행복한 사람들인지도 모른다.

인생을 한 번은 살아볼 만한 것인지 모르지만 두 번 살 것은 못 된다. 설령 즐겁고 행복했던 일도 되풀이하면 재미가 반감되고 싫증이 난다. 저녁 조깅과 목욕을 마치고 음악을 곁들여 독작獨酌하는 것은 내 오랜 저녁 일과다. 좋아하는 곡은 반복 듣기 장치를 사용할 때가 있다. 그러면 곧 싫증이 나서 풀어버리고 만다.

'오늘'은 '오(감탄사)! 늘(항상 / 영원)!'로도 볼 수 있다. '오! 늘'은 기독교인이셨던 다석多夕 유영모柳永模* 선생의 인생관이 함축된 창안이다. 다석多夕에서 저녁 석夕은 셋이나 된다. 평소 선생께서는 저녁노을을 무척 좋아하셨다고 한다. 오늘 속에 바로 영원이 있다. 오늘을 잘 산다는 것은 영원을 산다는 것이다. 영원은 특별한 미래가 아니라 오늘을 닮은 '오늘의 내일'일 뿐이다. 어제의 내일이 오늘이라면 내일의 어제도 오늘이다. 인생은 오늘의 반복이다. 오늘은 참으로 위대하다.

어느 서예 대가가 서실에서 일필휘지로 단숨에 쓴 작품을 누군가에게 선물했다. 선물 받은 사람이 단시간 완성에 실망한 눈치를

---

* 유영모柳永模(1890~1981): 호는 다석多夕으로 교육자이자 종교인. 평양 오산고등학교 교장. 톨스토이의 영향과 불경과 도덕경에 심취한 뒤 무교회주의자로 전향. 함석헌咸錫憲이 대표적인 제자.

보이자 대가는 이렇게 말했다고 한다. "30분 만에 완성도가 있는 작품을 완성하는 데 30년 넘는 세월이 걸렸습니다." 짧은 시간에 창조한 작품에 예술가의 모든 혼이 담겨 있듯, 짧은 일생인 오늘 하루에는 우리의 평생이 담겨 있다. 그러니 하루를 영원처럼 살아야 하지 않겠는가.

불교가 철학일 때 영원은 오늘 속에 있지만 종교일 땐 내일 속에 있다. 영원은 인간의 영생불멸永生不滅 본능이 만들어낸 작품으로 종교인에게 주어진 최고·최대의 은총이다. 오늘 한 방울의 물이 내일은 강을 지나 영원한 바닷물이 된다. 서울 종로5가에 있는 연동蓮洞교회는 유영모 선생께서 맨 처음 다니셨던 교회다. 나는 그 교회 앞에 있던 효제孝悌초등학교를 다녔다. 그때 교인이었던 담임 선생님께서 평소 유난히 자주 강조하는 말씀이 있었다. "일을 미루지 말고 오늘 지금 당장 하세요." 담임 선생님께서 마치 다석 선생에게 직간접의 훈도薰陶*를 받으신 것만 같다.

향수 감별사는 같은 향을 오랫동안 맡지 않는다고 한다. 한 가지 향을 오래 맡다 보면 코가 무감각해지기 때문이다. 인간의 감각 메커니즘 특성상 우리는 일상에서 무감각의 과오를 저지를 때가 많다. 이를 일깨워주는 공자의 말씀이 있다. '與善人居如入居芝蘭之室久而不聞**其香卽如之化矣(좋은 사람과 가까이 지내다 보면 마치 향내 나는 난실에 있는 것 같아 오래 있으면 향을 맡지 못하게 된다. 그 향에 동화됐기 때문이다 / 좋은 친구처럼 됐기 때문이다)'(필자 졸역).

---

* 훈도薰陶: 교화敎化하고 훈육하는 일.
** 문문聞: 냄새 맡는다는 뜻.

한편 우리는 한 번 간 관광지는 두 번 찾지 않는 습성이 있다. 세계적인 미항 샌프란시스코나 시드니, 또는 꿈같은 도시 퀸스타운의 전망 좋은 집에서 산다면 어떨까? 언제나 눈이 즐거울까 아니면 심드렁할까? 내 생각에는 잠시 들러서 보는 외부 관광객의 감흥이 더 클 것 같다.

현세의 업보에 따라 여러 계층의 사람이나 짐승으로 태어나는 것을 윤회라 한다. 윤회는 인생 재수를 뜻한다. 전교에서 일등 하는 학생이 시험에서 재수運가 없어 재수再修하기도 한다. 이와 달리 인생의 재수再修는 재수運가 아니다. 당사자의 전적인 책임으로 불성실하게 살았음의 증거다. 윤회 유무에 따라 불교는 종교가 될 수도 철학이 될 수도 있다.

하지만 불교의 본질과 궁극의 이념은 '지금 죽어도 좋아' 식의 인생을 경영하는 완전 연소의 현재 완료형 철학이란 데 있다. 지금 죽어도 좋아 식의 인생 운영이야말로 현대판 해탈이 아닐까. 그러니 이고득락離苦得樂 즉 고통과 번뇌의 사슬에서 벗어나는 데 그치지 말고, 이후 대자유인으로서 생활을 즐겨야 한다.

매미는 땅속의 애벌레에서 어른벌레로 해탈하기까지 무려 7년이 걸린다. 매미의 입장에서는 인고의 세월이라 할 만하다. 이런 점에서 붓다 6년 만의 해탈의 시간과 비슷하다 하겠다. 선禪과 매미蟬는 글자의 모양도 비슷하고 소리도 같다. 선이 본래 마음으로 다시 태어나는 것이라면 매미는 몸을 바꿔 환생還生하는 곤충이다.

그 옛날 중국의 한나라 때도 이미 옥제玉製 장식품 매미가 존재했다. 이것을 죽은 사람의 입에 넣어주는데 여기에는 다시 태어나라는 환생의 염원이 담겨 있다. 매미의 일생은 7일에서 보름 유지된다.

매미는 이처럼 한정된 날을 살면서도 절망하지 않고 지금 여기의 순간들을 마음껏 노래하고 있다. 매미가 굼벵이가 변한 것이라면 나비는 누에 애벌레가 변한 것이다. 굼벵이와 누에의 삶이 중생의 삶이라면 매미와 나비의 삶은 해탈의 삶이다.

《논어》에서 내가 가장 좋아하는 구절을 소개할까 한다. '어떤 일이든 아는 사람보다 좋아하는 사람, 좋아하는 사람보다 즐기는 사람이 더 행복하다[지지자불여 호지자 호지자불여 낙지자知之者不如 好之者 好之者不如 樂之者]'. 공자와 붓다가 의기 상통하는 대목이다. 여기서 '앎'은 인생을 좋아하고 즐기기 위한 필수 예비 단계를 뜻한다. 고어 숣이 삶과 앎으로 동격 분화한 데서 삶은 곧 앎이란 명제를 엿볼 수 있다. 내세가 없는 유교는 유한한 시간을 꽃으로 사는 가르침을 보여준다. 지상의 산천초목은 소유주가 없으며 즐기는 사람이 주인일 뿐이다.

필자의 할머니는 평생 일만 하다 돌아가셨다. 젊어서는 동네에서 미인이라는 소리를 들으셨다는데, 손마디는 나무꾼 같았고 허리는 기역(ㄱ) 자로 굽으셨다. 할머니께서는 옷장을 자주 정리하는 습관이 있으셨다. 옷을 정리하실 때면 입어보지 못한 옷에 한이 있으신지 콧노래가 슬피 들려오곤 했다. 그러면서 이렇게 중얼거리셨다. "이승에서 구경한 게 변변치 못하면 염라대왕이 저승으로 보낸다는데……."

염라대왕閻羅大王은 지옥의 왕이다. 염라대왕의 질문 형식은 사람의 신분에 따라 길기도 하고 짧기도 하다. 부귀영화를 누렸다고 생각되는 사람에게는 해인사와 논산 미내다리 금산사 미륵탑에 가봤느냐고 묻는다고 한다. 불교 생활과 선행 여부, 예술적 생활을 알아보기 위함이다. 미내다리의 다리는 선행의 상징이다. 반면 서민 생활을 한 사람에게는 자연을 어느 정도 사랑했는지 묻는다고 한다. 또한 얼마나 다양한 사회적 경험을 했는지 알기 위해 금강산과 서울 구경을 해봤느냐고 묻는다고 한다. 여기엔 지상 생활에 충실하라는 불교의 현세적 가르침이 담겨 있다.

불교란 본연의 모습을 본래대로 간직하고 있음을 뜻한다. 즉 자연에서 산은 부처의 몸이요 물소리는 부처의 말씀(법문)이다. 송나라의 대문장가 소동파蘇東坡(1037~1101)는 모든 자연이 곧 불교임을 뒤늦게 깨닫고 이렇게 노래했다.

溪聲便是長廣舌 계성변시장광설
山色豈非淸淨身 산색기비청정신
夜來八萬四千偈 야래팔만사천게
他日如何擧似人 타일여하거사인

계곡을 흐르는 물소리는 곧 부처님의 법문이요
푸른 빛의 산은 비로자나 부처님의 청정 법신이 아니겠는가.
밤새 물소리로 들려준 팔만 4천 게송을
훗날 어떻게 다른 사람들에게 이같이 불교를 설명할 수 있겠는가.

"누구나 미술을 이해하려고 노력한다. 그런데 왜 새의 노랫소리는 이해하려 하지 않는가?" 세기의 화가 피카소가 한 말이다. 피카소의 말은 불교와 통하는 명언이다. 이와 관련된 붓다의 일화를 소개해본다. 하루는 붓다께 제자가 이렇게 여쭀다. "부처님 내세에 극락이 있습니까?" 붓다께서는 무기無記하셨다. 무기란 무의미한 질문에 답하지 않고 침묵하는 것을 말한다. 붓다의 무기는 무슨 뜻일까? 이 지구라는 확실한 지상 극락에서 삼라만상의 미술관과 음악의 전당 작품을 마음껏 향유하란 뜻 아닐까.

미국 서부 여행에서 만난 귀한 인연

　미국 여행을 갔을 때의 얘기다. 미국 서부 LA를 출발해 샌프란시스코를 거쳐 2,000여 년의 수령樹齡을 자랑하는 세코야 파크, 인공위성에서도 보여 그 위력을 과시한 조약돌 골프장 페블 비치, 그랜드 캐니언 등 9일 일정의 관광길에 나섰다.
　광활한 캘리포니아 평원에서 관광버스는 자그마한 점이 되어 들판을 달린다. 차창 밖의 풍경은 내가 그동안 봐온 서부 영화와 미국 소설의 무대를 떠올리게 했다. 간간이 〈켄터키 옛집〉과 〈올드 블랙 조〉 같은 포스터의 음악도 들리는 듯했다. 달콤한 꿈은 이내 깨지고 만다. 버스 앞쪽 상단에 설치된 TV 화면에서 국내에서 방송됐던 코미디 프로가 재생되고 있었다. 몇몇 관광객의 강력한 요청에 의한 것이라는 가이드의 설명이 뒤따랐다.
　밖의 풍경과 버스 안의 오디오가 일치하지 않아 미국에 있는지 한국에 있는지 혼란스러웠다. 먹기 싫은 음식을 입에다 강제로 떠넣는 기분이었다. 비디오 상영이 끝나자 각자 자기소개와 노래 한

곡씩 하자고 어느 손님이 제안한다. 이는 박수 소리와 함께 만장일치로 통과, 버스 안은 아수라장이 되고 만다.

여행 중 내가 제일 싫어하는 일만 벌어지고 있었다. 앞사람 등받이에 다리를 올려놓는 사람, 식당에서는 브레이크가 고장 난 자동차인 양 포크와 나이프로 칼싸움을 하는 아이들. 내 앞좌석의 등받이는 완전히 뒤로 젖혀져 나는 좁은 공간에서 벌을 받고 있었다. 아파트의 위층 세대와 관광에서 상식을 지닌 보통 사람들을 만나는 일은 행운이며 축복이다. 이번 여행 동안 몰상식이 생활화된 사람들과 지낼 생각을 하니 암담했다.

1960년대 중반 《어글리 코리안》이란 책이 있었다. 도대체 언제까지 이 말이 우리에게 쓰일 것인가. 또 다른 괴로움도 이에 못지 않았다. 일부 관광객들은 어느 지역 어떤 경치를 보든지 간에 눈에 차지 않는 모양이었다. 감탄은커녕 시시하다는 말을 내뱉어 관광의 맛을 반감시켰다.

요세미티 공원의 하이라이트인 엘 캐피탄은 한 덩어리의 바위 크기로는 세계 최대다. 엘캡 등반은 암벽 등반인들의 꿈으로 서울의 63빌딩 4채를 수직으로 쌓아올린 듯하다. 이런 영물靈物 앞에서는 가벼운 공포와 함께 위압감마저 느끼게 된다. 하지만 소가 닭 보듯 대충 보아 넘기는 간과객看過客의 눈에는 북한산의 인수봉만도 못해 보이는 모양이었다. 또 요세미티 공원은 설악산 국립공원보다 안 좋아 보이는 듯했다.

어떤 이는 조약돌 해안을 끼고 있는 페블 비치와 미려한 dark blue의 다이호 호수보다 한려수도가 더 낫다고 했다. 지난번 어느 여행지의 어느 곳이 여기보다 낫다면서 관광 경력을 과시하는 등 동정심마저 가는 치기稚氣를 보이는 이도 있었다. 배타排他 애국의 어글리 코리언들이다. 철저히 지금을 부정하는 이들을 보니 숭산崇山(2006년 입적) 스님이 떠오른다.

숭산 스님은 우리나라보다 해외에서 달라이 라마만큼이나 숭앙받고 있는 분이다. 미국의 명문 대학 출신과 양가집 아드님들을 집밖으로 뛰쳐나오게 한 장본인(?)이기도 하다. 또한 심오한 불교를 자기화해 이른바 '뿐' 철학을 창안하셨다. '뿐' 철학이란 밥을 먹을 땐 오직 밥만 먹을 '뿐', 놀 땐 오직 놀 '뿐', 생각을 안 할 땐 생각을 안 할 '뿐' 등을 실천하는 철학을 말한다. 스님께서는 숨을 거두는 순간에도 마음속으론 '나는 지금 오직 죽을 뿐'이라고 되뇌셨는지도 모른다. '지극한 진리는 어렵지 않다[지도무난至道無難]'는 진리를 실감나게 해주는 말씀이다.

반바지 차림의 한 성직자는 일행들이 타고 있는 버스를 움직이는 교회로 착각하고 있었다. 천당에는 성직자들의 혀만 있다더니 빈약하고 시의에 맞지 않는 설교舌敎는 일행들을 곤혹스럽게 했다. 거지반 무신론자인 일행은 죄인을 면하기 위해 기도 아닌 눈을 감아야 했다. 그뿐만 아니라 차창 밖 경치에는 관심이 없는 듯 국내 정치를 주제로 쉴 새 없이 떠들어대는 Motor Mouth들도 있었다.

관광길은 그야말로 고행 길이었다. 어글리 코리언은 현대판 중생이다. ugly는 good과 Bad의 천박한 중간 개념이다. 다행히도 나는 룸메이트를 잘 만났다. 이른바 일류 대학 1학년으로 재수를 했다고 한다. 재수생 특유의 성숙함(?) 때문인지 일류 대학생들이 흔히 보이는 지적인 오만이 없었다. 미국 동부에서 단기 어학연수를 마치고 귀국하는 길에 관광을 하고 있다고 했다. 수더분한 성격에 심지(心地)가 착해 보였다. 전공은 미학이었다.

김 군은 개신교를 믿지만 어머니가 불자셔서 절에도 자주 가는 편이라고 했다. 나는 천주교 신자인데도 불교를 좋아해 인도를 다녀왔다고 했다. 우리나라를 비롯한 세계 곳곳에서의 종교 간 반목은 21세기 인류의 숙제라는 데 두 사람은 공감했다. 처음부터 의기가 상통한 두 사람은 저녁마다 미니어처 양주로 밤늦게까지 술파티를 벌였다. 내가 주로 말을 하고 김 군은 듣는 편이었다. 김 군의 취미는 야구였다. 나는 지금도 야구 중계를 하고 있으니 평생 가장 많이 한 일이 야구 중계인 셈이다.

김 군은 내게 '좋아하는 일이 직업이어서 행복한 분'이라고 했다. 대화의 성공은 상대의 관심사가 주제가 돼야 한다. 우선 미국의 전설적인 100마일(구속 150Km/h) 투수 노런 라이언Noran Ryan의 행복관을 들려줬다. 고액의 연봉을 받는 선수라서 행복하기보다는 원정 경기 때 잠시 쉬어가는 고속도로 휴게소 자판기에서 뽑아 마시는 커피 맛, 야간 비행기에서 내려다보는 찬란한 불빛에서 행복을 느낀다는 내용이다. 행복의 가격은 이처럼 저렴한데도 많은 사람들은 욕망과 물욕에 사로잡혀 0의 행복이 보이지 않는 모양이다.

고대 이집트의 연금술사들은 구리와 납, 주석 등으로 금은 같은 귀금속을 만들었다고 한다. 노런 라이언도 일상의 평범을 비범으로 승화시킨 행복의 연금술사였다. 김 군은 노런 라이언의 동양적 행복관에 흥미를 느끼는 듯했다. 우리는 어쩌다 찾아오는 행복인 행운과 공기나 물처럼 가까이 있는 행복을 혼동하곤 한다. 행운과 달리 곳곳에 널려 있는 행복을 노런 라이언은 놓치지 않고 있다. 그는 야구 선수 출신 가운데 최초로 2010년 텍사스 레인저스Texas Rangers의 구단주가 됐다. 이는 우연이 아니라 평생 일상을 '꽃'으로 살아온 업보일 것이다.

'Happiness'는 사람의 마음속에서 일어나는Happen 현상을 뜻한다고 한다. 행복의 어원에 대해 어느 여대생에게 들려준 적이 있다. 일요일 홍릉수목원. 서양적 이미지의 여대생 둘이서 벤치에 앉아 서로 번갈아가며 부채질을 해주고 있었다. 여대생들이 풍기는 분위기로 인해 수목원은 외국의 공원으로 변했다. 반면 동양적인 부채는 두 사람의 서양적 토털 패션을 깨트리는 것만 같았다. 이런 어울리지 않은 부조화가 내 시선을 끌었다. 부채의 그림은 현대 문인화로 화제畵題 역시 새로웠다. '불교는 만족하는 마음[불만족지심佛滿足之心]'. 99억을 가진 사람은 100억을 채우고 싶어 한다. 사람은 불만족 본능이 있는 탓에 돈방석 위에서도 행복해하지 않는다.

학생들에게 말을 건네도 내 말을 빼앗기지 않을 것 같았다. 'Happiness is contentment!' 행복은 만족 능력이며 불교 역시 스스로 만족할 수 있는 자족 능력의 가르침이다. 이 수목원의 갖가지 나무와 꽃들과 공기는 누구나 좋아하고 즐길 수 있다. 행복이라 하기엔 하찮게 흘려버릴 수도 있는 바람과 태양 조명인 햇빛까지도 알뜰하게 즐길 수 있어야 한다. 이 지상에는 즐거움과 괴로움뿐만 아니라 즐거움도 괴로움도 아닌 즐거움도 있다. 행복은 발견 능력이다. 그런데도 우리는 눈에 잘 띄지 않는 보통의 행복은 버리며 살아간다. 두 여대생은 벤치를 떠나면서 미소와 목례로 답을 해줬다.

다시 미국 여행 이야기로 돌아가본다. No hit No run(무안타 무실점) 7번의 대기록을 수립한 노런 라이언도 Perfect game(완전 경기)은 한 번도 없었다. 이런 사실이 김 군에게는 뜻밖인 모양이었다. 야구란 운이 따르는 경기인 듯이다. 야구에서는 한 타자가 10번 타석에 들어가 7번 실패하고 3번만 성공해도 강타자로 인정받는다.

야구 경기에서 홈런도 없고 안타가 5개도 안 되는 시시한 경기가 얼마나 많은가. 인생도 야구와 마찬가지로 3할 대 성공 인생이 어렵고, 따져보면 특별한 내용이 없는 게 인생살이다. 80세의 인생 여정에서 특별한 날이 과연 얼마나 될까. 가장 중요한 본인의 탄생은 자신이 알 수 없으니 빼야 한다. 그러면 대학 합격, 취직, 결혼, 첫 아이의 탄생, 직장에서의 승진 그리고 일 년에 한 번 돌아오는 생일 정도가 남는다. 누구나 자기 인생의 10대 뉴스 선정이 쉽지 않는 이유다.

이번 우리 일행의 관광은 야구의 안타 가운데서도 행운의 안타에 속했다. 그런데도 대부분의 일행은 지금의 시간과 공간을 즐기지 못하고 허비하고 있었다. 시간에서 과거는 내가 가질 수 없는 History요 미래는 알 수 없는 Mystery다. 오직 믿을 수 있는 시간은 현재뿐이다. "Present is Present!" 나도 모르게 튀어나온 말이다. 이를 가리켜 영감이라고 하는가 보다.

김 군에게 어학연수 실력을 보여달라고 했다. '현재라는 시간만이 선물이 될 수 있다', '우리가 확실히 가질 수 있는 시간과 장소의 선물은 오직 지금 여기뿐이다' 들을 김 군은 영어로 말해줬다. 내 영어 실력으로는 더 보탤 말이 없었다.

언젠가 나는 미국의 올림픽 금메달리스트에게 "2연패를 위해 앞으로 어떤 계획을 하고 있습니까?"라고 물은 적이 있었다. 그의 대답은 이랬다. "한순간의 금메달 획득을 위해 더 이상 4년을 희생할 수 없습니다. 인생의 모든 순간은 금메달 따는 순간만큼이나 소중하기 때문입니다." 이 일을 떠올리며 나는 김 군에게 불교가 현재 중심주의presentism임을 말해줬다.

이어지는 관광 코스는 헤밍웨이가 《노인과 바다》를 집필한 몬트레이 휴양지. 어느 한 군데쯤에서는 헤밍웨이의 체취를 느낄 수 있을 것만 같아 설렜다. 숲속 깊숙한 곳의 한 중국 부호 별장의 문패에는 주인의 이름 대신 '천국天國'이란 글자가 보였다. 이런 수준의 생활 철학을 가진 갑부라면 인생 경영도 잘하겠다 싶었다.

임종을 앞둔 말기 환자에게 극락이나 천당은 큰 의미가 있다. 하지만 종교의 목표를 내세에만 둔다면 이 지구라는 낙원을 모독하는 일이 될 수 있다. 기독교가 현세와 내세에서 영생하는 이생 종교二生宗敎라면 불교는 현세의 업보에 따라 윤회하는 다생 종교多生宗敎다. 윤회 사상은 어느 시대 어느 사회에서나 있게 마련인 현세에서의 절반의 패배자들에게는 위안이자 희망의 등불이다. 또한 권선징악과 인과응보란 불교의 통념은 실은 사회 질서 확립을 위한 방편이었다.

흔히 현세 패배자의 불행과 실패를 전생에서 쌓은 악업의 결과로 돌리는 것은 잔인한 일이다. 왜냐하면 사회적인 부조리나 악인에 의한 불행 즉 공동으로 책임져야 할 공업共業도 허다하기 때문이다. 그런 한편 현실적으로 성공한 사람에게도 인간 욕망의 본능과 계절처럼 필연적으로 찾아오는 슬픔이나 좌절은 존재한다. 이런 연유로 종교와 기복 신앙은 영원히 공존할 것이다.

불교의 본질은 지금 당장 죽어도 후회하지 않고 한 번만 사는 일생一生의 철학 / 현재주의다. 이는 요즘의 욜로Yolo 족과도 상통한다.

'You Only Live Once(너는 한 번밖에 살 수 없다. 제대로 살기만 하면 한 번으로 족하다)!' 다만 윤회가 전제되면 불교는 종교가 된다. 그리고 개인이 갖춘 지혜의 스질 수준에 따라 종교와 철학으로 분화되기도 한다. 철학적인 고급 불교는 21세기 젊은이들의 사랑을 받을 수 있는 필요충분조건의 종교다. 반면 극락과 기복 신앙을 앞세운 불교는 전세기적前世紀的이다. 극락이란 보험처럼 치부해둘 일이지 그곳에만 기대는 건 불교가 아니다.

일본은 불교뿐 아니라 엄밀한 의미에서 종교가 없는 나라다. 기독교인은 1퍼센트도 안 된다. 왜 그럴까? 첫째 목사와 같은 중재자 없이 하느님으로부터 직접 받아들이는 기독교라야 한다는 무교회無敎會주의 때문이다. 둘째 이유는 일본 전역에서 벌어지는 제사 겸 축제인 '마쓰리'에서 엿볼 수 있다. 동네 주민들의 건강과 안녕을 기원하는 마쓰리의 신神들은 지역마다 다양하게 존재한다. 일본인의 종교관은 이처럼 우주 만물에는 모두 신이 있다는 다신주의적 범신론汎神論에 근거한다.

사람은 무엇이든 믿지 않으면 살기 힘든 나약한 존재다. 일본의 경우 사람의 모습으로 이승에 나타난 아라히토가미現人神를 모신 대표적인 신궁인 메이지 신궁明治神宮, 위인이나 전설적인 인물을 모신 신사神社, 오곡五穀의 신을 모신 시골의 이나리稻 신사, 어촌의 호코라祠 신사 등이 종교의 역할을 대신해준다. 우리나라에 견주면 조상의 신주神主를 모셔놓은 사당祠堂이나 당堂집과 비슷하다. 신이 없는 달인 음력 10월 간나쓰키神無月에는 조왕신(부엌신)인 고오진荒神이 잠시 대역代役을 한다. 모든 신이 전국의 남녀 젊은이들의 결혼 문제를 논의하러 이즈모出雲에 모이기에 10월에는 신이 없다.

불교는 이처럼 일본인의 생활 곳곳에 녹아 있다. 인생은 지구에서 한 번뿐이란 신념으로 목숨을 건 듯 사는 것이 일본인의 보편적인 인생관이다. 열심히란 뜻의 부사 '잇쇼켄메(일생현명一生懸命)', 그리고 본래 자기/본심과 동의어로 진심·착실함이란 뜻의 명사 '마지메(진면목眞面目)'가 그 예이다. 일본어 동사에는 현재형만 있고 의지 미래형이 없는 것 역시 현세주의 철학인 불교 정신에서 비롯됐을지도 모른다.

일본은 생활 불교 국가다. 사후 화장火葬 문화가 대표적인 증거다. 불교는 결혼식이나 장례식 때나 의식으로 쓰일 뿐이어서 장례불교라고도 부른다. 유학자들은 유교의 예절 정신이 동양에서 고스란히 남아 있는 나라는 일본뿐이라고 말한다. 인사법도 아침 인사, 낮 인사, 저녁 인사가 따로 있을 정도다.

아침 인사인 '오하요 고자이마스おはようございます'는 '아침 일찍부터 부지런하십니다'란 뜻이다. 하루가 짧은 일생으로 귀한 시간이라는 함축적 의미가 있는 듯하다. 낮 인사인 '곤니치와こんにちは'의 직역은 '오늘은'으로 '오늘 하루는 어떻게 지내시겠습니까?'란 뜻이다. 저녁 인사인 '곰방와こんばんは'의 직역은 '오늘밤은'으로 '저물어가는 오늘 저녁과 밤의 남은 시간은 어떻게 보내시겠습니까?'라는 뜻인 듯하다.

일본인들은 대화 가운데 '시오가나이(할 수 없지)'란 말을 자주 쓴다. 일본은 잦은 지진 발생으로 가족이나 친지들을 잃는 경우가 많아 아키라메(체념諦念)가 체질화됐다. 여기엔 불교의 영향도 한몫하는 것 같다. 해탈은 집착의 단절인 까닭이다. 일본은 무종교 국가임에도 이율배반적으로 헤아릴 수 없이 많은 신을 뜻하는 '괄백만의 신 八百万의 神'이란 말도 있다.

인간은 누구나 부귀와 사회적인 신분의 고하를 막론하고 겪어야만 되는 현실고와 생명의 한계에서 오는 본래그가 있다. 일본인은 여기에 더해 국민 누구나 숙명적으로 피할 수 없는 지진의 재앙과 공포 탓에, 보호받거나 위로받고 싶은 안식처로서의 많은 신들이 절실하다. 이런 특수한 환경 조건 때문에 1년을 일생처럼 진지하게 사는 삶이 일본인들의 인생관이 됐다. 정월에 절이나 신사를 찾아 신·불에게 참배하는 하쓰모데初詣で는 1년을 뜻있게 보내기 위한 기원이다.

일본어의 '아테지'는 발음이 같은 경우 좋은 뜻의 글자를 쓰는 조어법을 가리킨다. 초밥 스시(수사壽司)에서 목숨 수壽 자가 들어가는 것이 그 예다. 불자 무도인武道人이었던 Gishin Funagoshi가 당수唐手(가라테)를 공수空手(가라테)로 바꿔놓은 것도 같은 원리다. 단팥죽 또는 '좋구나!'란 뜻의 관서 지방 표현인 '젠자이善哉'는 화엄경의 구도자 선재善財에서 취음取音한 글자인 듯하다. 한편 고승의 이름 다쿠앙沢庵이 일본식의 짠지 이름이 되거나, 술의 상품명인 정종正宗이 일본술의 대명사가 된 사례도 있다. 일본에서는 이처럼 불교가 생활 전반에 널리 자연스럽게 자리 잡고 있음을 엿볼 수 있다.

차를 우려내는 주전자를 우리나라는 다관茶罐, 중국은 차호茶壺, 일본은 규스急須라고 한다. 셋 다 다기茶器 이름 같지 않다. 그러나 좀만 생각해보면 우리가 가질 수 있는 시간은 오직 지금 여기뿐이니, 바쁜急 일이 있더라도 잠시須 쉬면서 차 한 잔 즐기란 뜻 아닐까. 우리나라와 마찬가지로 일본에서도 차의 정신과 불교는 밀착돼 있다. 주인이 손님에게 차 대접을 할 때 일생에 한 번 만나는 인연, 후회 없도록 잘 대접하라는 '이치고이치에一期一會'의 차 문화에서 유래한 친절 정신은 일본인의 본능이요, 일본의 무형 문화재이며 국력이다.

일본의 다실茶室에는 우리나라 국화인 무궁화無窮花를 한 송이 소박하게 꽂는 일이 다반사다. 꽃 이름에 없을 무無 자가 들어가서인지 아니면 중도의 미를 갖춘 꽃이어서인지는 잘 모르겠다. 무궁화는 꽃술 주위의 분홍빛 바림gradation이 특징으로 수수하지만 단정한 옷차림의 여인상이다. 평범을 소중하게 받드는 다도茶道 정신에 어울리는 안성맞춤의 꽃이다. 일본 다도 최고의 경지인 한거閑居를 즐기는 '와비'와 예스러운 아취에 젖어드는 '사비'의 분위기는 바로 0의 행복이다.

평균 수명이 길어졌다고는 하지만 80세 이상의 건강한 삶을 장담하기는 어렵다. 예술은 생명 유한성의 반작용으로 탄생했다. 눈을 위한 미술, 귀를 위한 음악, 영혼을 위한 문학. 이처럼 지구에서의 삶은 예술로 인해 더욱 풍요로워진다. 그렇다면 미지의 불가해한 인공의 내세 낙원보다는, 몬트레이 별장의 중국 부호처럼 이 지구를 천국으로 삼는 일생의 철학으로 살 수도 있지 않을까.

끝으로 대학생들은 축약된 말을 좋아한다고 해서 지금까지의 불법佛法을 아우르는 몇 마디를 김 군에게 들려줬다. 한정된 시간의 틀 속에 사는 우리는 버릴 시간이 없다. '나쁜 시간(−)도 좋은 시간(+)으로 알뜰하게 써야 한다[음양이용陰陽二用]'. 그리고 '모든 초목은 부처다[백초시불百草是佛]'. 모든 초목은 꽃과 열매와 그늘을 사람들에게 보시하니 부처와 같지 않은가. 또한 나무와 꽃은 어느 한 가지도 같은 것이 없으며 어떠한 환경에서도 꽃을 피운다. 꽃은 식물의 최선의 상징이다.

장미·모란·백합·양귀비 같은 귀족적인 꽃을 야생화들은 부러워하지 않는다. 장미꽃은 빨강·노랑·까망·하양·주황 등 나름대로 자기 색을 자랑한다. 부호의 정원에서만 장미꽃이 피는 것은 아니다. 우리 동네 학교 뒷마당이나 창고 옆에 피는 장미도 아름답다. 자신에게 어울리지 않는 장소라고 불평하지도 않는다. 앞산 등산로의 갈라진 시멘트 계단 틈바구니에서도 가녀린 풀꽃은 열심히 피어난다. 봄에 피는 개나리·진달래·벚꽃·목련은 자신을 최대한 표현하기 위해 잎은 잠재운 채 꽃만 먼저 보여주고 있다.

난초는 산에서 자라는 풀 같기도 하고 물을 좋아하는 풀 같기도 하다. 한편 우아하고 기품 있는 한란寒蘭은 가정집 화분에서 갇혀 살면서도 山草와 水草의 아취를 풍겨주고 있다. '부재산역 부재수이 자득산수지취不在山亦 不在水而 自得山水之趣(산속에도 물가에도 있지 않으면서 스스로 산초와 수초의 아취雅趣를 풍기고 있네)'. 모든 초목이 부처인 것은 꽃, 그늘과 열매를 아낌없이 베풀어 불교의 이타 정신을 실행하고 있기 때문이다.

내게 있어 대중 목욕은 취미 생활이요 건강 비결이기도 하다. 어쩌다 운 좋게 탕 안이 조용한 날이면 일본 하코네箱根나 아타미熱海 온천처럼 즐기곤 한다. 한편 태양이 내 머리 위 하늘 한가운데에 있을 때 내 몸의 그림자는 사라진다. 마찬가지로 마음자리가 한가운데 0에 있으면 '마음이 무심해지면서 모든 근심과 걱정이 사라진다[일오무영日午無影]'. 앞서 말했듯 마음자리를 0에 정하고 머무는 것을 선정이라 한다. 무심과 선정은 같은 개념이다.

　　무심은 0의 행복이다. 0의 행복은 행복의 황금률이다. 무심은 정신이 나간 멍청한 상태가 아닌 무욕의 마음 상태다. 바람風도 없고 바람願도 없는 거울 같은 호수의 마음이다. 마음자리가 0에 있을 때 즐거움이 깃드는 것은 이런 마음의 메커니즘 때문이다. '풍취부동천변월風吹不動天邊月(바람이 불어도 움직일 줄 모르는 하늘가의 둥근 달)'. 어느 고승의 선시다.
　　'즘생怎生'은 어떻게 살 것인가란 뜻이다. 이는 인생 최고·최대의 질문이다. 즘怎은 옥편에서 한 글자밖에 없어 더욱 귀하게 여겨진다. 파자는 더욱 문학적이며 철학적이다. 풀이하면 아래와 같다.

　　잠깐 / 처음 사乍＋마음 심心＋살 생生
　　① 인생 잠깐이라는 마음으로 산다
　　② 좋음도 나쁨도 잠깐이라는 마음으로 산다
　　③ 처음 마음으로 산다

　　같은 어원 즘생(생물)에서 중생과 짐승 두 가지로 분화되면서 뜻도 바뀌었다. 오로지 무엇을 먹고 입고 갖고 싶은 중생의 생활은 짐승의 생활과 진배없다. 어떻게 살 것인가? 인생의 제일 큰 질문이다. 이따가의 일을 아무도 모르는 게 우리네 인생이다. 지금 여기를 촛불의 불꽃처럼 완전 연소하며 향유하고 싶다. 인생은 현재 완료형이기 때문이다.
　　스포츠 세계에서 챔피언 자리에 오른 선수는 그 자리를 지키는 것이 등극만큼 중요하다. 그렇다면 0의 행복을 유지하기 위해서는 어떤 마음자세가 필요할까? 현 불교계에서는 부처님만을 끊임없이 떠올리는 삼매인 일행삼매一行三昧 또는 오로지 한 물건을 응시하며 마음을 움직이지 않는 수일불이守一不移를 방편으로 제시하고 있다. 나는 표현을 달리하고 싶다. 모든 하는 일事과 일(1, 하나)이 돼야 한다. 일事과의 하나 됨은 곧 일事에의 집중이며 취미는 좋아하는 일에 마음 붙이기다. 그리고 집중은 곧 행복이다.

가령 홀어머니는 자식들에게 마음을 붙이는 재미로 산다. 젊은 남녀가 만나 즐거운 것은 마음과 마음의 본능적인 집중 때문이다. 남녀가 완전히 하나 되는 합환은 몸과 마음까지 하나 됨의 더 큰 즐거움이다. 나는 김 군에게 취미로 차茶 생활을 권했다.

김 군이 모처럼 입을 열었다. "선생님은 이곳 관광을 오셨어도 거르지 않고 조깅을 하시던데요." 이에 대한 나의 대답이다. "나는 꼭 아침에만 조깅을 하는 것이 아니라 형편에 따라서 해요. 아침에 하면 조경朝競이 되고 낮에 하면 주경晝競이 되겠지요. 그리고 밤에 하면 야경夜競이겠지요. 내게 운동은 건강이 목적이겠지딴 조깅 자체를 즐기고 있으니 과정도 목적이겠지요. 조깅은 달리기와 걷기 중도의 즐거움입니다." 이어 이런 말도 했다.

"해변 모래사장에서의 조깅Jogging은 몸과 마음의 최상의 조잉Joying이에요. 움푹 들어간 발바닥의 가운데를 한의학에서는 용천혈湧泉穴이라고 하지요. 그곳은 신체 부위 가운데 유일하게 접촉이 거의 없는 처녀성의 촉감이 있어요. 모래가 발바닥Sole에 닿을 때의 쾌감과 엔도르핀에 의한 마음Soul의 미감은 조깅의 극치입니다. 사람의 몸은 복잡한 화학 공장으로 건강을 위한 단일 처방은 없지요. 운동은 인류가 지금까지 발견한 가장 믿을 수 있는 약이며 보약이에요. 식물은 옮겨 심으면 약해지지만 동물인 사람은 움직이지 않으면 병이 납니다.

몸을 움직이되 즐겁게 쓰면 운동이지만 괴롭게 쓰면 노동입니다. 사람은 몸을 움직이면 반대로 마음이 평온해집니다. 이를 가리켜 신동심정身動心靜이라 하지요. 기도에는 정적靜的인 기도와 동적動的인 기도가 있습니다. '신동심정身動心靜 심정항천心靜恒天(산책을 하면 마음이 고요해지네. 마음이 고요하면 언제나 천국)'(필자 졸작). 교회에서의 기도가 정적인 기도라면 성지 순례는 동적인 기도인 셈이지요.

'관세음보살 나무아미타불'의 독송讀誦은 몸의 일부인 구강口腔 운동으로 동적인 염불입니다. 반면 잡념이 따르게 마련인 참선은 정적인 염불이지요. 그런데 선의 수행이 되지 못하고 마치 참선 자세를 배우는 듯한 학참선學參禪일 때가 많지요. 내게 조깅은 일종의 염불/기도입니다. 서양 불교에서는 움직이는 명상Movement Meditation이라고 부릅니다. 몸과 마음은 연인과 같습니다. 몸이 아프면 마음도 괴롭고 마음이 괴로우면 몸도 같이 아파해줍니다. 하지만 둘은 평소 자기 일에 바빠 만나기가 어렵습니다. 호흡은 만나기 어려운 몸과 마음을 만나게 해주는 오작교烏鵲橋입니다.

불교는 몸과 마음을 다스리는 과학 종교입니다. 현대병은 거의가 스트레스에서 옵니다. 불교는 온몸의 근육과 마음의 신경계를 이완시켜주는 장수 의학 종교기도 합니다. 붓다의 80세 장수는 오늘날

---

* 발바닥Sole이라는 뜻의 Sole[SOUL]과 마음의 Soul[SOUL]은 발음이 같은 동음이의어.

100세 이상에 해당됩니다. 역대 스님들의 평균 수명이 일반인의 평균치보다 월등한 사실이 이를 증명하지요. 행복은 몸과 마음의 화학 작용에 의한 결정이랍니다. 화학 작용은 1+1=2가 아니라 3 이상이 되는 현상입니다.

사람의 몸을 신체 재산Personal Estate이라 한다지요? 사람의 몸을 동산 1호로 본 서양 사람들의 관점이 재미있습니다. 석가모니 부처께서는 이미 성도 이전 신심일여身心一如의 명제를 들어 갈파하셨지요. '신외무물身外無物 심외무법心外無法', 몸보다 더 귀한 보물은 없고 마음보다 더 소중한 진리도 없다는 뜻입니다. 붓다는 사람의 몸값을 최고치로 쳐주신 선각자십니다. 몸은 그 귀한 '마음의 집'이기도 하지요.

염불이 마음의 집중을 위한 방편이라면 108배는 몸의 상태를 좋게 해주는 최고의 보건 체조입니다. 절寺은 절하는 곳이면서 '절:'/'저얼:'/'자기의 얼:'을 찾는 곳입니다. 절하는 것은 자기를 낮추는 하심下心의 행위입니다. 염불과 108배는 모두 마음자리와 몸을 0으로 인도하는 방편이에요. 그런가 하면 피라미드만큼이나 불가사의한 2,000km의 오체투지五體投地(두 무릎을 꿇고 두 팔꿈치를 땅에 댄 다음 머리가 땅에 닿도록 절하는 예법) 순례와 삼천배三千拜가 있습니다. 오체투지 순례와 삼천배를 하면 체력의 탈진脫盡으로 탈속脫俗이 됩니다. 탈속이 곧 해탈이 아닐까요.

이와 관련된 성철 스님의 대표적인 일화가 있습니다. 스님을 뵈려면 삼천배를 올려야 했다고 합니다. 중도는 제2의 세계(−)를 맛본 사람만이 느낄 수 있는 0의 행복입니다. 삼천배는 현대판 고행으로, 스님께서 평소 입버릇처럼 말씀하시던 중도의 경지를 엿볼 수 있는 방편입니다. 산 정상에 막 도달해 탈진한 등산객의 얼굴을 보세요! 집에서 출발할 때의 표정과 달리 탈속의 경지의 모습 아닌지요.

이처럼 불교는 몸으로 절을 함으로써 본래 마음으로 가는 종교입니다. 김 군은 미술을 전공한다고 했는데 앞으로 피카소나 샤갈, 모네 같은 화가는 될 수 없을지도 모릅니다. 하지만 붓다는 얼마든지 될 수 있어요. 김 군이 믿는 기독교가 추상화라면 불교의 본질은 사실화입니다. 성불하세요."

"서울 가서 전화나 편지를 드리고 싶을 때가 있을 텐데요. 선생님 댁 전화번호와 주소는……?"

"내 몸이 서 있는 데가 현주소겠지요. 서 있으면 부동산, 움직이면 동산이에요. 몸은 움직일 수 있을 때 그리고 마음은 고요하게 정지해 있을 때 행복합니다. 마음은 '부동산 1호', 몸은 '동산 1호'입니다. '지금 여기'가 인생의 전부입니다. 우리는 지금 여기가 소중한 보금寶今자리임을 잊고 삽니다. 나는 지금시市 여기동洞 0번지에 삽니다."

말귀가 밝은 김 군과 나는 잠시 석가모니 부처와 가섭이 되어 한바탕 웃었다.

글을 마치면서
호랑이를 그리려다 하이에나가 된 셈

이 글은 여러 인연 덕분에 쓸 수 있었다. 먼저 가장 소중한 두 인연을 소개하려 한다. 하나는 죽음의 맛을 경험하게 한 인연이다. 나는 폭음의 후유증으로 입원을 한 적이 있었다. 이때 인간의 경험으로는 불가능한 죽음의 맛을 볼 수 있었다. 또 하나의 인연은 석성우 스님과의 만남이다. 내가 불교와 차에 관심을 갖기 시작할 무렵 스님에게서 염불念佛의 염念 자 풀이에 관한 말씀을 들었다. 순간 구리를 캐던 광부가 뜻밖에 금을 발견한 듯한 기분이었다.

염念 자를 파자하면 이제 금今+마음 심心으로 지금 마음을 뜻한다. 즉 염念은 지금 마음이 부처라는 법문法文이었다. 몸에도 본적과 현주소가 있듯, 마음에도 처음 마음 / 본래 마음과 지금 마음 / 속세 마음이 있음을 새삼 깨달을 수 있었다. 한편 합장이란 두 손을 모으는 행위를 가리킨다. 다시 말해 한 손의 처음 마음 / 본래 마음에 다른 한 손의 지금 마음 / 속세 마음을 합일시키는 일이다.

이 법문法文을 듣는 순간 갑자기 가슴이 마구 두근거렸다. 그리곤 평소엔 생각하지 않았던 영감, 법열法悅이란 단어가 머리를 스쳐 지나갔다. 즉시 국어사전을 찾아봤다. 이 두 단어는 당시의 내 심경을 온전히 말해주고 있었다. 이어서 수학 시간에 배웠던 좌표 평면이 떠올랐다.

염불은 마음자리가 처음 / 본래 마음으로 이동한다는 뜻이다. 그렇다면 마음자리의 위치에 따라 마음 상태가 달라진다는 것이 아닌가. 나는 마음자리가 플러스(+)일 땐 즐겁고 마이너스(-)일 땐 괴롭지만, 0에 있을 땐 행복해진다는 생각을 했다. 그러면서 즉석에서 붙인 이름이 바로 '0의 행복'이었다. 요컨대 염불과 기도는 0의 행복을 위한 행위인 셈이다.

이런 나의 생각을 젊은이들에게 검증받고 싶었다. 왜냐하면 이들은 사물에 대해 냉철하게 생각하는 면이 있기 때문이다. 손쉬운 방법으로 딸아이 상화에게 의견을 물었는데 다행히도 긍정적인 반응을 보였다. 그때 마음자리 0이야말로 석가모니 부처께서 깨달으신 중도 / 선임을 확신했다. 이는 수학에서 0이 없던 시절 붓다께서 0을 증명할 수 없었던 까닭에, 일자불설一字不說 · 무설선無說禪이 생겨났다는 생각으로 이어졌다.

이미 말했듯 붓다의 깨달음 가운데 설명할 수 있는 가르침은 교문敎門, 반대로 설명 불가한 붓다의 마음은 선문禪門이라고 한다. 나는 이 양대 산맥의 성립이 자연스레 이해됐다. 싯다르타 태자가 출가 전 머물렀던 쾌락의 세계에서는 마음자리가 플러스(+) 쪽에 있었다면, 출가 후 고행 수도의 세계에서는 마이너스(-) 쪽에 있었을 것이다.

이후 고행 무익을 선언한 붓다는 정상적인 공양 생활로 심신을 회복한 뒤 보리수 아래에서 2차 수행에 들어가신다. 이 무렵 붓다께서 느끼신 밥맛은 태자 시절의 밥맛과는 아주 달랐을 것으로 보인다. 즉 이때의 밥맛은 고마움이요 즐거움이었을 것이다. 물리지 않는 밥맛은 왕자 시절의 쾌락의 맛(+)과 출가 후 고행 수도의 맛(-)이란 양극단의 맛과는 다른 중도의 맛이 아니었을까.

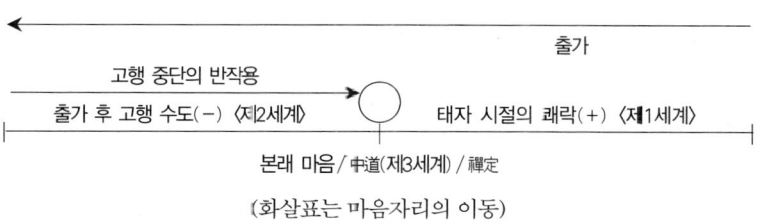

(화살표는 마음자리의 이동)

다시 말해 물리지 않는 제3의 맛의 세계가 곧 중도의 세계다. 고대 인도인들의 인생 추구는 진리·실리·성애였다. 붓다는 실리주의에 따라 중도를 생활 철학으로 제시하고 싶으셨던 것이다. 중도中道라는 깨달음은 극단의 고행 수도를 중도中途에 그만뒀기에 가능했다. 즉 붓다는 고행 중단의 반작용으로 마음자리가 자연스레 0 / 중도에 있을 때 밥맛을 통해 중도를 깨달으셨다. 이런 점에서 석가모니 부처의 깨달음은 몸과 마음을 통한 구체적인 체득 / 득도라 할 수 있다.

심신일여 정신은 여기서부터 비롯된다. 붓다께서는 8만 4,000 번뇌를 끊은 다음 더 이상의 깨달음을 구하시지 않았다. 번뇌 끊기=

성도成道란 명제를 보여주신 것이다. 번뇌 끊음 / 집착 끊음이 곧 성불이다. 큰 집착 가운데 으뜸은 가족 혈연과의 인연이다. 즉 붓다의 출가는 몸의 가출이 아닌 마음의 출가로 볼 수 있겠다.

요컨대 석가모니 부처님 깨달음의 모체는 0에 있다. 0의 깨달음이란 모든 사물은 영원불멸할 수 없다는 제법무아의 '있음의 없음'을 깨닫는 것이다. 또한 두 극단의 세계(쾌락 / 고통)를 떠난 중도라는 신세계인 '없는 듯 있는' / '없음의 있음'을 깨닫는 것이기도 하다. 붓다의 깨달음은 이처럼 있음의 없음과 없음의 있음이란 두 명제를 아우른다.

두 명제 가운데 있음의 없음은 누구나 쉽게 이해할 수 있다. 우리는 살아가면서 인생이 허무하다는 말을 자주 한다. 이 말은 언제나 새롭게 다가온다. 있음의 없음이란 불교의 교의는 인생 최고·최대의 질문이다. 이것은 '사람은 누구나 죽는다. 당신은 어떻게 살겠는가?'라는 물음과 통한다.

이에 대한 반응은 사람마다 다르다. 즉 지혜의 능력인 근기에 따라 천차만별로 나타난다. 어느 시대 어느 사회에서나 세속적으로 성공하지 못한 절반의 패배자들이 있게 마련이다. 이들이 돌파구로 삼은 귀의처는 극락이다. 절반의 패배자들은 선업을 쌓으며 내세의 윤회에서 극락왕생을 꿈꾼다. 사회에서 성공한 사람도 지금보다 더 큰 욕망 달성과 미래의 극락 행 꿈을 안고 살아간다.

불자의 근기에 따라 내일과 내년이 없이 지금 여기를 철저히 완전 연소하는 현재 완료형의 인생관을 지닌 사람도 있다. 이들은 폭넓은 예술 생활 위주의 생활 철학인들로 불교를 실존 철학으로 인식한다. 붓다 깨달음의 모체인 0 가운데 하나인 있음의 없음이란 교의의 등불은 아난존자에게 쥐어져 교문이 열렸다.

이에 비해 두 극단(쾌락 / 고통)의 세계를 떠난 중도라는 신세계는 말로 표현되지 않는 언어도단의 경지다. 선이란 바로 붓다의 깨달음인 중도의 마음이다. 없는 듯 있는 / 없음의 있음이란 수수께끼 같은 교의의 등불은 붓다의 법통을 이은 가섭이 받아 선문을 열었다. 수학에서 0이 없던 시대 없는 듯 있는 / 없음의 있음의 깨달음 / 중도는 석가모니 부처의 표현 불가능한 심층 심리였다. 명백히 의식되지는 않지만 자각된 의식과 같이 행등을 지배하는 의식을 잠재의식이라고 부른다. 현대 심리학에서도 난해한 의식으로 통하는 잠재의식은 빙산에 비유될 수 있다. 즉 수면 아래에 잠겨 있는 3분의 2에서 7분의 6의 얼음 덩어리처럼 보이지 않게 숨어 있는 의식을 말한다.

내가 이 책을 쓰는 궁극의 목표는 일자불설 / 무설선으로 일컬어지는 암호와도 같은 수수께끼를 푸는 데 있다. 내 나름의 중도에 대한 풀이라고나 할까. 앞서 말했듯 이 세상에는 크게 좋음 / 단맛(+)과 나쁨 / 쓴맛(−)이 존재한다. 좋음(즐거움 · 쾌락(+))이 아니라고 해서 반드시 나쁨(−)인 것은 아니다. 하지만 나쁨(괴로움 · 고통(−))이 아닌 것은 좋음(+)이 될 수 있다. 밥맛은 단맛(+)도 쓴맛(−)도 아닌 담백하고 구수한 중도(0)의 맛을 상징한다. 불가사의한 중도 / 0은 진공묘유 또는 공즉시색이란 교의로 변주되기도 한다. 공즉시색이란 공즉空卽 / 이상 세계가 시색是色 / 지금 이 속세란 뜻이다. 색즉시공이라는 교의도 있다. 즉 색즉色卽 / 지금 여기의 현실 세계가 곧 시공是空 / 극락세계란 뜻이다.

○의 발견
- ① • 모든 사물은 영원불멸할 수 없다는 제법무아
  - • 있음의 없음의 세계 ┐ 교문
- ② • 두 극단(쾌락·즐거움(+) / 번뇌·고통(−))의 세계를 떠난 0의 신세계
  - • 중도의 세계는 붓다의 심층 / 잠재의식의 세계로 일자불설의 세계
  - • 중도의 세계, 좋음과 나쁨이 아닌 좋음의 세계 ┐ 선문
  - • 색즉시공 / 공즉시색 / 진공묘유의 세계
  - • 없는 듯 있는, 없음의 있음의 세계

    석가모니 부처의 깨달음은 정적이며 드라마틱하지 않다. 없던 사실의 발명이 아니라 있던 사실 즉 상식의 발견이기 때문이다. 하지만 위대한 상식의 발견이다. 이런 점에서 붓다는 인류를 위해 중도 / 0이란 신세계를 발견한 인생의 콜럼버스라 할 수 있다. 0이 수학 세계에서 없던 시절 0의 개념에 의한 깨달음을 설명할 수 없었던 붓다의 심경은 어땠을까. 허준 선생이 콜레스테롤의 개념은 파악하고 있었지만 설명은 할 수 없었던 답답함과 같지 않았을까.

    여기서 궁금증이 하나 생겨난다. 어째서 석가모니 부처 이전의 수많은 출가 수행자들은 중도의 명제를 낳지 못했을까? 그 이유는 이들 부처에게는 태자와 같은 쾌락의 세계가 없었을 뿐 아니라, 고행의 중단 없이 고생 수도로만 끝났기 때문이다. 나는 석가모니 부처가 헤비급 챔피언이라면 붓다 이전의 독불獨佛들은 경량급 챔피언이라 표현한 바 있다.

    석가모니 부처는 법통法統을 잇는 제자에게 법(진리)을 전하는 상

징물로 의발(옷과 발우)을 전해줬다. 옷은 스승의 모습을 떠올릴 수 있다는 의미가 있다. 식기인 발우(바리때)는 어떤 뜻일까? 발우는 석가모니 부처의 깨달음을 도와준 스승이자 깨달음을 담은 기념물이었다. 그 옛날 석가모니 부처의 태생지 카필라 국은 농업 국가였다. 농업이 중시되는 사회에서 '백성은 먹는 것을 하늘로 삼는다[민이식위천民以食爲天]'. 고대 농경 사회의 백성에게 밥은 하늘 같은 신앙의 존재였다. 즉 밥은 필수품인 동시에 단조로운 생활을 위한 기호품의 역할을 했다. 붓다가 발우를 전해 준 것은 이 때문이었다.

나는 20년여 전 염念 자와 관련된 석성우 스님과의 인연으로 이 글을 쓰게 됐다. 내게 염念이란 한 글자가 불교의 진리를 깨닫는 일자관一字關이 된 셈이었다. 천주교 신자였던 필자가 재가불자가 된 이유기도 했다. 염念 / 0의 행복은 어느 때 어느 곳에서나 만날 수 있는 나만의 사원寺院이다. 0의 행복은 행복의 황금률이다! 이 글을 쓰고 있는 동안 수시로 잔잔한 미소를 머금고 계실 스님의 얼굴이 떠오른다. 이 글에 대해 가타부타 말씀이 없으신 점이 궁금하면서도 걱정이 된다. 이 책의 주제가 현 불가의 뜻과 어긋날 수도 있기 때문이다.

평소 음식에 대한 나 나름의 안목도 이 글을 쓰는 데 힘이 돼줬다. 나를 조금 아는 사람들은 나를 술 좋아하는 사람으로 생각한다. 하지만 좀 더 아는 사람들은 남자치곤 음식에 대해 많이 아는 사람으로 생각한다. 돌아가신 조부모와 생존해 계신 어머니의 영향으로 나는 어릴 적부터 음식에 관심이 많았다. 사람은 누구나 타인이 자신을 어떻게 불러주기를 바라는 마음이 있다. '걸어 다니는 발음 사전'. 어느 후배가 과분하게도 나를 이렇게 불러줬다. 하나 더 바라는 게 있다면 바로 '맛의 모차르트'다.

법정 스님께서 출가하신 뒤 처음 번역하신 책으로 보이는 《선가귀감》을 우연히 고서점에서 만났다. 이 책에 대한 스님의 애정은 첫 번역 작품이기 때문만은 아닌 듯하다. 스님께서 해인사에 계실 때의 일화다. 법정 스님께서 어느 노장 스님께서 갖고 계시던 목판본을 빌려 밤새도록 지대방에서 읽고 베끼셨다. 그러자 노장 스님께서 어느 날 "그 책이 좋으면 스님이 가지시오"라며 선뜻 양도해주셨다고 한다. 그만큼 뜻깊은 사연이 있는 책이다. 이 책의 첫 페이지를 여는 순간부터 나는 흥분한 나머지 정신을 잃을 정도였다.

"한 물건이란 무엇인가? 0에 대해 옛 어른은 이렇게 읊었다. 옛 부처님 나기 전 의젓한 둥그라미, 석가도 몰랐거니 어찌 가섭이 전하랴." 붓 뚜껑처럼 보이는 동그라미(0)를 처음엔 주해註解* 표시로만 알고 지나쳤다가 다시 정독한 뒤에야 그 뜻을 깨달을 수 있었다. 그때 내가 느낀 희열이 곧 법열이었다. 법정 스님께서 주해하신 《선가귀감》과의 우연한 인연은 이 책을 쓰는 원동력이 돼줬다.

그런가 하면 불교에 조예가 깊으신 대수학자 김용운 전 한양대 교수께서는 《카오스와 불교》란 저서와 함께 관련 자료들을 보내주셨다. 또한 강원도 원주의 정신적인 지주셨던 장일순張壹淳** 선생님을 문병 차 찾아뵀을 때, 친필 사인과 함께 주신 《노자 이야기》도 잊을 수 없다. 그뿐만 아니라 대학의 은사이신 조지훈 선생의 수

---

* 주해註解: 본문의 뜻을 알기 쉽게 풀이하는 것.
** 장일순張壹淳: 1928~1994. 원주에서 태어남. 1970년대 유신 시절 천주교 원주 교구의 선구적 저항으로 투쟁.

필집 가운데 '동물에게는 쾌감은 있으나 미감은 없다'는 명제도 힘이 돼줬다. 선생께서는 시론 시간에 제행무상諸行無常이란 법문으로 불교에 첫눈을 뜨게 해주신 분이기도 하다.

이런 인연도 있었다. 일본 프로 야구의 중계 업무로 일본 동경에 있을 때의 일이다. 객지인 일본에 있으면서도 밥맛과 0에 대한 생각은 내 머리에서 한 번도 떠난 적이 없었다. 일본 투수 가운데 이름이 이마나카今中인 선수가 있었다. 지금 가운데란 뜻의 지극히 불교적인 이름에 중계방송 도중에 흥분에 들뜨기도 했다.

중계방송을 하려고 방송국으로 가던 전철 안에서 나는 결정적인 인연을 만나게 된다. 맞은편 좌석에서 노신사가 《0의 발견》이란 문고판을 읽고 있었다. 일본인들은 자기가 보는 책을 남에게 보이지 않게 책 표지를 싸는 것이 상식처럼 되어 있다. 그런데 운 좋게도 표지의 글씨가 내 눈에 또렷이 보였다. 체면 불구하고 나도 모르게 앞으로 돌진해 책의 저자와 출판사를 물어봤다.

저자는 요시다 요이찌, 이와나미 출판사의 문고판으로 1939년 초판 발행 후 100쇄를 돌파한 스테디셀러였다. 다음날 새벽같이 신주쿠로 달려가 그 책을 가슴에 안고 귀가했다. 《0의 발견》을 읽고 나자 불교의 공空 사상과 수학의 0이 뗄 수 없는 관계에 있음을 확신할 수 있었다. 더불어 평소 후버 아나운서와 아나운서 지망생을 교육할 때, 0은 숫자일 때으로 '영'으로 그리고 기호로 쓰일 때는 '공'으로 발음해야 한다고 가르치던 생각도 떠올랐다.

사찰들은 보통 산속에 있다. 해인사海印寺도 그렇다. 그런데 절 이름에 바다 해海 자가 들어 있는 점이 늘 궁금했었다. 그러던 중 일

293

타日陀 스님께서 해인삼매海印三昧에 관한 명쾌한 해설을 서예 작품으로 정성스럽게 만들어 《범망경》(대승계의 계율을 적은 불교 경전, 5세기경 중국에서 찬술된 경전으로 추정)과 함께 보내주셨다. 이 인연으로 나는 불교에 한 발자국 더 다가갈 수 있었다.

그리고 삼불암三佛庵 김원룡 전 서울대 고고학과 교수님은 작고하신 후에도 내가 사숙하고 있는 분이다. 선생은 우리나라 고고학의 선구자이자 명 수필가셨다. 작품 곳곳에 불교 정신이 배어 있는 삼불 선생의 수필집은 지금도 때때로 펼쳐보는 나만의 인생 교과서다.

총지종總持宗의 법경 님, 전남 장흥 보림사의 연담 스님은 불교에 궁금증이 있을 때마다 귀찮게 해드린 분들이다. 이화여대 수학과 이종희 교수는 해외여행을 마치고 귀국하는 비행기 옆자리에서 0이 수학에 편입될 당시의 일화를 초등학생에게 설명하듯 자상하게 가르쳐주셨다.

외국어대학 인도어과 김우조 교수는 인도의 지명 러크나우Lucknow가 서사시의 주인공 락씨만에서 유래했음을 알려주셨다. 다만 지명의 유래에 관해선 김 교수와 의견이 달랐다. 이로 인해 하마터면 전거典據를 제공해주신 김 교수와 언쟁을 할 뻔했다. 이 외에도 외대 인도어과 김순철 군은 붓다의 아버지 정반왕의 어원인 '숫도다나'에 대한 자료를 제공해줬다.

경주박물관 학예연구실의 어느 연구위원님, 보리수에 대한 자료를 주신 국립산림과학원 정헌관 실장님도 고마운 분들이다. 내가 입원했을 때 이세진 아나운서는 《선禪의 향연》이란 책을 선물했다. 아랫동서인 대전 과학기술대 박동조 교수에게는 양수·음수·정수 등 초등 수학 수준의 질문으로 여러 번 귀찮게 했다. 국가 대표 축구 감독을 동네 축구 감독으로 격하시킨 실례인 줄 안다.

아들아이 상협이는 중요한 원문을 대학 국어 교재에서 베껴다 줬고 며느리 소연이도 도움을 줬다. 사위 인희 군은 책 제목을 정할 때 결정적인 아이디어를 전했다. 그리고 조계사의 경내에 있는 문장紋章인 ☉에 의문이 생겼을 때 외국어대학교 인도어과의 임근동 교수께서 귀한 자료를 즈셨다. 고려대학교 국문과 동기인 이승구李升九 학형은 쌀의 어원에 관한 자료를 구해줘 졸저의 수준을 높여줬다. 역시 같은 과의 이인식李寅植 형(우리나라 최초로 기독교방송에서 일본어 강좌 개설)은 일본 문화에 관한 조언을 자주 해줬다.

나는 세 살짜리 외손녀 다인茶仁이와 노는 시간이 많다. 이름도 내가 지어준 것이다. 어느 날 함께 홍릉수목원을 다녀오는 길에 다인이가 "하바(할아버지), 아! 참 맛있다"라고 하는 것이었다. 며칠 전 목욕을 마치고 나오면서도 '맛있다'고 했던 기억이 났다. 공자는 '나의 스승은 일정하지 않았다何常師之有'고 하셨는데 내 경우가 그렇다.

다인이의 '맛있다'는 표현 이후로 나는 "쾌감은 몸으로 느끼는 맛이라면 미감은 마음으로 느끼는 멋"이란 본문 글 뒤에 이렇게 덧붙였다. "맛에는 미각뿐 아니라 목욕이나 산책처럼 온몸으로 느낄 수 있는 맛도 있다. 이로써 행복의 범위가 넓어진 셈이다." 사실 이 책의 키워드인 멥쌀 선秈을 친손자 이름에 넣어 내 뜻을 물려주고 싶었다. 그런데 인명용 한자 범위 밖에 있는 글자인 탓에 불가능했다. 어쩔 수 없이 '선우秈雨' 대신 세상을 미술 감상하듯 살라는 뜻에서 '선우宣優'란 이름을 지어줬다.

언급한 사람들 모두 이 책을 쓸 수 있게 해준 참으로 소중한 인연들이다. 이런 인연들의 힘으로 이 책은 태어날 수 있었다. 책과의 인연뿐만이 아니다. 지금껏 내가 살아올 수 있었던 힘도 크고 작은 인연의 덕이었음을 새삼 깨닫는 요즘이다.

초고가 마무리될 무렵의 어느 날. 새벽 꿈결에 난데없이 '중사中士'라는 글씨가 뚜렷이 보였다. 하도 이상해서 머리맡 메모지에 허설수*로 적은 뒤 다시 잠들었다. 내가 아는 중사는 상사보다 아래, 하사보다 위의 군대 계급을 뜻한다. 혹시나 하는 마음에 눈을 뜨자마자 불교 사전을 펼쳤다. 과연 불교 용어인 '중사'가 있었다. 없을 줄 알았던 용어가 있다는 게 믿기지 않았다. 중사란 보살과 범부의 중간에 있는, 스승 없이 홀로 깨달은 자란 뜻이다. 명색이 천주교 신자요 재가불자인 내가 바라 마지않던 바로 그 경지 아닌가.

한편 이즈음에는 외출 때마다 가스레인지를 잘 잠갔는지 꼭 확인하는 습관이 생겼다. 차 조심도 전보다 철저해졌다. 여행으로 사흘간 집을 비울 때는 원고를 은행의 보석 보관용 금고에 맡기기도 했다. 보석도 아닌 것을 보석처럼 귀하게 다루는 내 모습에 여직원은 웃음을 참는 듯했다. 평소에 잘 하지 않던 이런 유난스러움은 화재로 인한 원고 소실의 걱정과 함께, 생전에 이 글을 마무리하고 싶은 집념 때문이었던 것 같다. 하지만 이 글이 과연 책 노릇을 할 수 있을까 하는 회의는 지금도 계속해서 나를 따라다닌다.

이 책을 쓰겠다고 작심한 지 벌써 27년이 지났다. 전철, 버스, 국내외 여행지, 산행 중, 잠자리의 머리맡, 심지어 육교 위에서도 이런

---

* 허설수: '아무런 기대감 없이'란 뜻. 사전의 표제어로는 실리지 않았으나 서울 사람들이 즐겨 썼던 서울말.

저런 생각들을 메모해뒀다. 이 책은 그동안 두서없이 메모해둔 내 생각의 조각들을 모은 글이다. 외출 뒤 귀가할 때면 언제나 둥지에 먹이를 물고 오는 새처럼 메모한 글을 품고 들어온다. 구식 표현을 빌리자면 27년 동안 자나 깨나 이 글에 대한 생각뿐이었다.

사회는 모든 일이 결과만으로 평가된다고 한다. 이런 수준의 글 앞에서 27년이란 기간을 말하기가 부끄럽다. 다만 쓰지 않고는 배길 수가 없어서 썼을 뿐이다. 붓다의 깨달음에 대해 불가 안팎에서 얼마나 많은 사람들이 많은 세월을 깊이 생각해왔겠는가. 그럼에도 불구하고 나처럼 밥맛과 0이란 키워드로 성인의 깨달음을 풀어보고자 한 사람은 없었을 거라는 자긍심이 있다. 내 글의 논조에 오류가 없다면, 이 책은 붓다 깨달음의 재발견이 될 수 있지 않을까 감히 생각해본다.

내게 마음놓고 말해보라고 한다면 부처님의 한을 풀어드린 책이라고 말하고 싶다. 내게는 나름의 글쓰기 철학이 있다. 쉽고 재미있다, 감동을 준다, 양주처럼 한 도금 마셔도 취한다, 메시지와 감동을 준다 등이 그것이다. 그런데 '잘 하려고 하면 오히려 잘 안 된다[욕교반졸欲巧反拙]'는 말도 있다. 바로 이 책이 호랑이를 그리려다 하이에나가 된 격이 아닐까 살짝 걱정이 든다.

한 주제에 대해 오랜 기간 뚝심 있게 관심 갖는 것을 Grit라 한다. 이 Grit가 내가 편집증 환자가 아님을 증명해주는 듯해 참으로 고마운 마음이다. 글을 쓰다 쉬는 시간엔 이렇게 혼잣말을 하기도 했다. "밥맛 / 0의 키워드는 달리 이라마도 감히 생각 못했었지. 내게 인사를 하러 올지도 몰라." 이는 내 필력으로는 힘에 부치는 글을 쓰다가 스스로를 격려하는 말에 불과하다. 아내는 '제발 그런 말을 집 밖에서는 하지 말라'며 여러 번 주의 경고를 하기도 했다.

지은이 이규항

서울에서 태어나 효제초등학교, 중앙중·고등학교, 고려대학교 국문학과를 졸업했다. 초등학교 시절 음악·미술 위주의 교육을 받으며 정서 생활의 싹을 틔웠다. 중고등학교 시절 국어 선생님들(이기문·주왕산·남정목·임청송)의 영향으로 대학의 학과 선택은 국문과 외엔 생각하지 않았다. 또 전통적인 문약한 선비 형 인간의 시대는 지나갔다는 생각에 문무를 겸비한답시고 고등학교 1학년부터 유도에 입문했다. 대학 진학 뒤엔 학풍인 지성과 야성, 주체성과 국제성을 갖춘 인간형을 목표로 고려대 유도 선수 생활을 하는 한편 서양 문화에도 폭넓은 관심을 가졌다. 대학에서 영향을 받은 은사님으로는 문학에는 조지훈·정한숙 교수, 국어학에는 김민수 교수가 계신다.

대학교 2학년 때 학년을 4학년으로 올려 KBS 아나운서 시험에 응시해 합격했으나, 규정에 어긋나 졸업하던 해 다시 KBS 아나운서 시험에 응시해 합격했다. 입사 뒤에는 장기범 대선배로부터 방송과 인생철학을 투철하게 배웠다. 학교에서는 배울 수 없었던 공부였다. 장기범 선배는 지금도 세상이 힘들 때면 생각나는 분이다. 35년 동안 KBS 한 직장, 아나운서 한 직종으로 일하다 정년퇴직했다. 훗날 아나운서로는 야구·씨름·유도 전문 캐스터와 시 낭송을 잘했던 사람으로 기억되기를 바라고 있다.

본업 외에도 1968년 〈네 잎 클로버〉란 노래를 불러 남자 신인가수상을 받았다. 표준발음법(문교부)을 제정할 때 방송인으로는 유일하게 참여해 직접 규범을 만들기도 했다. 1983년 4월 발족한 한국어연구회는 태동기부터 관여, 2대 회장과 두 번의 아나운서 실장을 역임했다. 퇴직 후 일본 프로 야구의 주니치로 이적한 선동렬·이종범·이상훈 선수의 활약상을 중계했다. 일본에서 귀국한 뒤에는 원음방송에서 국내 프로 야구를 중계하는 한편 동덕여대에 출강했다.

현재는 아나운서 전문 아카데미에서 아나운서 지망생을 지도하는 중이다. 저서로 《미국야구》, 《표준한국어발음사전》, 《아나운서로 가는 길》이 있다. 1993년 한글날 대통령 표창을 받았다.

부처님의 밥맛
이규항의 0의 행복론

ⓒ 이규항, 2018. Printed in Seoul, Korea

초판 1쇄 찍은날	2018년 5월 8일
초판 1쇄 펴낸날	2018년 5월 22일
지은이	이규항
펴낸이	한성봉
편집	안상준·하명성·이동현·조유나·이지경·박민지
디자인	전혜진
마케팅	박신용·강은혜
기획홍보	박연준
경영지원	국지연
펴낸곳	도서출판 동아시아
등록	1998년 3월 5일 제1998-000243호
주소	서울시 중구 소파로 131 [남산동 3가 34-5]
페이스북	www.facebook.com/dongasiabooks
전자우편	dongasiabook@naver.com
블로그	blog.naver.com/dongasiabook
인스타그램	www.instagram.com/dongasiabook
전화	02) 757-9724, 5
팩스	02) 757-9726

ISBN 978-89-6262-231-7 03220

이 도서의 국립중앙도서관 출판예정도서목록(CIP)은 서지정보유통지원시스템 홈페이지(http://seoji.nl.go.kr)와 국가자료공동목록시스템(http://www.nl.go.kr/kolisnet)에서 이용하실 수 있습니다.(CIP제어번호: CIP2018013719)

※ 잘못된 책은 구입하신 서점에서 바꿔드립니다.

만든 사람들

편집 박정희
디자인 전혜진
본문조판 하명성